JN327767

Premiere Collection

民族境界の歴史生態学

カメルーンに生きる農耕民と狩猟採集民

大石高典

京都大学学術出版会

熱帯雨林を貫く伐採道路．この赤土の道を通って，森と外部世界が結ばれている．熱帯雨林伐採が始まるまで，むらむらを訪ねるには，森のなかを歩くか船を使って川伝いに移動するかしかなかった．

バクウェレの青年が，漁撈キャンプから丸木舟に大型の筌を載せて漁に出かける．3〜5m ほどの筌には，*Mormyrus niloticus*（モルミュルス科）など，回遊性の魚がよく入る．

樹上から川に落ちて溺れて死んだと思われるニシゴリラが，ぷかぷかと漁撈キャンプの前を流れてきた．拾い上げたゴリラの顔を覗きこむバクウェレの青年．

定住集落でのバカ・ピグミーの家族と方形の家屋．手前のビニールシートの上で干されているのは収穫されたカカオ豆で，発酵が進む間は村のなかに酸っぱい香りが漂う．

ドンゴ村のまわりに広がるカカオ畑で遊ぶバカ・ピグミーの子供たち．カカオ畑では，ベンベと呼ばれる大型のカタツムリがよくとれる（左）．バカ・ピグミーは大のたばこ好きである．まだたばこを吸えないバカ・ピグミーの少年が，年長者の喫煙のしぐさを真似て遊んでいる（右）．

「きょうは，うちのカカオ畑を手伝いに来てくれないか．」早朝，若いバクウェレのカップルが，自家製のンゴロンゴロ（蒸留酒）を持ってバカ・ピグミーのキャンプを訪問している．

カカオ畑からは，現金収入以外に生活に必要な様々な資源が得られる．混植されるプランテン・バナナなどの食用作物をはじめ，庇陰樹として伐り残された野生樹木からは調味料や薬が得られる．

若い知性が拓く未来

　今西錦司が『生物の世界』を著して、すべての生物に社会があると宣言したのは、39歳のことでした。以来、ヒト以外の生物に社会などあるはずがないという欧米の古い世界観に見られた批判を乗り越えて、今西の生物観は、動物の行動や生態、特に霊長類の研究において、日本が世界をリードする礎になりました。

　若手研究者のポスト問題等、様々な課題を抱えつつも、大学院重点化によって多くの優秀な人材を学界に迎えたことで、学術研究は新しい活況を呈しています。これまで資料として注目されなかった非言語の事柄を扱うことで斬新な歴史的視点を拓く研究、あるいは語学的才能を駆使し多言語の資料を比較することで既存の社会観を覆そうとするものなど、これまでの研究には見られなかった溌剌とした視点や方法が、若い人々によってもたらされています。

　京都大学では、常にフロンティアに挑戦してきた百有余年の歴史の上に立ち、こうした若手研究者の優れた業績を世に出すための支援制度を設けています。プリミエ・コレクションの各巻は、いずれもこの制度のもとに刊行されるモノグラフです。「プリミエ」とは、初演を意味するフランス語「première」に由来した「初めて主役を演じる」を意味する英語ですが、本コレクションのタイトルには、初々しい若い知性のデビュー作という意味が込められています。

　地球規模の大きさ、あるいは生命史・人類史の長さを考慮して解決すべき問題に私たちが直面する今日、若き日の今西錦司が、それまでの自然科学と人文科学の強固な垣根を越えたように、本コレクションでデビューした研究が、我が国のみならず、国際的な学界において新しい学問の形を拓くことを願ってやみません。

第26代　京都大学総長　山極壽一

目　次

口　　絵　i
図表一覧　xiii

序章　揺れる境界 ── 自然/生業/社会のねじれ ── 　1
　Ⅰ．分離的共存 ── かさなり合う境界を生きる　1
　Ⅱ．本書の方法　3
　　1．農耕民側からの研究　4
　　2．歴史的視点　5
　　3．外部世界とのかかわり　7
　Ⅲ．本書の構成　8

第1章　ドンゴ村へ　11
　Ⅰ．バカ・ピグミー/バクウェレ/「ハウサ」　11
　　1．バカ・ピグミー　11
　　2．バクウェレ　12
　　3．バカ・ピグミーとバクウェレの関係　13
　　4．商業民　14
　Ⅱ．カメルーン共和国東部州ムルンドゥ郡ドンゴ村　16
　　1．三つの民の共在地　16
　　2．ドンゴ村における20年の生態人類学研究史 ── 1994〜2015　18

第2章　「原生林」のなかの近代
　　　　── 廃村の歴史生態学 ── 　27
　Ⅰ．外部世界との関わりはバカ・ピグミーとバクウェレの関係に
　　　どう影響したか　27
　Ⅱ．森の歴史を読む二つのアプローチ　28
　Ⅲ．森に刻まれた近代史　29

vii

1．フランス委任統治期における地域住民と外部世界との関わり　29
　　2．バクウェレ，バカ・ピグミー両居住集団の動態　35
　　3．地名がつなぐ記憶　36
　　4．森林景観に刻まれた居住史　36
　　5．つきあわせる ── 現地調査と文献調査の整合性　44
　Ⅳ．熱帯雨林景観のなかの世界システム
　　　　── 象牙，野生ゴム，そしてカカオ栽培　45

第 3 章　森の「バカンス」
── 二つの社会的モード ──　51

　Ⅰ．対照的な農耕民の姿　51
　　1．定住集落と漁撈キャンプ ── 二つの社会的なモード　51
　　2．バクウェレ社会における漁撈キャンプとバカンス　54
　　3．レフュジアとしての生業空間の広がり　55
　　column　漁撈キャンプの朝　57
　Ⅱ．バクウェレによる漁撈実践　59
　　1．バクウェレの生業活動における漁撈活動の位置　59
　　2．タンパク源としての魚　61
　　3．熱帯雨林水系の特徴と漁撈技術　62
　　4．移動しながらの漁撈生活　65
　　5．燻製加工された魚のゆくえ　69
　Ⅲ．漁撈キャンプにおける社会関係の諸相
　　　　── 逸話からのアプローチ　71
　　1．村から森へと向かう心理　71
　　2．森での食物探し　75
　　3．森の恵みに対する態度　78
　　4．社会的モードのずれ　82
　Ⅳ．森住み感覚と「バカンス」　82
　　1．森を楽しむ　82
　　2．バクウェレの森住み感覚 ── アンビバレントな自己表象　86

第 4 章　「ゴリラ人間」と「人間ゴリラ」
── 人間＝動物関係と民族間関係の交錯と混淆 ──　93

Ⅰ．熱帯雨林の住民とゴリラ　93
                Ⅱ．ゴリラの民族誌　95
                    1．ゴリラの民族動物学　95
                    2．人間とゴリラの近接　100
                    3．ゴリラ狩猟の民族誌　101
                Ⅲ．「ゴリラ人間」と「人間ゴリラ」の民族誌　105
                    1．「ゴリラ人間」としての農耕民　105
                    2．動物になって畑を荒らす狩猟採集民　111
                    3．「人間ゴリラ」の民族誌　112
                    4．人間とゴリラの入れ代わりと混淆　116
                Ⅳ．人と動物の混淆　118

第5章　バカ・ピグミーによる換金作物栽培と民族間関係　127
                Ⅰ．市場経済のなかでの平等主義規範　127
                Ⅱ．カメルーン東南部におけるカカオ栽培　130
                    1．カメルーン東南部におけるカカオ栽培の歴史的背景　130
                    2．アフリカ熱帯雨林地域におけるカカオ栽培の特徴　131
                Ⅲ．カカオ畑を測る　132
                    1．カカオ畑の野外観察と計測調査　132
                    2．カカオ栽培に関する聞き取り調査　133
                Ⅳ．カカオ畑のデモグラフィー　133
                    1．カカオ栽培の消長　133
                    2．現金収入の獲得と消費　139
                    3．バカ・ピグミーの賃金労働　145
                Ⅴ．市場経済への適応　151
                    1．遅延型利得経済への適応　151
                    2．経済的な報酬の認知とその即時消費　152
                    3．変化する価値観と，近隣農耕民との民族間関係　154

第6章　嗜好品が語る社会変化
　　　　　── 精霊儀礼からディスコへ ──　　　　161

Ⅰ．狩猟採集民と嗜好品　161
　Ⅱ．カメルーン東南部における嗜好品 —— たばこと酒を中心に　166
　　1．たばこの種類と嗜好　166
　　2．酒の種類と嗜好　169
　Ⅲ．日常生活の一部としての喫煙と飲酒　180
　　1．バカ・ピグミーの日常生活における喫煙と飲酒　180
　　2．酒と労働をめぐるバクウェレとバカ・ピグミーの駆け引き　185
　　3．飲酒の社会的文脈の変化 —— 精霊儀礼とバー　186
　Ⅳ．精霊の踊りからディスコへ —— 日常的な嗜好品利用の変化　188
　　1．狩猟採集民＝農耕民関係における嗜好品　188
　　2．嗜好品がつなぐ地域経済と市場経済　190
　　3．たばこと酒の両義性　191

第7章　周縁化されるバカ・ピグミー
　　—— 森のなかのミクロな土地収奪 ——　199
　Ⅰ．アフリカにおける土地紛争 —— 近年の質的変化　199
　Ⅱ．カカオ畑の貸借と売買　201
　　1．前払い契約（ヤナ）　201
　　2．カカオ畑の貸借契約（ロカシオン）と売却　202
　　3．カカオ畑の賃貸・売却理由　206
　Ⅲ．社会的な不平等と対立　208
　Ⅳ．カカオ畑と土地の権利をめぐる論争　209
　Ⅴ．土地契約をめぐる地域住民間の駆け引き　211
　Ⅵ．地方政府による土地問題への介入　213
　Ⅶ．土地収奪によるバカ・ピグミーの周縁化　215

終章　開かれた境界
　　—— 自然 / 生業 / 社会の広がり ——　221
　Ⅰ．分離的共存の諸相　223
　　1．両側から社会関係をみる　223
　　2．関係の歴史的展開をみる　226

3. より広いシステムのなかで関係をみる
　　── 二者関係から三者関係へ　229
　4. 結論　234
Ⅱ. 今後の展望 ── 分離的共存のこれから　236

あとがき　239

初出一覧　245

引用文献　247

索　引　261

Essai

1　熱帯雨林調査とハーバリウム　22
2　熱帯雨林とゴジラ─カメルーンでむかえた3・11　47
3　イモワーズとエバーバクウェレ社会における結婚事情　90
4　フィールドでよむ歳時記　120
5　病がもたらす想像力　156
6　ムスリム商業民との甘苦い茶の時間　194
7　トウガラシをきかせる　217

図表一覧

■本文

第1章
図1-1 　コンゴ盆地における狩猟採集民の分布と植生. 　　　　　　　　　　p. 12
図1-2 　カメルーン北部マルア出身の商店主. 　　　　　　　　　　　　　　p. 15
図1-3 　調査地（ドンゴ村）に定住している商業民の民族別内訳（N＝50）. 　p. 15
図1-4 　調査地域の位置. 　　　　　　　　　　　　　　　　　　　　　　　p. 17
図1-5 　ドンゴ村ドンゴ集落内の家屋配置図. 　　　　　　　　　　　　　　p. 18
図1-6 　調査地域におけるバカ・ピグミーの定住集落の分布（2009年時点）. 　p. 19

第2章
図2-1 　ジャー川右岸に着岸している汽船. 　　　　　　　　　　　　　　　p. 30
図2-2 　丸木舟で水上移動するバクウェレ. 　　　　　　　　　　　　　　　p. 30
図2-3 　ムルンドゥ市庁舎の運動場で捕獲されたゴリラ. 　　　　　　　　　p. 31
図2-4 　行政官によって撮影された，バカ・ピグミーの写真. 　　　　　　　p. 32
図2-5 　ムルンドゥ郡の民族別人口ヒストグラム. 　　　　　　　　　　　　p. 33
図2-6 　ムルンドゥの市場に運び込まれたゴム・フランジ数（1935〜1941）. 　p. 33
図2-7 　ムルンドゥ市におけるゴム・フランジの月別取引数（1935〜1941）. 　p. 34
図2-8 　1950年代のムルンドゥ郡におけるカカオおよびコーヒー栽培の拡大. 　p. 34
図2-9 　ドンゴ村より上流のジャー川流域における地名分布. 　　　　　　　p. 37
図2-10　廃村の分布. 　　　　　　　　　　　　　　　　　　　　　　　　　p. 38
図2-11　金属製の鉄矛. 　　　　　　　　　　　　　　　　　　　　　　　　p. 40
図2-12　胴が丸いビール瓶. 　　　　　　　　　　　　　　　　　　　　　　p. 41
図2-13　野生ゴム樹液を産するンダマ（*Funtumia elastica* (P. Preuss) Stapt., キョウチクトウ科）の木. 　　　　　　　　　　　　　　　　　　　　p. 43
図2-14　委任統治行政官が作成したジャー川下流域の地図. 　　　　　　　　p. 44
表2-1 　過去約100年間において調査地周辺に起こった外部社会との関わり 　p. 35
表2-2 　聞き取りおよび現地踏査により得られた放棄集落群に関する情報 　　p. 39

第3章
図3-1 　ジャー川をいきかう丸木舟. 　　　　　　　　　　　　　　　　　　p. 52
図3-2 　プスプスに荷物を載せて川に向かうカップル. 　　　　　　　　　　p. 55
図3-3 　農耕暦と漁撈活動の最盛期の関係. 　　　　　　　　　　　　　　　p. 60
図3-4 　ジャー川下流における月毎の河川流量の変化. 　　　　　　　　　　p. 63
図3-5 　雨季乾季にともなう水域の変化とバクウェレによる漁場利用の模式図. 　p. 63
図3-6 　ガル漁と呼ばれる空ばりをもちいた延縄漁をおこなうセネガル出身の移住者. 　p. 64

図 3-7	ドンゴ村より上流の漁撈キャンプの分布.	p. 66
図 3-8	漁撈キャンプにおける社会関係とキャンプ内の小屋の配置の例 （PとTの世帯のパーティ，2007年1〜2月）.	p. 69
図 3-9	村で魚の燻製を売る.	p. 70
図 3-10	漁撈キャンプでの食事の分配.	p. 78
図 3-11	バクウェレにより採集された野生ヤムイモ.	p. 79
表 3-1	村からキャンプへともち込まれた食料および調味料	p. 77

第 4 章

図 4-1	ゴリラの身体部位名称（バカ語）.	p. 99
図 4-2	狩猟時のゴリラのサイン.	p. 102
図 4-3	ゴリラとの格闘について語るB氏.	p. 103
図 4-4	バカ・ピグミーの少年によるゴリラのイラスト.	p. 108
図 4-5	バカ・ピグミーの少年による動物のイラスト.	p. 109
表 4-1	バカ語とバクウェレ語による異なる性・年齢のゴリラの呼称	p. 96

第 5 章

図 5-1	調査地における1961年から2010年までのカカオ畑の開墾数（N=93）.	p. 135
図 5-2	同一のバカ・ピグミー集団によるプランテン・バナナの焼畑経営面積 （Kitanishi, 2003）とカカオ畑経営面積（本研究）の比較.	p. 137
図 5-3	2009-2010年の耕作者ごとのカカオ畑面積の分布.	p. 138
図 5-4	乾燥カカオ重量とカカオ畑のサイズの関係（N=59）.	p. 140
図 5-5	出荷するカカオ豆を入れる袋とカカオ豆を計量するカラバスと呼ばれる プラスチック製の容器.	p. 142
図 5-6	1995年から2010年までの調査地におけるカカオ生産者価格と バカ・ピグミーの労賃の変動.	p. 146
図 5-7	早朝，若いバクウェレのカップルが，自家製のンゴロンゴロ（蒸留酒）を もってバカ・ピグミーのキャンプを訪問している（2010年3月）.	p. 147
表 5-1	民族集団ごとのカカオ畑所有状況	p. 136
表 5-2	個人耕作者が所有するカカオ畑数とサイズ	p. 136
表 5-3	バカ・ピグミーのカカオ畑相続事例	p. 139
表 5-4	カカオ耕作者ごとの現金粗収入の期待値（FCFA）	p. 141

第 6 章

図 6-1	壮年男性の喫煙用パイプ（モコンド：*mokondo*）.	p. 167
図 6-2	口のなかでたばこを味わうバカ・ピグミーの女性.	p. 167
図 6-3	蒸気に含まれるアルコールが金属製の筒を通り，水桶のなかで 冷やされて滴り落ちる.	p. 174
図 6-4	2人のメニョクの造り手（MとN）による蒸留ボトルの順番と

図 6-5	エチルアルコール度数.	p. 175
図 6-5	蒸留が済んだ酒をブレンドするバクウェレの女性.	p. 176
図 6-6	さまざまな種類の袋詰めウイスキー (*sache whisky*).	p. 177
図 6-7	モカカサ集落における空間利用の変化.	p. 179
図 6-8	火のついた木の棒を使って，喫煙の真似をするバカ・ピグミーの子供.	p. 181
図 6-9	ディスコでダンスを楽しむ若者たち.	p. 188
表 6-1	バカ・ピグミーの個体追跡にみる，飲酒の状況.	p. 183

第 7 章

図 7-1	個人間で取り結ばれたヤナ契約書の例.	p. 202
図 7-2	カカオ畑のサイズと賃貸料の関係 (N=17).	p. 203
図 7-3	ロカシオン契約書の一例.	p. 205
図 7-4	土地売買契約書の一例.	p. 206
図 7-5	*Quotidien Mutations* 紙に掲載された「ブンバ=ンゴコ県：知事が農地の売買と貸借を禁止へ」と題する記事.	p. 214
表 7-1	ヤナとロカシオンの比較.	p. 204
表 7-2	ロカシオン契約における貸し手と借り手の民族間の組み合わせ (N = 42)	p. 206

終章

図 8-1	居住様式と市場経済との関わりからみた農耕民＝狩猟採集民関係の時代区分.	p. 225
図 8-2	農耕民と狩猟採集民の贈与／交換関係の変化.	p. 227
図 8-3	政治・経済・文化の各側面における農耕民＝狩猟採集民関係の変遷.	p. 229

■エッセイ・コラム

Essai 1

写真 1	樹皮を剥いだ後数分間に起こった未同定のアリ植物 "*bambeki*"（バカ語）の色変化.	p. 23
写真 2	千年紀生態博物館のカメルーン各地のつるのコレクション.	p. 24

Column

写真 1	川辺（左）とその朝（右）.	p. 57
写真 2	エッセーブ (*Uapaka paludosa*) の木.	p. 58
写真 3	漁撈キャンプ（左）とその遠景（右）.	p. 59

Essai 3

写真	仲良し夫婦.	p. 91

Essai 4

写真	夜間の漁で捕獲されたアフリカコビトワニ.	p. 123

Essai 6

写真 1	マリから来たムスリム商業民.	p. 195

写真 2　延縄漁具の手入れをするイブラヒム． p. 195
写真 3　高い位置から何度も茶を注ぎ，泡を作る． p. 196

Essai 7
写真 1　シュクシュクの材料となる，村でみられるさまざまな
　　　　トウガラシとンダカ（ナス科）． p. 218
写真 2　まな板のうえで，ナッツのペーストと一緒に磨り潰される唐辛子． p. 218
写真 3　トウガラシをきかせたヘビのスープ． p. 218

序　章

揺れる境界
―― 自然 / 生業 / 社会のねじれ ――

Ｉ．分離的共存 ―― かさなり合う境界を生きる

　異なる生活様式，異なる価値観，異なる身体を持った私たちは，どのように多様性をたもちながら共に生きてゆくことが可能なのだろうか．伝統的な生活を保持した者とより変容を受けた者は，いかに共存していけるのか．

　本書では，この問いへのアプローチとして，私が2002年以来調査を続けてきている，アフリカ，カメルーン共和国東南部の狩猟採集民バカ・ピグミーと焼畑農耕民バクウェレを対象として，彼らの相互関係が，過去100年間の現代史のなかでどのように展開してきたのかに着目する．本書が描き出すのは，一枚岩の伝統社会がいかに連帯しながら現代的な困難をうまく乗り越えているか，というような成功譚ではない．かといって，かつてユニークな光を放っていたマイノリティが世界を覆うおおきな流れのなかで個性なく沈没してゆくという，よくありがちな悲劇譚でもない．熱帯雨林に生きるバカ・ピグミーとバクウェレという二つの社会集団の個性的なコンビネーションを一つの軸に，熱帯雨林の自然と社会のもつれあいをもう一つの軸として，人と人，人と自然の二つの境界が重なり合い，相互作用しながら現代史を作ってきたありさまが描き出される．

　狩猟採集民の生態人類学的研究は，人類史において非常に長い時間を占める狩猟採集生活がヒトの社会や生態の進化にもたらした影響をさぐるこ

とを目的として始まった．リーとドゥボアが，狩猟採集民研究の記念碑的な著作『人―狩猟する者』で宣言したように，狩猟採集は，人類史の99％以上の長きにわたる生業形態であった (Lee & Devore, 1968)．しかし，現生人類の総人口に狩猟採集民の占める割合は減少を続け，現在では，世界中で狩猟採集を主な生業としている人々は0.01％以下と，ほとんど残っていない．その理由として，人口が減って消滅したか，近隣の非・狩猟採集民に吸収されてしまった，あるいは自ら農耕化して農耕民となったことが考えられる．しかし，アフリカには，現在でも南部アフリカ，カラハリ砂漠のサン（ブッシュマン），コンゴ盆地を中心とする熱帯雨林のピグミーという，人口数万人規模におよぶ狩猟採集民集団がまとまった形で残っている．彼らは周囲の牧畜や農耕を生計基盤とする集団と共存しつつも，それらに同化することなくアイデンティティをたもったまま今日にいたっている．本書で着目するのは，そこで実現されている，異なる集団が交流をもちながらも同化したり，排除せずに共に存在できている，分離的共存といえるような関係性のあり方である．

　生態人類学は，このような狩猟採集民と農耕民の関係とは，同じ環境から違う恵みを引き出す者どうしが互いの不足を補いあう関係―生物種間の共生関係―のようなものだという解釈をあたえてきた．その基盤にあるのは，同じニッチを棲み分ける，狩猟採集と農耕という生業の差異である．

　異なる社会集団が同じ環境に住まいながらも生業の差異に根差した分業と共存を実現しているシステムは，アフリカでは熱帯雨林以外の地域でも見られる．例えば，ギャラティは，ケニアの狩猟採集民ドロボと牧畜民マサイは，狩猟採集と牧畜という分業により環境を使い分けて相互に補い合う一方で，政治的には相互に排除し合うことによって，社会的な統合を実現していると述べ，このメカニズムを「排除による統合 (Synthesis through exclusion)」と呼んだ (Galaty, 1986)．

　しかし，私がカメルーン東南部の熱帯雨林で出会ったバカ・ピグミーの人々は，狩猟採集民とはいえ，定住化が進み，既に自給作物の農耕を受容しているばかりか，換金作物の栽培も始めていた．もちろん，森での狩猟

採集活動も継続している．しかし，長い雨季のほとんど，毎朝出くわしたカカオ畑への通勤風景の方が印象に残っている．調べてみると，実際には，ほとんどのバカ・ピグミー男性がカカオ畑を経営していることや，古いものでは 3～4 世代以上も以前から相続され，財産化している畑があることなどが分かってきた．生業変容が進むとともに，農耕民と狩猟採集民の生業活動に明確な差異が見出しにくくなってきているのだ．それにもかかわらず，両者は同化することなく明確な境界が維持されている．それはなぜなのか．本書ではこの問いに答えるとともに，もう一つの問いとして，狩猟採集社会内部における「もてる者」と「もたざる者」が大きな対立を生むことなく共に暮らせている状況がいかにして可能となっているかについて考察する．

II．本書の方法

　中部アフリカ熱帯雨林のピグミー系狩猟採集民と農耕民の関係については，これまで多くの研究が蓄積されてきた．ターンブルはイトゥリ森林のピグミーの調査から，「森の世界」の住人であるピグミーと「村の世界」の住人である農耕民の対立という二項対立的関係を描き出した．一方，市川光雄，寺嶋秀明ら日本の生態人類学者は，農耕民からの農作物・金属製品の供与，狩猟採集民からの森林産物・労働力の供与という，生態学的な共生関係を明らかにした．しかしこれらの研究では，上記の「分離的共存」の様態を明らかにするには，以下の点が不充分であったといえる．

1. 研究の視点が狩猟採集民側に偏ったものであり，その結果，実際には異なる歴史的，社会的，生態的な背景をもつ農耕民の差異はほとんど考慮されないなど，状況がステレオタイプ化して捉えられるきらいがあった．
2. 両者の関係の通時的な動態を扱うという歴史的視点が希薄であった．

3. 狩猟採集や焼畑農耕といった伝統的な生業は詳しく扱われているが，近年の外部世界のアクターとの関わり，市場経済と連動した生活実践の変化に関してはほとんど分析されてこなかった．

　本研究は，上記の3点をカバーしつつ，現代に生きる農耕民と狩猟採集民の関係に新しい光を当てようとするものである．以下に，この3点について詳述する．

1. 農耕民側からの研究

　一般に，狩猟採集民と農耕民の関係を見るとき，狩猟採集民側か，あるいは農耕民側のいずれかの視点に立つことが多い (Kent, 1992)．狩猟採集民側から，農耕民との関係にアプローチする際，農耕民社会内部の多様性にまで目が配られることはまれである．狩猟採集民研究では，そもそも誰が「ピグミー」なのかという問題が繰り返し提起されてきたが，おおむね狩猟採集民とピグミーとは対応づけて考えられてきた．一方，農耕民はそれ以外の人々すべてを含み，なかには多様な集団が含まれるにもかかわらず，あたかもひとつのまとまりをもった存在であるかのように扱われることも多い (Rupp, 2003; Robillard and Bahuchet, 2013)．

　ピグミーと農耕民の二項対立について，狩猟採集民側から見たステレオタイプは，生計を補い合うといった経済的にポジティブな相互扶助の側面とは対照的な，農耕民によるピグミーへの日常的な差別や暴力といった社会的にネガティブな側面を，農耕民がピグミーに及ぼすヘゲモニーの表れとして見る．しかし，農耕民とピグミーの関係は一方的な支配・被支配の関係とはだいぶ異なっている．両者が互いを見る眼差しは，蔑視と賞賛と表現されるような両義性をはらんでおり (Kazadi, 1981；Bahuchet & Guillaume, 1982；竹内, 2001)，両者のインタラクションには，場所や状況に応じて友好と対立が入り混じったグラデーション――曖昧な領域――がみられる (寺嶋, 1991；Terashima, 1998；Rupp, 2003；塙, 2004)．ガボンのバボンゴ・ピグミーは，近隣の農耕民マサンゴと，通婚を通じたより対等な関

係を築きつつあるが，そこでは，マサンゴとバボンゴの中間的なアイデンティティをもち，両方のコミュニティを往き来する人々の存在がおおきい（松浦，2012）．

このような状況で，農耕民と狩猟採集民をアプリオリに二項対立的な存在と捉えてしまうと，農耕民，狩猟採集民それぞれのなかの多様性や，両者の間の中間的な存在の重要性について見落としてしまうことになる．二項対立が社会的に構築されつづけている理由やその仕組みをよりよく理解するためには，農耕民と狩猟採集民のいずれかの側の視点から語られたり，分析されてきた二項対立を，いったん相対化する作業が必要となる．

そこで本研究では，ギャラティ（1986）による「排除による統合」（Synthesis through exclusion）の仕組みが，少なからぬ生業変容を経験したカメルーン東南部の農耕民，狩猟採集民双方において，どのように働き続けているのか，とくに農耕民の活動に焦点を合わせることによって明らかにしていく．また，農耕民とピグミーの社会的アイデンティティの共時的動態を，文化生態学的な視点を取り入れて野生ヤムイモやゴリラへの自然認識の揺らぎから読み解く．

2. 歴史的視点

他の生態系と比較したとき，熱帯雨林の豊饒性は並外れている．そこに住む人々の社会関係を考えるうえでも，自然のもっている包容力がもつ意味は大きい．そのような系では，そもそも社会関係がどのように自然に開かれているのか，また，人々と自然との関わりの変化が，どのように社会や文化にフィードバックされるのかを動態的に把握することが重要である．そこで，本書では，市川光雄が提唱している三つの生態学（文化生態学，歴史生態学，政治生態学）の研究枠組み（市川，2001；2003）を参照枠としながら，農耕民＝狩猟採集民関係の動態を，「歴史的視点」（通時的変化）を補いつつ，より広い世界とのつながりのなかで明らかにするという戦略をとることにしたい．

農耕民と狩猟採集民の関係は，人類学，考古学，遺伝学，言語学など様々

なアプローチから研究されてきた．1980年代以前には，農耕／牧畜社会を含む外部世界と狩猟採集社会との交流を想定しない隔離モデルに沿った研究が大半を占めたが，1980年代後半からは考古学と人類学を中心に，次第に周辺の農耕／牧畜民や，さらにより広い社会との相互依存モデルへとパラダイムが変化していった（Spielman & Eder, 1994）．隔離モデルと相互依存モデルをめぐる議論は，狩猟採集社会の歴史的位置づけをめぐり，真正な狩猟採集社会を描き出してきた伝統主義者と植民地化や近代化の過程で国家の周縁に追いやられた人々が狩猟採集民になっていったとする修正主義者の間の論争へと発展していった．

1989年にベイリーらによって，熱帯雨林には十分な食べ物がないから狩猟採集民は農耕社会から独立して（「純粋な」狩猟採集民として）生きることは困難であるとする野生ヤムイモ問題が提起されると，これをめぐって論争が起こった（Bailey et al., 1989）．この論争は，農耕民と狩猟採集民の共生関係の起源に関わる問題を，主として生態学，考古学的な次元から深めることに貢献した．

野生ヤムイモに関する論争は，炭水化物源となる植物性食物の生態学的入手可能性と，それに基づいた農耕民との関係などの生態的側面が主な論点となった（Headland, 1987; Bailey et al., 1989）．そのため，農耕民をはじめとする近隣集団との社会文化的相互依存や情報交流（小川，2000：2005）については考慮されてこなかった．地域ごとに多様な農牧民と狩猟採集民の通時的関係の動態が明らかにされつつあるサン（ブッシュマン）研究（Ikeya, 1999）とは異なり，アフリカ熱帯雨林では，わずかな研究（Bahuchet and Guillaume, 1982; Wilkie and Curran, 1993; Klieman, 2003）を除き，歴史研究がたち遅れてきた．

そこで本研究では，自然へのヒューマン・インパクトを手掛かりに過去を読み解く歴史生態学的な視点を取り入れつつ，バカ・ピグミーとバクウェレの居住史を熱帯雨林のなかの廃村に探りながら，外部世界との関わりをふまえた両者の政治，経済，文化的な相互関係の時代変遷について明らかにする．

3. 外部世界とのかかわり

　アフリカ熱帯雨林は，14～15世紀から世界システムとつながって，象牙をはじめとするさまざまな森林産物を世界市場に送り出してきた．その流通には商業民が関与し，地域経済と外部経済の橋渡し役を担ってきた．しかしこれまで，生態人類学的な研究では，商業民の存在や役割はほとんど注目されてこなかった．1970年代前後から，交通アクセス（道路）が整備されたカメルーン東南部では，市場経済の浸透によって，モノ，土地，労働力の商品化が継続している．とくに2000年代半ばからの10年間において，その傾向は顕著であった．木材伐採会社の操業の影響に加え，都市部における獣肉需要の増加，樹木性換金作物のカカオの価格高騰がその具体的な要因だと考えられる．活発な経済活動は，より人口稠密な地域からの人々の流入を促進している．

　コンゴ盆地北西部のアカ・ピグミーと近隣農耕民の関係の時代変遷を追ったバウシェとギヨームは，農耕民が農作物，酒，鉄，そして工業製品を狩猟採集民に提供し，その代わりに狩猟採集民が農耕民に林産物や労働力を提供するという物々交換システムを発展させていることを明らかにした (Bahuchet & Guillaume, 1982)．彼らの分析においては，近隣農耕民は，狩猟採集民と外部世界の間を仲立ちし，コントロールする調整弁のような存在とされた．

　しかし，農耕民が狩猟採集民との交易関係を独占していた状況は一変し，狩猟採集民と非狩猟採集民の関係は複数化してきている．新たなアクターとの関係構築は，バカ・ピグミーによる地域の政治経済へ参画に新たな途を開く可能性を高めると同時に，彼らがより大きな資本主義経済システムに取り込まれるリスクをもはらんでいる．国家のなかで生きる狩猟採集民が，より自立した政治経済的な環境に置かれたとき，非狩猟採集民とどのような関係を選択するかは狩猟採集社会のレジリエンスを考える上で大きな意味をもちうるだろう．

　本研究では，カメルーン東南部において顕著であるバカ・ピグミーによ

る樹木性換金作物栽培の実践を題材に，貨幣を媒介として起こっている狩猟採集民と農耕民，さらには商業民の関係のダイナミズムを，カメルーンの国家政策や国際的なカカオ市場との関係から解明する．

III．本書の構成

　本書は，序章と終章を含め，全部で9章からなっている．第1章では，主たる調査地であるドンゴ村と研究対象であるバカ・ピグミー，バクウェレ，およびハウサなど商業民の概要について，コンゴ盆地全体をみわたしたときの立地条件，カメルーン東南部とコンゴ共和国北西部の国境域の地政学的条件に留意しつつ記述する．同じ調査地で継続されてきた日本人による生態人類学研究史と，そのなかでの本研究の位置づけにも触れる．

　第2章では，時間軸のなかで農耕民と狩猟採集民の関係を捉える．具体的には，コンゴ川の一支流であるジャー川流域を空間単位として，過去約100年間における人間活動の変遷について，廃村群に着目して明らかにする．オーラル・ヒストリー，歴史資料，森林に残された痕跡や植生調査をもとに，カメルーン独立前後に新政府によって，共産ゲリラの鎮圧に関連して行われた大規模な定住化・集住化の前後に分けて，森への人間の住まいかたにどのような変化が見られたのかを論じる．

　第3章と4章では，文化生態学的な観点から，農耕民と狩猟採集民の相互表象が，生業活動や日常生活の中で，自然との関係とどのような対応関係にあるのかを扱う．

　第3章では，熱帯雨林の農耕民社会にとって，村を離れて森に行き，そこを一時的にせよ生活の場とすることが，彼ら自身にとってどのような社会的意義をもつと考えられているのかを，バクウェレの森行きへの参与観察に基づき，内在的な観点から記述する．そして，そこから読み取れる「森に住まうこと」に関わる農耕民の自己/他者イメージの多義性や両面性について，バカ・ピグミーとの比較を念頭に検討を加える．

第4章では，同所的に居住する農耕民と狩猟採集民が，互いを半人間＝半動物だと認識しあうような負の互酬性の関係を民族間の境界維持にもちいていること，さらに民族間，人間／動物の二つの境界が，妖術という象徴的思考を媒介にして相互に影響を及ぼしあう状況にあることを論じる．

　第5章，6章，7章では，主として政治生態学的な観点から，地域社会への貨幣経済の浸透が急速に進むなかで，樹木性換金作物栽培を受容した狩猟採集民と農耕民の関係の変容について，商業民が媒介する国家や世界市場とのつながりに留意しつつ，広い空間スケールの中に位置づける．まず5章で，調査地におけるミクロな観察をもとに，バカ・ピグミーによるカカオ栽培の受容を，即時利得経済から遅延利得経済への適応プロセスとしてとらえ，農耕民を媒介者としない，より直接的な外部経済とのつながりの生成に着目しながら解明する．第6章では，資本家的な投資をおこなう商業民という新たなアクターが加わった三つの民がつくる地域社会における，農耕民と狩猟採集民の関係変化やバカ・ピグミー社会内部の生活変化を嗜好品利用という切り口から描き出す．第7章では，カカオ経済の好況が続くなか，財産化したバカ・ピグミーの定住集落近傍の土地資源をめぐる対立を事例に，人々の間の協調と対立，その中のジレンマを描き出す．

　終章では，以上の議論をふまえて，カメルーン東南部における農耕民と狩猟採集民の関係の動態を，市川 (2003) の提唱する三つの生態学 (歴史生態学＝時間／文化生態学＝自然認識／政治生態学＝空間) の枠組みを参照しながら，統合的に提示することを試みる．

第1章

ドンゴ村へ

本章では，本書全体の物語の舞台となるフィールド，ドンゴ村のあらましとそこに暮らす主人公たちについて紹介する．

I．バカ・ピグミー／バクウェレ／「ハウサ」

1．バカ・ピグミー

バカ・ピグミーは，カメルーン東部，コンゴ共和国北西部，ガボン共和国北東部にまたがって居住するピグミー系狩猟採集民集団の一つである．総人口は，かつての文献では3〜4万人と推定されている（Hewlett, 1996; Njounan Tegomo et al., 2012）が，全地域を網羅した，信頼できるセンサス結果はいまだに得られていない．

現在バカ・ピグミーは，近隣農耕民が話すバンツー系とは異なる，東アダマワ系のバカ語を話し，バカ語は中央アフリカ南西部に現在居住している農耕民ンバカ（Ngbaka）の言語に近いことから，かつてンバカと隣接居住していた時期があったものと推定されている（Bahuchet, 1993）．バカ・ピグミーは，現在十数集団が知られる中部アフリカのピグミー系狩猟採集民の中では比較的早くから定住化が進んだとされる（Hewlett, 1996）．ムブティ・ピグミーやアカ・ピグミーなど他のピグミー系狩猟採集民と同様，かつては狩猟採集を主な生業としながら森のなかで遊動生活を送っていた

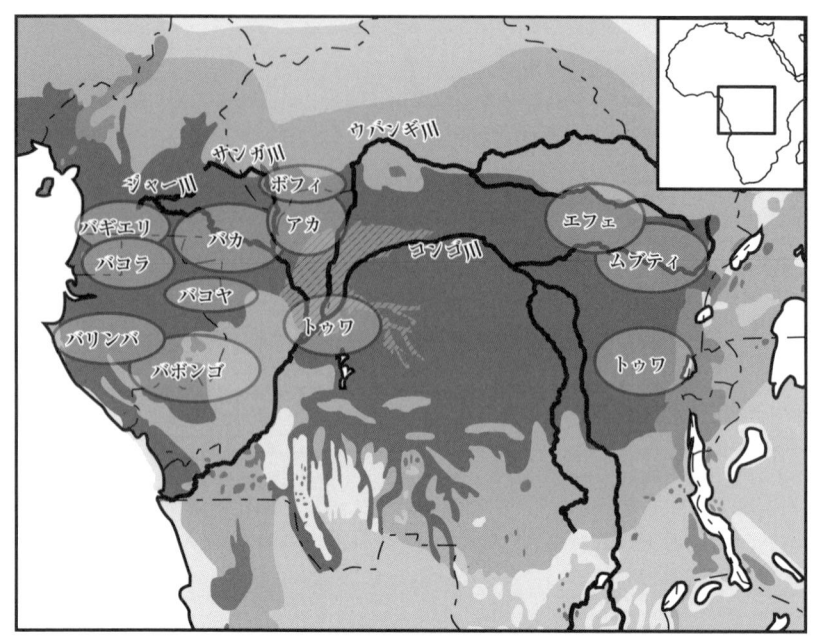

図 1-1 コンゴ盆地における狩猟採集民の分布と植生．濃い色の部分は熱帯雨林植生を表す．ウバンギ川，サンガ川とコンゴ川の合流部周辺は湿地林になっている．

といわれているが，カメルーンでは少なくとも 1950 年代までに焼畑農耕の受容を開始し，徐々に定住化が進んだ（Althabe, 1965）．

バカ・ピグミーの現在の主要な狩猟活動は跳ね罠猟と委託銃猟で，以前おこなわれていたというクロスボウによる猟やネット・ハンティングのような共同狩猟はおこなわれていない．数週間から数ヵ月にわたるモロンゴと呼ばれる長期狩猟採集行をおこなう集団もあるが（Yasuoka, 2006），日常的には，定住集落における農耕活動と両立させた形での日帰り狩猟が多い（Hayashi, 2008）．

2. バクウェレ

バクウェレは，Bantu A85-b という系統に分類されるバンツー語を話す

農耕民集団の一つで[1] (Guthrie, 1967-71)，ガボン北東部からコンゴ北西部，カメルーン東南部までの赤道沿いに細長く分布している．総人口は1万5千人ほどという推定もあるが (Lewis et al., 2013)，信頼に足るセンサスはいまだにない．特に最も広範囲に分布するコンゴ共和国北部のバクウェレに関する調査は十分になされておらず，彼らが分布する地域の広さを考慮すれば，上述の数値は過小評価である可能性が高い．カメルーン国内のバクウェレ人口は筆者の推定によれば1,000から2,500人を超えない程度であり，この地域の農耕民のなかでは少数派である．カメルーン国内のバクウェレのほとんどは，ジャー川沿いに居住している．バクウェレは，かつては，親族集団を単位として，ジャー川沿いに点々と小集落を作って焼畑農耕と漁撈を中心とした生業を営んでいた (大石，2010)．

3. バカ・ピグミーとバクウェレの関係

カメルーンがフランスから独立した直後の1960年代初頭には，バカ・ピグミー，バクウェレともに半強制的な移住と集住化政策の対象となり，現在の定住集落周辺に隣接居住するようになった (四方，2006; 大石，2010)．

かつて，バカ・ピグミーとバクウェレの家系集団間には，パトロン＝クライアント関係のような擬制的な親族関係が存在していた (Joiris, 2003)が，ドンゴ村では，この強制移住と集住化の過程で，それらの多くは解消したか，あるいは弱められた．

バカ・ピグミーとバクウェレの間では，通婚はほとんどみられない．バクウェレの男性とバカ・ピグミーの女性との間に子供が生まれることがあるが，その場合，子供はバカ・ピグミーとして育てられる．

バカ・ピグミーとバクウェレは，それぞれ儀礼をおこなうが，ドンゴ村では，たとえばベカと呼ばれる男子割礼儀礼のように共有されているものがあるほか，いずれかがおこなっている儀礼であっても，希望して認めら

---

1) 先行研究では，Bakwélé, Bakuele, Bekwil，あるいはバクウェレ，クエレなどとして記述されてきた (Siroto, 1969; Robineau, 1971; Joiris, 1998; 林，2000; Rupp, 2012)．

れれば，実践の主体である秘密結社に加入が可能である（バカ・ピグミーの精霊儀礼ジェンギへのバクウェレの加入事例については，山口の報告に詳しいので参照されたい: Yamaguchi, 2014）．

　バカ・ピグミー，バクウェレ双方の古老への聞き取りによれば，強制移住前のバカ・ピグミーはバクウェレの集落の周辺の森林内にキャンプを作り，焼畑での労働や獣肉をはじめとする森林産物と引き換えに農作物を受けとっていたという（第 2 章；大石，2009）．

　現在のドンゴ村周辺に移住後，バカ・ピグミーは，従来のようにバクウェレの農作業を手伝うだけでなく自ら焼畑を開き，プランテン・バナナやキャッサバの栽培を主とした食料生産をおこなうようになった（林，2000; Kitanishi, 2003）．1970 年代後半から 1980 年代初頭にかけて，木材伐採会社がドンゴ村に集材基地を設置し，熱帯雨林の伐採をおこなった．この時期，バクウェレのみならず，多数のバカ・ピグミーが賃金労働に雇用され，本格的に地域内で貨幣が流通するようになった（Kitanishi, 2006; Oishi, 2012）．

　その後，伐採会社は撤退したが，都市からの労働者や商業民の一部が定住化し，カカオ畑経営が本格化した．現在では多くのバカ・ピグミーが，バクウェレや商業農民のカカオ畑での農作業を手伝いつつ，換金作物であるカカオの栽培を自らおこなうようになっている（林，2000; Kitanishi, 2006; Oishi, 2012）．

4. 商業民

　バカ・ピグミーとバクウェレに加えて，ドンゴ村には半定住している商業民がいる（図 1-2）．商業民は，日用品の売買，カカオ栽培，漁撈活動などに従事している．彼らの多くは，イスラームを信仰するカメルーン北部や西アフリカのサヘル地域の出身者で，バカ・ピグミーやバクウェレからは「ハウサ」と一括りにした通称で呼ばれている．

　しかし，彼らの具体的な民族構成をみると，ハウサ以外にもフルベ，コトコなどの諸民族が含まれている（図 1-3）．商業民は，ドンゴ村の人口に

図1-2 カメルーン北部マルア出身の商店主.

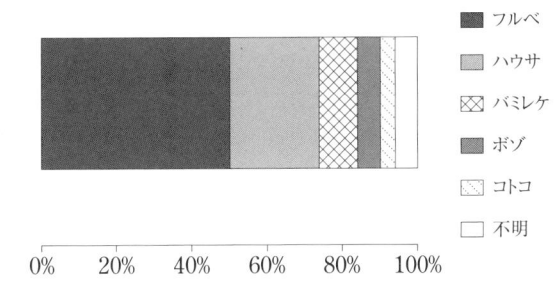

図1-3 調査地（ドンゴ村）に定住している商業民の民族別内訳（N=50）.
バミレケと不明の一部を除き，全てムスリム商業民である．

占める割合は少ないが，貨幣経済的に大きな影響力をもっている．地縁も血縁もない雑多な出自の彼らを結びつけているのは，イスラームである．ムスリム商業民は，ネットワーク型の社会を活かして森と都市，森とサバンナをつなぐ交易を担っている（詳しくは Essai 6, および稲井 (2010) を参照のこと）．

II. カメルーン共和国東部州ムルンドゥ郡ドンゴ村

1. 三つの民の共在地

　本研究では，カメルーン共和国東部州ブンバ=ンゴコ県ムルンドゥ郡ドンゴ村とその周辺を主要な調査地とした（図1-4）．ドンゴ村は，カメルーンとコンゴ共和国の国境を流れるジャー川沿いに位置する．国境をなすコンゴ川水系は，15世紀以降地域住民をつなぐ交易の場となっただけでなく，ヨーロッパ世界と熱帯雨林を結ぶ交通路ともなってきた．そのため，比較的コンスタントに記録された植民地時代からの歴史資料が，現在まで残されることにもなった（第2章）．付近一帯は，ともにコンゴ川の支流であるブンバ川とジャー川に挟まれた熱帯森林地帯である．

　ドンゴ村周辺の年平均気温は摂氏25度，年平均降水量1,500mm前後と温暖多湿である．9月中旬から11月までと，4月から6月まで年2回の雨季，12月から3月までと，7月から9月中旬まで同じく年2回の乾季がある．植生は，一部にマメ科ジャケツイバラ亜科のエベン（*Gilbertiodendron dewevrei*）の木[2]が優占する常緑熱帯雨林が点在するほかは，アオギリ科，ジャケツイバラ亜科，シャクンシ科の高木が林冠をなす半落葉性熱帯雨林と，川沿いに密生するマングローブのような呼吸根をもつエッセーブ（*Uapaca paludosa*）の列のなかに樹高の高いドゥム（*Ceiba pentandora*）が目立つ川辺林，ラフィアヤシが卓越する湿地林によって構成されている．そのなかに，点状に湿性草地が混じる．加えて定住集落周辺や集落跡には，人為的に形成された異なる遷移段階の二次林がみられる．そのような陸地を縫って，ジャー川とその無数の支流が流れている．

　ドンゴ村は，カメルーン独立前後の1960年に，ジャー川の上流方面か

---

[2] バカ・ピグミーは，ベンバと呼び，種子が救荒食となるとするが，バクウェレは利用しない．中部アフリカ熱帯雨林各地で，多種混交林に混じって本種が作る純林が観察されるが，ドンゴ村の西側に広がる森のなかでもところどころにパッチ状に広がっているのをみることができる．

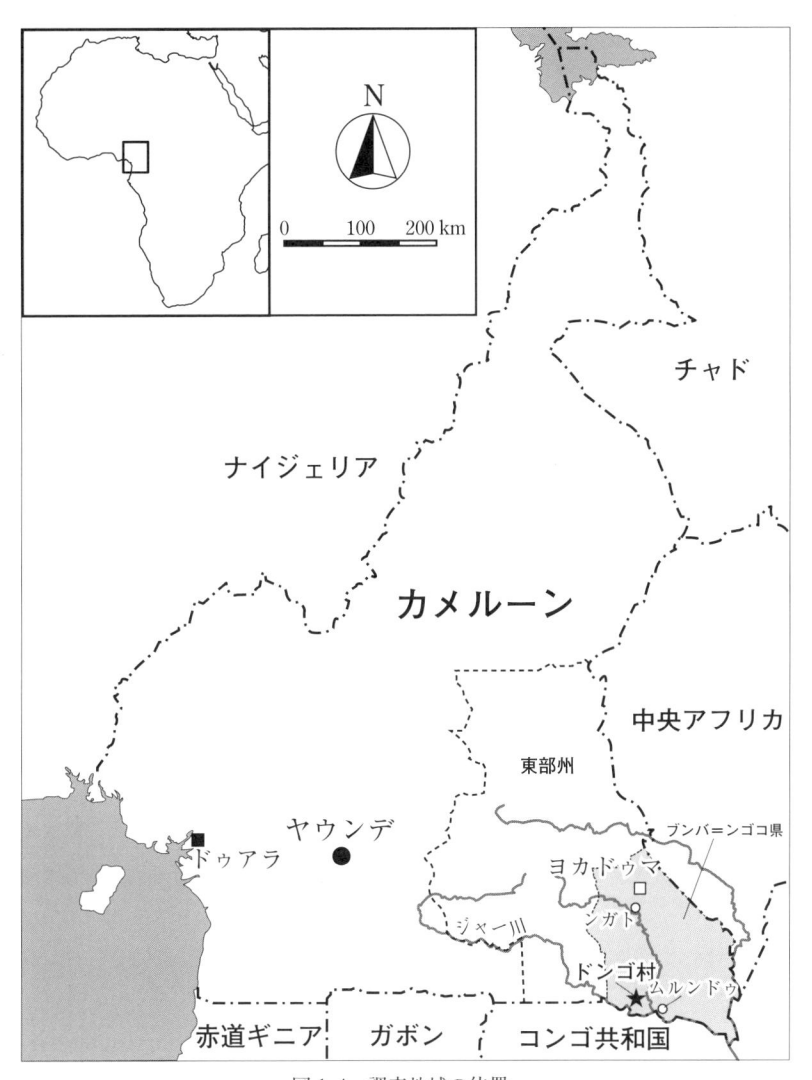

図 1-4 調査地域の位置.

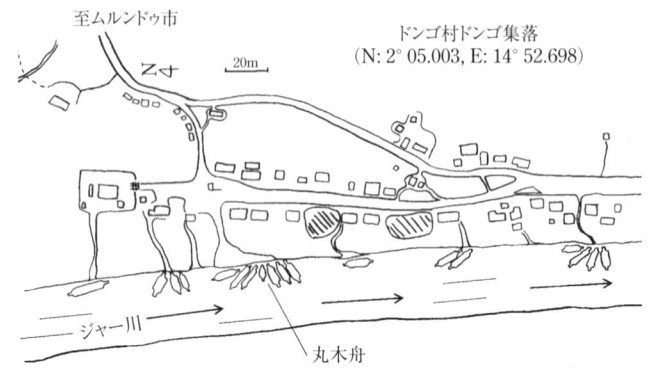

図1-5　ドンゴ村ドンゴ集落内の家屋配置図.

ら移住してきたバクウェレの数世帯を中心に作られた定住集落で，行政村の単位にもなっている．1980年代前半に伐採会社が基地を構えるまでは，自動車が通れるような道路はなく，近隣の村むらや最寄りの町へは徒歩か丸木舟による水上交通しかなかった（図1-5）．

　現在は，もともとの住民であるバクウェレとバカ・ピグミーのほか，伐採会社に雇用されていた近隣地域の農耕民バンガンドゥやハウサが伐採会社撤退後も残って定住している．2009年時点での人口構成は，おおよそバカ・ピグミー61世帯300人，バクウェレ40世帯250人，ハウサやフルベなどの商業民10世帯50人であった（合計550〜600人）．バカ・ピグミーは，八つの定住集落に分かれて居住しているが，そのうち四つではバクウェレや商業民と混住している（図1-6）．

　2003年に，ドンゴ村に京都大学アジア・アフリカ地域研究研究科21COEフィールド・ステーションが設置された結果，日本人研究者による生態人類学を中心とする様々な研究が盛んにおこなわれるようになった．

2. ドンゴ村における20年の生態人類学研究史 —— 1994〜2015

　ドンゴ村における本格的な調査研究は，1994年に佐藤弘明（当時・浜松

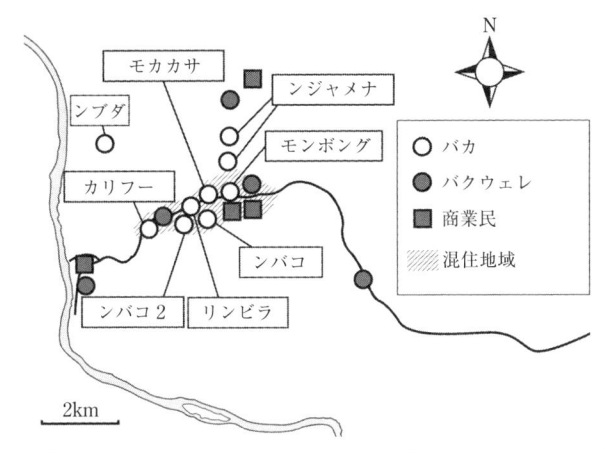

図 1-6 調査地域におけるバカ・ピグミーの定住集落の分布（2009年時点）.

医科大学）によってはじめられた．

　池谷（2002）によれば，1960年代以降に本格的に始まった狩猟採集民を対象とした生態人類学研究は，三つのパラダイム区分に分けられる．すなわち，第一期は，自然と人の共生的関係や生態的適応が強調される「伝統主義」的アプローチ，第二期は，狩猟採集民が民族間の文化接触や政治経済的要因によって周縁化されることによって生み出された存在だとみる「修正主義」的アプローチによって特徴づけられる．第三期は，「先住民」運動など政治的に主張する存在としての狩猟採集民の研究であるが，日本の生態人類学では，少なくともピグミー研究に関する限り，最近にいたるまで「伝統主義」的な研究が大半で「修正主義」的な研究はほとんどみられない．

　伝統主義者と修正主義者の間の「狩猟採集民」の真正性をめぐる論争は，カラハリ砂漠のサン（ブッシュマン）をめぐって始まり，1980年代終わりに，やや遅れてピグミーに飛び火した．具体的には，ベイリーらにより提起された，熱帯雨林で狩猟採集民は農耕民の提供する農作物に頼らなければ生きていけないのではないかという問題提起であり，キャッサバや

19

プランテン・バナナなど農作物に代わるだけの植物性炭水化物源（野生ヤムイモ）が森のなかにあるかどうかが論点になったため，「ワイルドヤム・クエスチョン」と呼ばれている（Bailey et al., 1989; 論争のその後の経緯については，安岡，2010a を参照されたい）。佐藤はこの論争が提起された直後から一貫して，「伝統主義」的立場から熱帯雨林内の狩猟採集生活の自給可能性について研究を進め，カメルーン東南部での植生調査に基づき，熱帯雨林が供給可能な可食野生ヤムイモの現存量の推定をおこない（Sato, 2001），可食野生ヤムイモが群生する植生パッチを発見した（Sato, 2006）。さらにバカ・ピグミーの被験者家族の協力を得て，森林産物の端境期とされる時期を含む各季節に数週間にわたる実験的狩猟採集生活の観察をおこない，その結果をもとに，ほぼ通年農作物に依存しない狩猟採集生活が可能であると結論づけた（佐藤ら，2006; Sato et al., 2012）。佐藤とほぼ同時期に，木村大治（京都大学）がバカ・ピグミーの発話重複と沈黙に関する行動学的研究を開始し（木村，2003），それは発話形式から会話分析による発話内容の研究へと発展する（木村，2010）。1995 年には，山内太郎（当時・東京大学大学院）が佐藤とともに定住集落におけるバカ・ピグミーの日常生活や栄養・成長に関する人類生態学的な調査を開始し（Yamauchi et al., 2000），その研究は，ドンゴ村以外にも調査地を広げて現在まで継続されている。

　佐藤に続いて，1998 年より林耕次（当時・神戸学院大学大学院）がバカ・ピグミーの調査を開始した。林はバカ・ピグミーの森林キャンプにおける狩猟活動について，定住的な生活スタイルとの関係のもとに分析をおこなった（Hayashi, 2008）。1999 年には，北西功一（山口大学）がバカ・ピグミーの農耕化の問題を巡って調査を開始し，彼らが小規模な焼畑により生産しているプランテン・バナナ栽培の実態を明らかにするとともに（Kitanishi, 2003），貨幣経済がバカ・ピグミー社会に与える影響について考察している（Kitanishi, 2006）。

　2002 年からは，大石高典（筆者）が，バクウェレに関する研究を開始した。大石は，河川沿いの農漁複合の実態について，ジャー川下流域に居住

するバクウェレを対象とした研究を進めるとともに（大石，2010），換金作物であるカカオ栽培の活発化など，貨幣経済の浸透にともなってみられるようになった社会経済上の変化が民族集団間の相互関係に与える影響に関する研究を進めている（第5章）．

　このように，ドンゴ村における日本人研究者による人類学的研究は，「伝統主義」的アプローチを基調とした研究から始まり，最近ではこれまで対象とされてこなかった農耕生活や定住化による社会変容といった側面を扱う研究が展開されるようになってきている．

Essai 1

熱帯雨林調査とハーバリウム

カメルーンの植物学

　カメルーンは，アフリカ中西部にある 475,000km^2 ほどの国である．コンパクトな国土のなかに，熱帯雨林から砂漠までの様々な生態系がみられ，250 以上の言語を話す多民族状況にあるので，ミニ・アフリカと呼ばれることもある．至極大雑把にみると，赤道に近い南半分の熱帯雨林地域と，それ以外のサバンナや砂漠に分けられる．

　この熱帯雨林地域を中心に，1960 年のフランスからの独立前のかなり早い時期から植物調査がおこなわれてきた．特に，ギニア湾に面し，標高 4,000m を越えるカメルーン山の西側山麓や，経済の首都として栄えるドゥアラの街から数百 km 南にある南西部のカンポの森は，年平均降水量が 5,000～8,000mm を超える湿潤地で，熱帯植物の宝庫であることもあって手厚く保護されている．これらの森は，そこでみられる植物の多様性から，過去の氷期に何度もアフリカ大陸全体が寒冷乾燥化した時期にも熱帯雨林性の動植物のレフュジア（避難地）として機能したのではないかと考えられている．一方で，東部や南部に広がる熱帯雨林は，交通の便が不自由なせいもあって，現在に至るまで十分な植物調査がおこなわれているとはいい難い．

　カメルーンにおける植物学を語る時に決して忘れてはならないのはフランス人の故ルネ・ルトゥゼ博士で，首都ヤウンデにある国立植物標本館（ハーバリウム）には，彼の調査により集められた膨大な数の標本が保管されている．ルトゥゼ博士が 1980 年代までにまとめた調査以来，カメルーン全土をカバーした植生調査はおこなわれていない．特に，湿潤熱帯雨林での植生調査の方法や植物をまとめたフィールドガイド *"Manual of Forest Botany: Tropical Africa"*（1972）は，今でもカメルーンの植物学専攻の学生のバイブルになっている．ハーバリウムで，自然保護プロジェクトや生物多様性研究のための植物の同定作業を担っている研究者や技官のなかでも

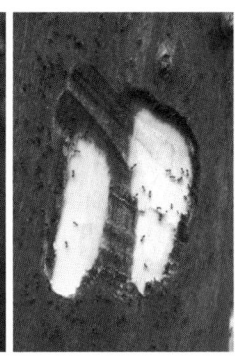

〈写真1〉樹皮を剥いだ後数分間に起こった未同定のアリ植物 "*bambeki*"（バカ語）の色変化.

　ベテランの人々は，ルトゥゼ博士にしごかれて育てられたという．植物に限らず，直接お金を生むことのない博物学や自然史の分野では，人や資金が集まらず，植民地期に学術的な訓練を受けた職人的な人々によって，教育や研究のレベルが保たれているという側面は否めないようである．
　私は，2009年の春，ヤウンデ大学の博士後期課程のひとりの学生とともに約3週間，カメルーン東南部の熱帯雨林に泊まりがけで植生調査をおこなう機会があった．サバンナ生まれの彼は，ルトゥゼ博士の孫弟子にあたる，熱帯雨林の植物社会学を専攻する数少ない研究者のひとりである．彼の研究室では，植物系統分類学，植物生態学とともに民族植物学が重要な研究テーマに挙げられている．彼によれば，自然環境の変化に富んだカメルーンでは，調査地に住み，植物と深い関わりをもった生活者が最も優れた植物学者なのであり，特定の植物についてわからないことがあったらまず住民のなかで植物に詳しい者に尋ねることから始めることも多いのだという．熱帯雨林のなかで毎木調査をおこなうのに同定が必要なとき，大きな木では，とりあえずの判断の材料は目の前にある樹幹しかないということが多い．民族語で名前がついていれば，まずそれを聞く．低い所に枝があったり，新鮮な落枝や花・果実があったりすればよいが，ない場合は誰かアシスタントの村人に頼んで木登りをして葉の標本を採ってきてもらう．こうしたことがいずれも困難な時にまずすることは，ナタで樹皮を削り，樹液の浸み出てくる様子や樹液の色，匂いを観察したり，樹皮を強く

〈写真2〉千年紀生態博物館のカメルーン各地のつるのコレクション．

噛んで味をみることである．これは，わからない植物に出会った時に村人がおこなっていることとほとんど同じである．これらの感覚的な情報を植物の外形特徴や生息場所などと組み合わせて，同定の輪を絞り込んでゆく．そのとき，調査者のそれまでの経験やセンスが問われる．科学者も民族科学者も，フィールドで未知の植物に素手でアクションするときにできることは，五感をベースに知識を総動員するところから始めるしかないのだ．

標本収集から生態植物園へ

　カメルーンには，人文・芸術系の展示をおこなう博物館はあるが，自然史博物館がない．国立ヤウンデ大学理学部植物系統分類学・生態学研究室のンコメネック教授（Prof. Bernard-Aloys Nkongmeneck）は，千年紀生態博物館（Millenium Ecologic Museum）と称するミニ博物館を立ちあげ，同僚に呼びかけ，動植物を中心にカメルーン各地での研究の過程で採集された標本の展示・解説をはじめた．植物をもちいて医療をおこなう実践家が集まりをもったり，森もサバンナも知らないカメルーンの都市住民への環境教育をおこなうセンターも兼ねている．

　ンコメネック教授は，ヤウンデ市の近郊の森に生態植物園（*jardin écologique*）をつくるのが当面の具体的な目標の一つであるといっていた．ルトゥゼ博士の業績により熱帯アフリカの植物学で知られた地でありながら，カメルーンの大学には研究林や植物園が一つとしてないのである．教授の言葉には，自然史研究の面白みを伝えるには，動植物や鉱物の標本の見本展示

だけでは不十分で，学生や一般市民が主体的に森林の体験学習をおこない，キャンパスからほど近い森のなかで，様々な教育研究をおこなえるようにしたいとの願いがこもっていた．

第2章

「原生林」のなかの近代
―― 廃村の歴史生態学 ――

　カメルーンは，1800年代末の十数年のドイツによる植民地支配の後，第一次大戦を経て1900年代初めにフランスの委任統治領となった．植民地行政は，数百年前にさかのぼる象牙交易を継続するとともに，森林産物の生産会社を設立し，強制的な野生ゴムの樹液採集を地域住民に課した．1920～30年代になると，需要の減った野生ゴムに代わって，新大陸由来の樹木性換金作物であるカカオの栽培が導入された．

　バカ・ピグミーとバクウェレの住む森もまた，西欧近代の動きと無縁ではなく，世界システムとつながりながら歴史を刻んできたのである．1980年代に南米アマゾン研究から生まれた歴史生態学は，人間と自然の相互作用の歴史として森をとらえる．本章では，この視点から，ドンゴ村の上流に広がる森林景観に外部世界との関わりを探ってゆく．

I. 外部世界との関わりはバカ・ピグミーとバクウェレの関係にどう影響したか

　中部アフリカ熱帯雨林のピグミー系狩猟採集民とバンツー系焼畑農耕民は，集団原理の相違や社会的地位の不平等（ピグミーの劣位）がありながらも，不即不離の関係を保ちながら共存してきた（竹内，2001）．両者の関係についてはこれまで二つの対照的なモデル，生計経済上の相互依存関係に基づく共生モデル（Terashima, 1986）と，狩猟採集民が農耕民に差別さな

がらも，農耕社会の不可欠な成員となっているとするハウスモデル (Grinker, 1994) が提出されてきた．しかし，いずれも関係性の通時的な変化を取りこんでいないという点で静態的な社会状態を説明するに留まっている (塙, 2004)．現在の両者関係は，そのまま過去から続いてきたとするよりも，歴史上の様々な出来事のなかで変遷してきたと考える方が自然であろう．特に，カメルーン東南部を含むコンゴ盆地北西部は，口頭伝承やBantu Aグループの言語分布から，18世紀後半から19世紀にかけて起こったと推定される Bantu 諸民族集団の移動・再編成の結果，中部アフリカにおける他のバンツー圏に比べて複雑に入り組んだ民族，および言語分布を示していることが知られている (Vansina, 1990)．また，カメルーン東南部においても，過去数百年にわたり外部世界との接触に起因した激しい社会経済上の変化があった (Althabe, 1965; Joiris, 1998; Rupp, 2003)．過去100年に限っても，委任統治行政による野生ゴム採集，商品作物栽培導入，宗主国間の戦争，集住化政策執行，70年代の木材伐採会社の進出，90年代以降の自然保護運動，および国立公園設置という変化が立て続けに起こってきた．これら度重なる外部世界からの干渉による民族間関係の攪乱・再編過程を乗り越えて両集団がいかにして現在にいたったのかを理解するためには，両者の集団間関係を，現在から過去に遡って明らかにする必要がある．

そこで本章では，バンツー系漁撈農耕民バクウェレとピグミー系狩猟採集民バカ・ピグミーの過去における居住地移動を，調査村における人口・家族調査に基づいて選んだ主要な家系ごとに明らかにし，現在の居住集団の成立過程を再構成することを試みる．

II. 森の歴史を読む二つのアプローチ

(1) 歴史資料の収集・分析

カメルーン共和国の首都ヤウンデ市の国立公文書館 (National Archives of

Yaoundé）で調査地域周辺のフランスによる委任統治期（1920～60年代）に関する資料収集をおこない，地域住民の生業や森林産物や換金作物の導入に関わる政策について把握を試みた．

(2) 口頭伝承の収集と現地踏査

　カメルーン東部州ブンバ=ンゴコ県ムルンドゥ郡ドンゴ村に隣接して居住するバカ・ピグミーとバクウェレの両集団の成人全員に，定住集落でおこなった毎戸調査（2004; 2007; 2008の各年に実施）のなかで，個別に以下の項目について聞き取りをおこなった（父親・母親の出身地，自身の出生地，過去に居住したことのある居住地の名前と位置）．こうして得られた過去の居住地のうち，インフォーマントとともに訪問が可能である定住集落跡を可能な限り訪問し，地名の収集をおこなった．また，GPSをもちいて位置を記録した．それぞれの居住地跡について，利用時期，居住時の家系集団構成，主な生業活動，以前はどんな植生が周りにあったか，放棄の理由は何だったのか，などについても聞き取り調査をおこなった．最後に，現地調査で得られた資料と(1)の歴史資料から得られた知見との関連を検討した．

III. 森に刻まれた近代史

1. フランス委任統治期における地域住民と外部世界との関わり

　公文書館では，1923年以降，調査地から50kmほど離れたムルンドゥ市に駐在したフランス人行政官による資料9点が得られた（巻末引用文献［公文書資料］を参照）．資料は，年次報告と出張報告がほとんどである．1951年の郡長官リゴ氏による年次報告には写真つきで当時のドンゴ村周辺の様子が記載されている．写真から，調査地であるドンゴ村の対岸のンバラ村には汽船が訪れていたこと（図2-1）や，バクウェレが現在と同様に丸木舟で移動している様子がわかる（図2-2）．また，当時のムルンドゥ市

図 2-1　ジャー川右岸に着岸している汽船．調査地対岸のンバラ村（*Fort Soufflay*）で撮影されたもの．（出所：APA 11732 22 Ⅱ Rapport Annuel 1951）

図 2-2　丸木舟で水上移動するバクウェレ．（出所：APA 11732 22 Ⅱ Rapport Annuel 1951）

図 2-3　ムルンドゥ市庁舎の運動場で捕獲されたゴリラ．
（出所：APA11732 22 II Rapport Annuel 1951）

庁舎のグラウンドにゴリラが出てきたのでとらえた（図 2-3），といったエピソードも紹介されている．

　バカ・ピグミーは，これらの報告書のなかではバビンガ（Babinga）として記載され（図 2-4），出張報告のなかでは人口調査の結果などが，他の民族とは別に分けて集計されている．バクウェレやバンガンドゥなどは実数で記録されているが，バカ・ピグミーのみ推計値が挙げられている（図 2-5）．

　フランス領赤道アフリカ（AEF）に属するコンゴ北部地域では，サンガ=ウバンギ森林会社（Compagnie Forestière Sangha-Oubangui，略称 CFSO）と呼ばれるコンセッション会社によって，野生ゴムの採集と栽培が強制的におこなわれていた（Guillaume, 2001）．CFSO は，野生ゴムとして知られる，*Landolphia owariensis* など *Landolphia* 属（キョウチクトウ科）のつる性植物樹液のほか，木本性の *Funtumia elastica*（キョウチクトウ科）を採集対象としていた（Guillaume, 2001: 300）．野生ゴム採集が，どの程度の規模でおこ

図 2-4　行政官によって撮影された，バカ・ピグミーの写真．「殺人容疑でムルンドゥからバトゥリに護送されるバビンガ」というキャプションが付されている．（出所：APA 11732 22 II Rapport Annuel 1951）

なわれていたかについて推測するうえで，1942 年の植民地行政官による年次報告書のなかの，ムルンドゥ市の市場にもち込まれた生ゴムのフランジ数の記録が参考になる．生ゴム・フランジは採取したゴムの樹液を竹筒に入れて凝固させたもので，1938 年には年間 140,000 本以上が集められていた（図 2-6）．

　同じ資料の 1935 年から 1941 年までの生ゴムの月別取引数データを図にしてみると，年間を通じてコンスタントに生ゴムが生産されていたことがわかる（図 2-7）．現在おこなわれているカカオ栽培では，カカオの収穫に季節性があるため比較的はっきりした農閑期があるのに対して，当時ゴム採集の作業が年間休みなくおこなわれていたと考えられる．特に焼畑の伐開時期と重なる大乾季の 1〜4 月の間に他の季節よりも取引量が多かったことから，ゴム採集作業は特に農耕民の生業への影響がおおきかったであ

第2章 「原生林」のなかの近代

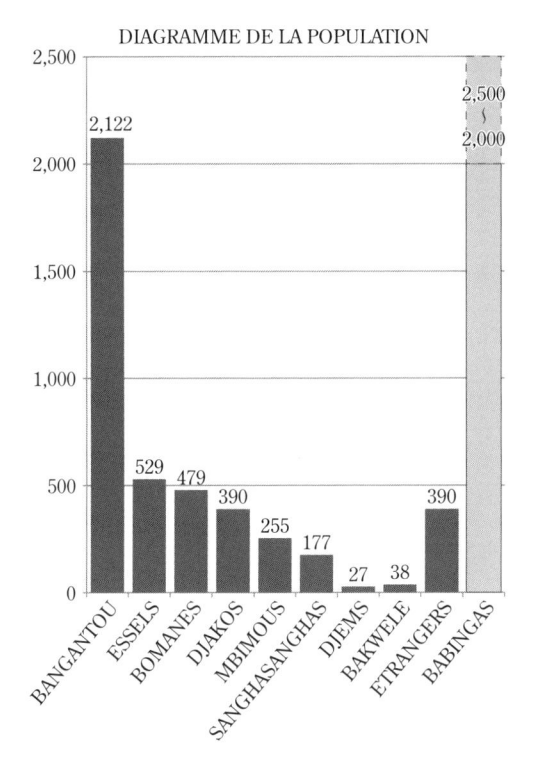

DIAGRAMME DE LA POPULATION

図 2-5 ムルンドゥ郡の民族別人口ヒストグラム．(出所：1AC 3509 Moloundou Statiques Année 1957)

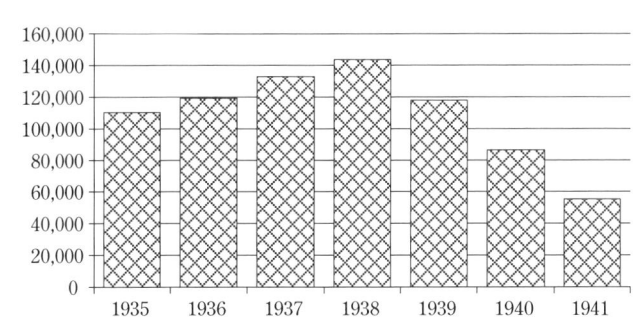

図 2-6 ムルンドゥの市場に運び込まれたゴム・フランジ数（1935〜1941）．

33

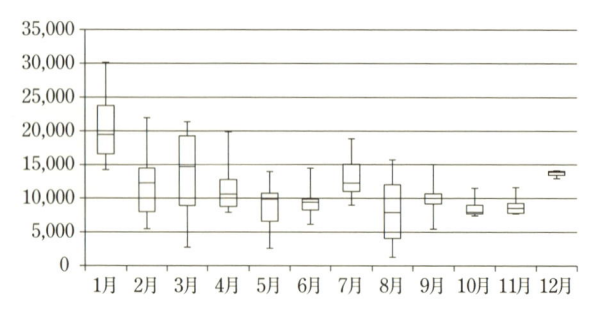

図 2-7　ムルンドゥ市におけるゴム・フランジの月別取引数（1935～1941 年）．

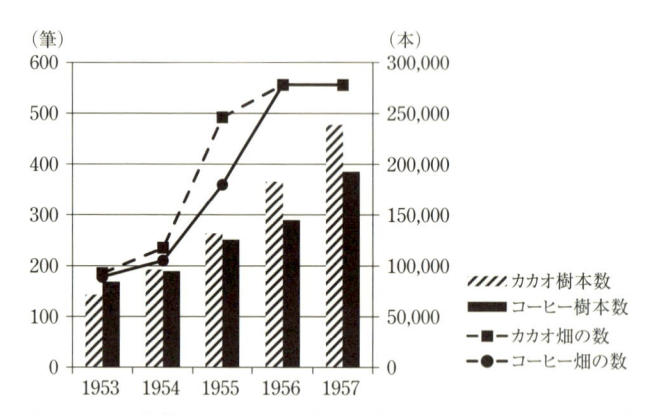

図 2-8　1950 年代のムルンドゥ郡におけるカカオおよびコーヒー栽培の拡大．（出所：1AC 3509 Moloundou Statiques Année 1957）

ろうと推測される．

　1950 年代に入ると，ゴムに代わって，急速に換金作物としてのカカオとコーヒー栽培が奨励された．ムルンドゥ市の行政官は，開墾されたカカオ畑の数とともに，まだ結実しないカカオ樹の本数まで報告に残している（図 2-8）．

　ムルンドゥ郡において，1953 年から 1957 年までの 4 年間にカカオ畑の数は 178 から 556 へと 3 倍以上に増加し，カカオ樹は合計で約 239,000 本に増加した．これらの政策によって急速に拡大されたカカオ畑は，しかし，

表2-1 過去約100年間において調査地周辺に起こった外部社会との関わり（Joiris, 1998; Robillard, 2011）

19世紀後半	ドイツ植民地行政官による天然ゴム採集／栽培の強制開始
1905〜10頃	ムルンドゥ市周辺で第一次世界大戦戦闘（独軍と仏軍）に住民動員
1920〜30頃	フランス領赤道アフリカ圏内における鉄道建設への強制連行
1940〜50頃	フランス植民地行政官によるカカオ栽培の導入
1960年代初め	カメルーン独立紛争にともなう集住・集村化政策の実施
1970〜80頃	外資（リベリア）による商業伐採の開始と撤退
1990年代	生態系保全のための自然保護活動の開始
2000年代	ンキ国立公園の設定

ジャー川流域では独立前後の強制移住による居住地移動によって，多くがいったん放棄されることになる．

歴史資料から得られる情報と先行研究に基づき，過去約100年間においてドンゴ村とその周辺に起こった外部社会との関わりをまとめると，表2-1のように整理できる．

2. バクウェレ，バカ・ピグミー両居住集団の動態

ドンゴ村における現在の人口は，バクウェレが約200人，バカ・ピグミーは約300人で，両集団は，数kmずつ離れた六つの小集落に分かれて隣接（5小集落）ないし混住（1集落）している．それぞれの小集落は，一つから八つまでの父系拡大家族により構成されている．バクウェレは，ジャーコ（「ジャー川上流の人々」）という地縁的な集団アイデンティティを共有しているが，各家系の出自集団はバクウェレのみならず，コナベンベ（Konabembe），ジェム（Djem）など周辺諸民族集団からもなっている．バクウェレ・ジャーコ各家系集団の年長者への聞き取り調査の結果，かつては熱帯雨林のなかに分散して居住し，しばしば対立関係にあった各家系集団が婚姻を通じた女性の交換により密接な関係をもつようになり，出自民族集団を越えたレベルで地縁的な結合を重視した集団アイデンティティが形成されたことが示唆された．

一方バカ・ピグミーの年長者への聞き取りから，ドンゴ村のバカ・ピグミーには，バクウェレの家系集団とともにジャー川沿いに移住してきたグループと，バクウェレ集落の動きとは関係なくほかの農耕民集団の村を離れてドンゴ村に移住・定着したグループとが混在していることがわかった．また，バクウェレ，バカ・ピグミーともに，通婚圏は半径100km以上に広がっていた．

3. 地名がつなぐ記憶

聞き取りに基づく現地踏査により，21のバクウェレの定住集落跡，10のバカ・ピグミーのベースキャンプ跡が確認された（図2-9；2-10）．21のバクウェレの定住集落跡はすべてジャー川に面して立地していたが，バカ・ピグミーのキャンプ跡は農耕民集落から森のなかに300mから3kmほどの範囲に位置していた．バクウェレの集落跡は，植生の変化が周辺の森林に比べ比較的捉えやすく，特定樹種（*lingembe*: Rothmannia sp. アカネ科や *belenge*: *Meiocarpidium lepidotum*（Oliv.）Engl et Diels バンレイシ科）が「指標」としてもちいられ，放棄された時期や土地利用の方法と関連づけられて解釈された．これらの樹種は，バクウェレやバカ・ピグミーによって，居住地利用にともなう人為攪乱後の植生変化と関連づけて把握されている可能性がある．バクウェレの定住集落跡には必ず地名がつけられていたが，バカ・ピグミーの居住地跡には必ずしも固有の地名がなく，近くのバクウェレの集落跡の名前があてられていることが多かった（表2-2）．

4. 森林景観に刻まれた居住史

訪れた少なからぬ集落跡地で，かつてのカカオ栽培およびゴム採集の痕跡（カカオ畑およびゴムの純林）を認めることができた．また，異なる年代に放棄された廃村に設置した調査区画ごとに，さまざまな種類の人為遺物が確認された．以下，観察された人為遺物について種類ごとに記載する．石器や土器，儀礼用鉄器は，1950年以前の古い時期に放棄された集落において多くみられた．一方，1960年前後を境に，ビール瓶やスコップ，ホー

第2章 「原生林」のなかの近代

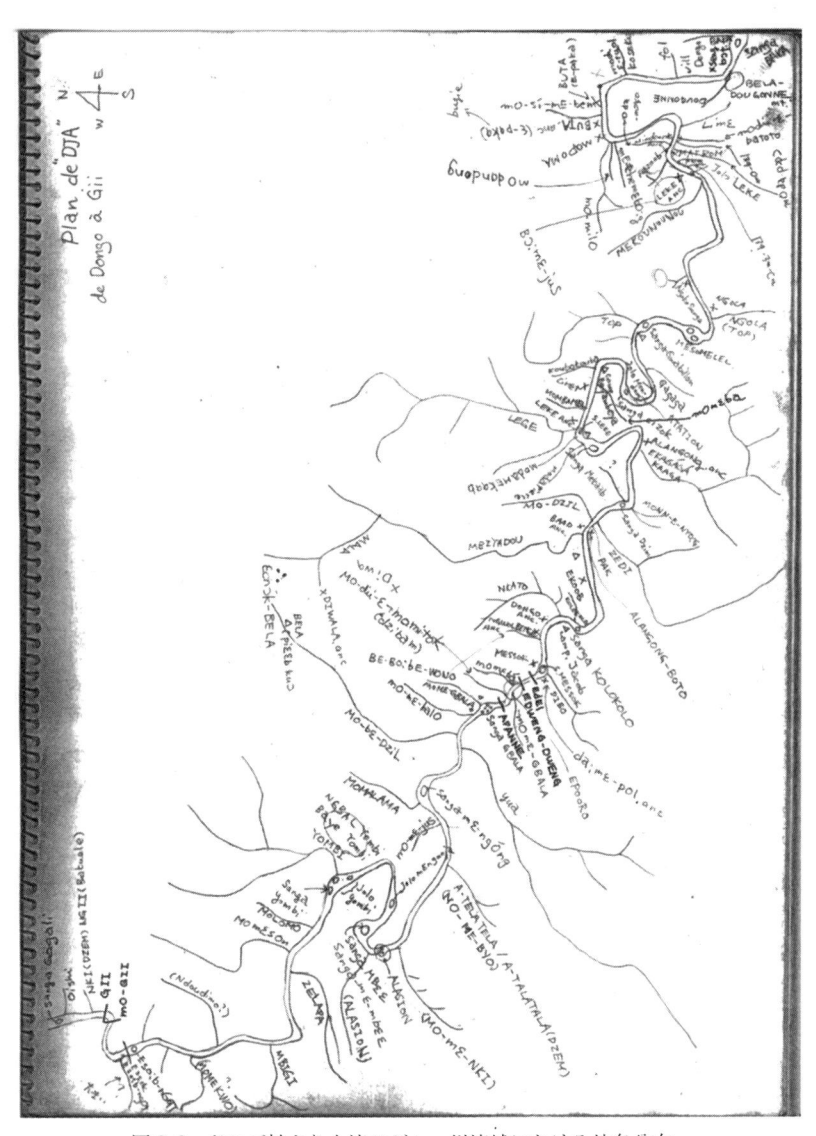

図2-9 ドンゴ村より上流のジャー川流域における地名分布.

図 2-10 廃村の分布.

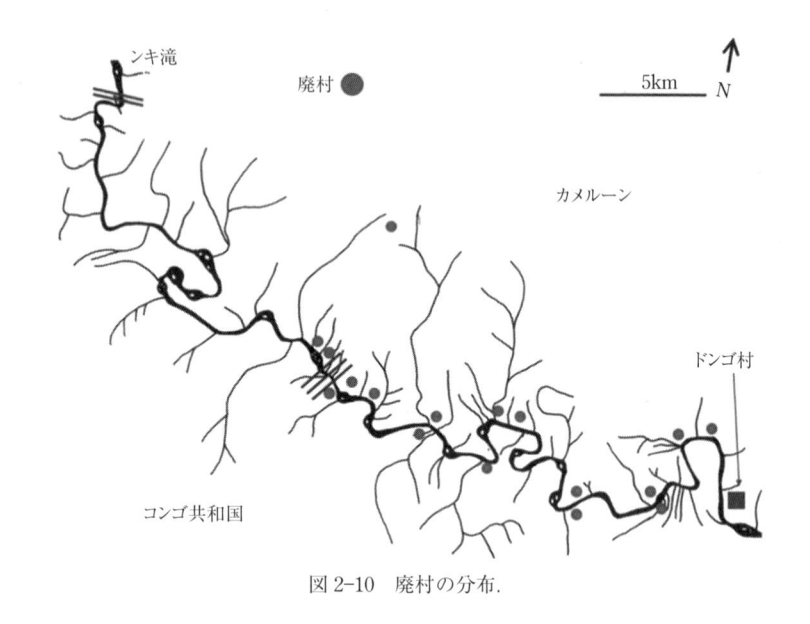

ロー製食器などカカオ栽培および貨幣経済の本格的な浸透を示す商品の遺物が増加している．とくに土器については，異なる年代の集落放棄地にそれなりの量がみられた．

4-1. 石器

- **磨り器と丸石**　放棄後 100 年以上経過していると思われる調査区画で半地表から発見された．香辛料となる木の実やトウガラシなどの食品を磨り潰すための炊事用具である．現在は同様の用途に，木製の台と，球形の果実を乾燥させたものをもちいているが，同じ形態だが，石でできた磨り器と丸石がみつかった．

4-2. 土器・陶器

- **小型のつぼ，土器片**　放棄後 20～100 年とみられる調査区画で，小型のつぼや，皿などの土器片の散乱が林床部にみられた．

表 2-2　聞き取りおよび現地踏査により得られた放棄集落群に関する情報

定住集落名	居住時期	居住者	放棄の理由	ゴム	カカオ	土器／鉄器
メソック	＞1930	Dj/Bk	大量死	○	○	○
ディボ	＞1930	白人	不明	×	×	○
ドンゴ [1]	＞1940	Kb/Bkw/Bk	不明	○	○	○
ドンゴ [2]	1940＞1950	Dj/Kb/Bkw/Bk	強制移住	×	○	
ドンゴ [3]	1960＞現在	Dj/Kb/Bkw	—	×	○	
バード	＞1960	Kb/Bkw/Bk	強制移住	○	?	
レケ [1]	＞1930	Kb/Bkw/Bk	不明	?	?	○
レケ [2]	1930＞1960	Kb/Bkw	不明	×		
レケ [3]	1960＞現在	Kb/Bk	—	×	○	
ンゴラ	＞1930	Kb/Bkw	呪術	×	×	
ミンドゥル [1]	＞1960	Kb/Bkw/Bk	強制移住	○	○	
ミンドゥル [2]	1960＞	Kb/Bkw/Bk	—	×	○	
エコーブ	―― 地名・伝承のみ ――					
アランゴン	―― 地名・伝承のみ ――					
アランゴンボト	―― 地名・伝承のみ ――					
シネット	―― 地名・伝承のみ ――					
ンゴコサンガ [1]	1950＞1960	Dj/Kb	強制移住	×	○	○
ンゴコサンガ [2]	1985＞現在	Kb/Bkw	—	×	○	○
メクスス	1960＞1970?	Kb/Bk	不明	?	?	?
マポマ	1980＞現在	Kb	—	×	○	
エパカ	?	Bk	呪術	?	?	?

＊居住時期は，情報を得たインフォーマントの推定年齢に基づいて推定した．
＊居住者は，各集団を Dj＝ジェム，Kb＝コナベンベ，Bkw＝バクウェレ，Bk＝バカ・ピグミーと表した．

- **腕輪**　同様に放棄後 40〜50 年とみられる調査区画にて，発見された陶製の輪形装飾は，サイズからして，腕につけたものと考えられる．

4-3. 金属

- **鉄矛**　放棄後 50〜60 年とみられる調査区画の地表近くでは，ドゥパやゾンと呼ばれる鉄製の薄く平らな矛が，錆びついてはいるもののみつかった（図 2-11）．聞き取りの結果，これらはかつて婚礼の際に男性から女性に支払われた婚資の一部であることが分かった．
- **首輪，腕輪，足輪**　放棄後 50〜60 年とみられる調査区画の地表近くで発見された．グオスと総称される金属製（鉄製と思われる）輪形装飾で，

図 2-11　金属製の鉄矛．向かって左：ゾン（*zong*）；右：ドゥパ（*dupa*）（バクウェレ語）．

首輪（グオス・チョン，グオス・チー），腕輪（グオス・ンボ），足首輪（グオス・エ・コ），の各種がある．聞き取りの結果，これらもまた，かつて婚礼の際に男性から女性に支払われた婚資の一部であることが分かった．

- **投げナイフ**　焼畑出作り地に住む古老が，放棄後50～60年とみられる調査区画の地表近くで拾ったものを確認した．ボゲヤと呼ばれる戦闘用の投げナイフの峰には，ダイカーの頭部を象った意匠が施されていた．
- **スコップ**　放棄後40年とみられる調査区画から，樹木の根に絡まった形で地中に埋もれているものを発見した．一部を除き，分解してしまっていた．
- **ランプ**　放棄後40年とみられる調査区画から発見された．ケロシン・ランプの金属部分がばらばらになったものである．

図 2-12　胴が丸いビール瓶．現在入手可能なものとは形状が異なる．

- **ホーロー皿，深皿**　放棄後 10〜40 年程度の調査区画で頻繁に観察された．半分地中に埋まったり，地表に散乱したりする形で林床部にみられる．形が歪んだり，穴が開いたりしているものが多い．
- **不明**　用途不明の鉄製具の一部とみられるものが数点確認された．

4-4. プラスチック・ガラス

- **ビール瓶**　放棄後 50〜60 年とみられる調査区画で，現在調査地域で流通している胴長型の瓶とは異なるずんぐりとした形のビール瓶がたくさん発見された（図 2-12）．委任統治時代に流通した瓶の形であるという話であった．
- **プラスチック籠**　放棄後 15 年とみられる調査区画で，劣化した黒灰色のプラスチックの塊が観察された．カカオの秤量のためにもちいられた籠が残ったものと思われる．

4-5. 衣服

放棄後 15 年とみられる調査区画で，化学繊維製の衣服が地表に半分埋もれるかたちで観察された．

4-6. 人為地形・家屋跡地

ドンゴ村周辺でみられる家屋の形式には，大きく分けて2タイプある．一つは，モングルと呼ばれるクズウコン科の林床草本の葉と木本の若枝で作られる半球形，ドーム型の家屋で，バカ・ピグミーの伝統的居住様式である．もう一つは，ポトポトと呼ばれるラフィアヤシの幹の骨組みに土を塗りこんで作られるもので，バクウェレをはじめバンツー系農耕民の伝統的居住様式である．前者は，分解されやすい植物素材だけでできているので，天井や壁の葉を数週間おきに換え続けなければ数カ月で跡形もなくなる一方，後者の土壁造りの家屋は，屋根の葺き替えを数年おきに続ければ十年以上維持することが可能である．

家屋倒壊後，地表には壁に塗りこまれた土壌が積み重なって堆積する．この地表面の盛りあがりが雨水によって流れ去る前に周辺植生に覆われた場合，森林回復後まで地表面に不自然な隆起として残っているのが観察された．これが，現地の人々が古い集落跡において具体的な家屋の配置を識別するひとつの手掛かりとなっていた．

少なくとも四つの放棄集落で，野生ゴムのうち，木本性のンダマ (*Funtumia elastica* (P. Preuss) Stapt., キョウチクトウ科)，の群生を確認した (図2-13；表2-2)．野生ゴム採集の作業経験について，バカ・ピグミーの古老Gは，下記のように回想した．

> 「ゴムを採っていた頃は，白人がいて，チェックを受けたものだ．それは，この私の目の前で起こったこと．その人が手でゴムをつかんで，もし品質が悪いとなったら大変だ．もう一回，採集にいかされた．」(バカ・ピグミーの老齢男性G，2010年8月1日聞き取り．)

文献資料によれば，税金としての野生ゴム採集を命じられているのはバクウェレの村長だが，この語りから実際には野生ゴム採集の労働にはバカ・ピグミーが動員されていたということがわかる．

少なくとも1930年以前にさかのぼる集落跡にまで，野生ゴムやカカオの栽培・採取の痕跡が残っていることは，対象地域における世界経済の浸

図 2-13　野生ゴム樹液を産するンダマ
(*Funtumia elastica* (P. Preuss) Stapt., キョウチクトウ科) の木.

透の程度を示すものとして注目される．現在でも雨季を中心に多大な時間が割かれるカカオ栽培が，これら集落跡での生活においても大きなウェイトを占めていたことは明らかだと考えられる．また，ゴム採集やカカオ栽培の導入の時点で，銃が入っていたことが示唆される．また，集落跡地でおこなった聞き取りでは，バクウェレ，バカ・ピグミーのインフォーマント双方から，現在ではおこなわれない集団網猟がおこなわれていたという情報が得られた．バクウェレのインフォーマントによれば，バカ・ピグミーは現在のように自前の畑をもたず，バクウェレの畑で農作業の手伝いをおこなうことにより農作物を得ていたという．なお，川沿いの集落跡地は，現在でも頻繁に漁撈活動やナッツ採集のための季節キャンプとして活用されている（第3章）．

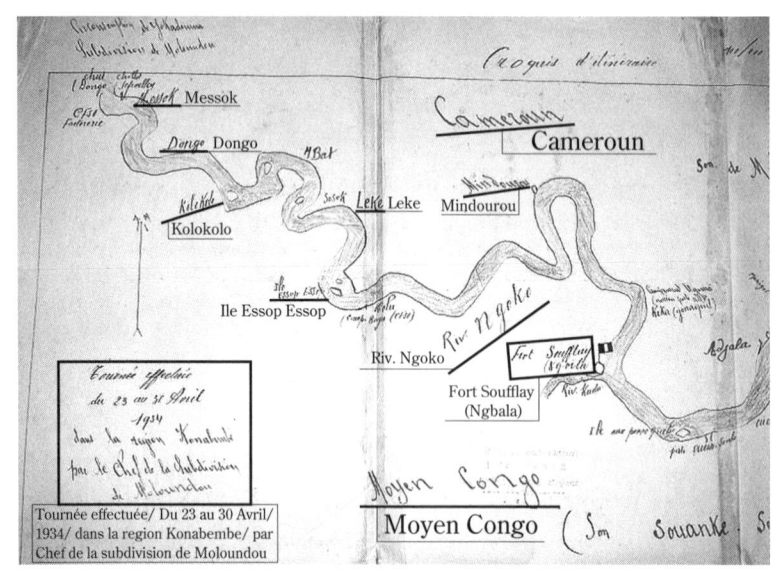

図 2-14　委任統治行政官が作成したジャー川下流域の地図．（出所：APA 11779–B）

5. つきあわせる ── 現地調査と文献調査の整合性

　ヤウンデ国立古文書館で資料収集をおこなった結果，植民地行政官による 1933 年時点におけるジャー川中流域の定住集落の分布に関する手書きの地図，および集落の概要に関する文献（"Rapport de tournée effectuée du 3 Avril 1933 au 14 Avril 1933 par le chef de la subdivision de Moloundou dans la region Konabembe"，APA11779–B 所収）を発見することができた．これを参照したところ，付表に示した放棄集落群のうち，旧メソック村，旧ドンゴ村，旧レケ村，旧バード村，旧ミンドゥル村の位置に関して，インフォーマントとともに収集した地理上の情報が一致し，聞き取り調査により得られる情報の信頼性，有効性について一定の確認ができた（図 2-14）．
　ただ，委任統治期の行政官による出張報告には，バクウェレなど農耕民に比べてバカ・ピグミーに関する記述が乏しい．これは，前述のように，

バカ・ピグミーの集落が農耕民集落から数km離れた熱帯雨林内部に位置していたため，短期間の訪問者である行政官の目には入らなかった結果だと推察される．

バクウェレのインフォーマントによる，「バカ・ピグミーは，森のなかに隠れていた」とか，「我々の後ろに，バカ・ピグミーがいた」という表現は，多くのバカ・ピグミーが商業民など外部世界からの来訪者と直接関係をもつ現在とは異なり，上流域に居住していた時期には，農耕民が労働力としてのバカ・ピグミーを囲い込むとともに，外部世界とバカ・ピグミーの生活世界の間を媒介する存在でもあったと考えられる．

IV. 熱帯雨林景観のなかの世界システム ── 象牙，野生ゴム，そしてカカオ栽培

中部アフリカのピグミー系諸集団の歴史について歴史言語学的なアプローチから研究をおこなったバウシェによれば，バカ語は隣接するピグミー系集団アカ・ピグミーのアカ語と語彙レベルで共通性が高く，250〜300年程度前まで両者は共通の集団であったことが推定されている(Bahuchet, 1993)．また，バカ・ピグミーは，バカ語という独自の言語を有するが，これは現在コンゴ共和国ウバンギ川近くに居住するバンツー系農耕民ンバカ (Ngbaka) の使用言語に近縁とされている．これらから推察されるのは，バカ・ピグミーは，もともとカメルーン東南部より南東の現在のアカ・ピグミーの分布地域に近いところから，何らかの原因により現在の分布域に移動してきたということである．その過程のどこかで両者は遭遇したと推測される．

バクウェレはもともとコンゴ共和国北部熱帯雨林に分布の中心をもち，森林環境によく適応した西バンツーとして自立した生計経済を営んでいた(Siroto, 1969)．18世紀後半から19世紀にかけてコンゴ北部からカメルーン東南部で頻発した民族間紛争と第一次世界大戦，そして民族間関係の再

編の過程で，諸民族集団は移動と混淆状況を繰り返し，そのなかから農耕民社会のなかにバクウェレ・ジャーコという地縁的なつながりをもとにしたアイデンティティが生まれ，一部のバカ・ピグミーは，彼らと農作物と労働力の交換というかたちで関係をもつに至った．

　フランス委任統治下では，バクウェレなど農耕民に野生ゴム採集，ついでカカオ，コーヒーなどの換金作物栽培が課されたが，実際にはバカ・ピグミーがこれらの労働の担い手として農耕民を手伝っていた．1930年代に，野生ゴムの採集はピークを迎え，1950年代には，カカオ栽培の急速な拡大が図られた．以上の経緯のなかで，一連の委任統治政策による森林産物の採集や換金作物の導入と奨励は，農耕民の狩猟採集民への労働力依存を高めたことが推察される．

第 2 章 「原生林」のなかの近代

Essai 2

熱帯雨林とゴジラ——カメルーンでむかえた3・11

　本書のもととなる現地調査を繰り返していた大学院生〜オーバードクターの 10 年余りの間，私は日本とアフリカをいったりきたりする生活を送っていた．毎回の滞在は 2 週間から最大 8 ヵ月ほどにおよんだ．東日本大震災が起こった 2011 年 3 月初旬も，私は海外にいた．私はカメルーンでの海外調査のために 3 月 9 日に関西空港を出国し，10 日夜にヤウンデ市に着いた．翌朝，いつものように目覚め，朝食のためにホテルのロビーに向かうと，従業員がテレビに釘づけになっている．そこで，3 月 11 日の東北・東日本大震災を知ったのだった．

　　　　前兆は捉え難しよゆりかもめ　　花谷希葦

　すぐに気になったのは，東北にいる友人や後輩の安否であった．津波と，福島第一原発での爆発事故は，インターネットで知った．すぐに，自分の実家のある静岡県中部の浜岡原発を想起した．東海大地震がいつか必ず来ることはこどもの頃から叩きこまれている．東北地方での地震が，東海大地震と関係しているのではないかと思ったのだ．浜岡原発には，小学校 5 年の時に，母親の勤務する高校の新聞部の取材に同伴して，施設見学をさせてもらったことがある．

　　　　爆弾処理にカフカさん産廃さん　　高田銀次

　見学の後，いかに原発が安全にできているかという内容のビデオをみて，質疑応答の時間があった．絶対安全だという宣伝のオンパレードにかえって疑問を感じて，当時小学生だった私は東海地震に耐えられるのかという質問を投げかけた．その質問に，必死になって地震による原子炉故障の危険性を否定し，安全性を主張する青年職員の受け答えが印象的だった．「日本の原発は，世界一安全です．東海地震が起こっても，航空機が原子炉建屋に突っ込んでも大丈夫です．それくらい頑丈な設計になっているんで

す.」といっていたのをよく覚えている.

   空焦がすゴジラの嘆き熱帯夜　うらたじゅん

　怪獣ゴジラは，1954年にビキニ環礁での米国の連続核実験により生まれたことになっている．今では，ゴジラは全世界で有名な怪獣キャラクターだが，このことはあまり知られていないように思う．遠く離れたカメルーンの路上でも，ビデオCDになったゴジラの映画が売られている．そのゴジラが首都・東京をめちゃめちゃに破壊するパワーを得るのは，静岡県にある某原子力発電所という筋書きになっている．どうみても，浜岡原発のことであろう．各地で，原発建設計画地の住民が反対したのにもかかわらず，日本全国に既に54基もの原発（建設中3基を含む）が建設されてしまった．世界中にはいったい何匹のゴジラが潜んでいるのだろう．

   百匹のザムザ目醒めて五月闇　田中浩一

　地震の後，後ろ髪を引かれるような想いでカメルーン東南部の調査地のドンゴ村に入った．ドンゴ村は，首都ヤウンデから1,500kmほど離れた熱帯雨林のただなかにある人口600人ほどの村である．これまで15年以上にわたって，私を含む日本人研究者が研究に訪れてきた．村人たちは，東北で起こった地震と原発での爆発事故のことをかなり正確に，というより，私以上に知っていた．短波ラジオのフランス語放送で聞いていたのである．ケロシン・ランプの灯りで，獲れたてのサルの肉をご馳走になりながら，オオイシの故郷の日本はヤバいのではないか，帰らない方がいいのではないか，日本から家族を森に呼び寄せた方がいいのではないか，とまで口々にいわれた．

   秋刀魚食ひ真の自由を問ひ返す　大石まさこ

　森に住む人々は，金銭的には貧しいが，自分たちをとり巻く自然に深い信頼を抱いて生きている．原発から出るゴミは，普通のゴミとちがって，生物にとって途方もない時間をかけても分解することはない．原発のゴミ

は，原発の恩恵を受ける先進国の都会とは全く関係のない開発途上国へと運ばれ，隠ぺいされる．東アジアの原発大国である日本から出るものは，モンゴルなどアジアの国へと運ばれるが，ヨーロッパの原発大国フランスから出るものは，旧植民地だったサブサハラ・アフリカ諸国へと運ばれていると聞く．

　カメルーンの隣国ガボンは，国土の多くが熱帯雨林に覆われている．2000年代初めにエボラ出血が流行したとき，感染が起こったいくつもの村がウィルス除染のために焼かれた．しかし，聞き取り調査をおこなった人類学者の報告によれば，そのうちのいくつかは放射性廃棄物の処理場を造成するための住民の強制移住が目的となっていたという．原発や核兵器は，限られた国や地域にしか存在しないのかもしれないが，核のゴミは世界中に拡散している．おそらくは，目にみえないゴジラを何匹も生みながら．村で，ある少女がボソリとつぶやいた「放射能よりかは，貧困のほうがずっといい．」という何気ない一言が頭にこびりついている．

第3章

森の「バカンス」
── 二つの社会的モード ──

　コンゴ盆地では，コンゴ民主共和国のイトゥリの森でムブティ・ピグミー研究に先鞭をつけたコリン・ターンブルが，森に住む平和的なムブティの世界と定住集落に住む争いごとの絶えない農耕民の世界という極めて対照的な社会を描きだした (Turnbull, 1961)．

　日常生活では，狩猟採集民と農耕民はいつも対立しているわけではない．ときには，じつに仲良く楽しげに過ごしていることもある．コンゴ民主共和国，イトゥリの森におけるエフェ・ピグミーと農耕民レッセの間の個人間で結ばれる友好関係に着目した寺嶋 (1991) は，狩猟採集民／農耕民という括り方に安住してしまうと，それぞれの社会内部の多様性をみうしないかねないと警告する．

　本章では，相互行為の起こる場の変化に応じて垣間みえる狩猟採集民と農耕民という社会的な枠組みのずれに着目しながら，二つの社会の関係の柔軟性について読み解いてゆく．

I. 対照的な農耕民の姿

1. 定住集落と漁撈キャンプ ── 二つの社会的なモード

　2002年1月から2月にかけて，私は生態人類学的な研究を志してカメルーン東南部の熱帯雨林を初めて訪れた．住み込み先をカメルーンとコン

図3-1 ジャー川をいきかう丸木舟.

ゴの国境を流れるジャー川の傍らにあるドンゴ村に選んだ．ここは，バクウェレという民族名の農耕民の村である．彼らとの会話から，私が当時憧れを抱いていた自然により強く依存した生活がありそうに思われるジャー川上流方面の出作り地を訪ねることにした．その周辺には，漁撈や採集といった活動の拠点として使われている，かつての廃村群があるというのだ．その旅の2日目に，2艘の丸木舟いっぱいに，鍋や杵などの炊事道具はもちろん，蚊帳や家財道具や農作物，はてはニワトリやヤギといった家畜までを山のように積み込んで流下してくるA氏の家族と水上ですれ違った．ジャー川の流れは緩く，我々の舟は手漕ぎで流れに逆らいながら遡っていくので近づくのにも時間がかかる（図3-1）．

すれ違った地点から丸2日かかる漁撈キャンプで2週間過ごし，そこから定住集落への帰途だという．実はその時までに，A氏と私は短い滞在期間ながら定住集落で知り合っていた．初対面の際に路上で声高に金品を要求されたことがあり，A氏には良い印象をもっていなかった．おまけにお世話になっていた調査助手からも，彼がいかにトラブル・メーカーである

かを聞かされていたため，すっかり警戒していた．しかし丸木舟の上のA氏は，ごくごく和やかに，「よく来たね」といって，上流のキャンプで拾ったという土器をいくつかみせてくれた．そして，私に大きなナマズの燻製をそっと手渡して，そのまま静かに川を下っていった．

　私は，村での私に対する彼の非常にとげとげしい関与の仕方や，攻撃的にさえ感じられた押しの強さと，丸木舟の上での紳士的で，落ち着いた態度の間のギャップがあまりに意外で，強い印象を受けた．それから後も，漁撈キャンプでの彼らとの出会いは，私にとって驚きであると同時に発見だった．なぜなら，それは，それまでのつき合いのなかで私のなかに知らずしらずにできていた農耕民イメージを崩すものだったからである．

　そのイメージとはどのようなものか．そのひとつに，生活苦の訴えと対になった金品の要求が挙げられる．たとえば，一方的に問題をぶちまけられ，カネをくれといわれる．問題の真偽はわかりようがない．いったい，その問題がこの私とどういう関係にあるというのか，そんな困惑に襲われながら話を聞く．そんな時の彼らのこちらへの接近の仕方は，相手である私が何をしていようがお構いなく，自分にとって都合のよいタイミングで要求をぶつけてくるのだ．

　一方的で押しの強いコミュニケーションのあり方は，バクウェレだけに限ったことではなく，アフリカ熱帯雨林の様々な農耕民社会で報告されている．たとえば，カメルーン東南部から数千kmも離れたコンゴ民主共和国中央部の熱帯雨林に住む農耕民ボンガンドの発話形態を記述・分析した木村大治は，言葉を投げつけるような彼らのコミュニケーションにおける対他的な身構えを，「投擲的態度」と呼んだ（木村1991）．このような対人関係における対他的圧力と一方通行性は，農耕民社会に一般的にみられる特徴の一つであると考えられている．しかし，それは彼らの日常生活のなかで，いつでも，どこでも，同じように維持されるものなのだろうか．私は，このような特徴は，定住集落においてこそ顕著に観察されるものであり，そこから離れた生活空間ないし場（たとえば，バクウェレにおける漁撈キャンプ）においては必ずしも成り立っていないのではないか．そしてそ

ういった場によって，社会的なつき合いのモードが切り換わるのではないかという考えを抱くようになった．もしそうであるならば，村にいるときの彼らだけをみて，対人関係や社会のあり方を理解しようとするのでは不十分ということになるだろう．

2. バクウェレ社会における漁撈キャンプとバカンス

　ほろぼろのプスプス[1]の上に，ベッド代わりのマットレスやら，食器やら，ありったけの家財を漁網と一緒に積んで，若いカップルが川へ向かう道を進んでゆく（図3-2）．どこにいくの？と尋ねると，「ちょっとバカンスにいってくるのよ．」という答えが返ってくる．

　数日後，丸木舟を借りて川を遡ってゆくと，木陰にぷかりと舟を浮かべて釣りをしている2人をみかけた．女性は，丸木舟に寝そべって手枕をしている．乾季になると，このような光景をしばしば目にする．

　なぜ彼らは，漁撈キャンプにいくのに「バカンス」というような言葉を使うのだろうか．漁撈活動を生業，すなわち労働としてとらえると，私たちには，一見これはひどく矛盾したいい方のように聞こえる．常日頃，私たちがもちいるバカンス[2]という言葉には，反労働としての休暇，という意味合いが込められているからである．

　しかし，日本やアジアの民俗世界を対象にマイナー・サブシステンス論を展開するなかで松井健が指摘するように，労働を遊びとは無縁なものとして灰色に塗りつぶすような「休息と労働と遊びという三分法は近代産業社会の思考を反映している」（松井, 1998）に過ぎない．彼らが「バカンス」という言葉を使ったからといって，漁撈キャンプでの生活では彼らの日常性がすべて否定されるというわけではない．それでは，バクウェレにとっての「バカンス」とは，いったいどのような生活感覚に根ざしたものなのだろうか．

---

[1] フランス語で，金属製の手押しリアカーのこと．"*pousse-pousse.*"
[2] バカンスの原義は，「空白」や「不在」といった意味であり，仕事や労働がないからっぽな状態を表す．

図 3-2　プスプスに荷物を載せて川に向かうカップル．

3. レフュジアとしての生業空間の広がり

　森の農耕民にとって生活の場は，村とその周辺の畑だけに限定されるものではない．これまで，森でキャッサバやプランテン・バナナなどタンパク質含量の少ない作物に依存する農耕民にとって，農耕以外に狩猟，採集，漁撈といったありとあらゆる手段によってタンパク質を確保することが重要であること，農耕以外にこれらの活動に多くの時間が割かれていることが示されてきた (Kimura, 1992; Takeda & Sato, 1993)．環境に応じて複数の生業要素を柔軟に組み替えたり，組み合わせたりする傾向は，中央アフリカ熱帯雨林の農耕民だけにとどまらない．東部アフリカ，南部アフリカ，中部アフリカの焼畑農耕民社会における生計維持システムを比較研究した掛谷誠は，その生業形態の一般的な特徴として，焼畑農耕に基盤をおきながらも，狩猟採集，漁撈，家畜飼養など様々な生計活動の選択肢をもち，幅広く自然資源を利用する環境利用のジェネラリストであることを指摘し

ている (掛谷, 1998). 畑だけでは食べてゆけないとなると，彼らの生活圏は自然と村から森へと広がりをもったものになる．農耕民の生活圏は存外広いのである．しかし，これまで，森の農耕民にとって，これら多様な生業実践がおこなわれる場がどのような社会学的な意味をもっているかについては，ほとんど言及されてこなかった．

　中部アフリカ熱帯雨林における野外研究で，生業がおこなわれる場の社会的重要性がいち早く着目されたのはピグミー系狩猟採集民研究においてであった．まず，市川光雄が，ムブティ・ピグミー社会にとっての蜂蜜の栄養学的な重要性と同時に，蜂蜜採集キャンプのもつ社会学的な重要性を強調している (Ichikawa, 1981). コンゴ共和国北東部のアカ・ピグミーの網猟に参与観察した竹内潔は，捕獲努力をあげれば明らかによりよい結果が望めるような状況にあっても，獲物を増やすための労働強化がおこなわれないことを報告している．アカ・ピグミーが大事にしているのは，狩猟活動そのものの楽しさだけでなく，休息時間に猟参加者の間でみられる座談や踊りといったコミュニケーションの楽しみなのである (竹内, 1995).

　一方，農耕民についてはどうであろうか．コンゴ民主共和国東部のイトゥリの森に居住する農耕民レッセとエフェ・ピグミーの集団間関係について調査をおこなった寺嶋秀明は，レッセたちが「休暇[3]」と称してエフェ・ピグミーの蜂蜜採集キャンプに居候する様子を報告している．農耕民は，村こそが主要な活動の舞台であるゆえに，ストレスや困難な問題を蓄積している．レッセにとっては森のキャンプが，かっこうの村からの逃避先として機能しているのではないかというのである (寺嶋, 1991).

　コンゴ共和国北東部モタバ川流域で調査をおこなった塙狼星は，農耕民ボバンダとアカ・ピグミーの関係が，定住集落と簗漁キャンプで大きく変わるという興味深い現象を報告している．一般には，農耕民とピグミーのあいだにははっきりした優劣関係が存在している．ボバンダは，村ではいうことを聞かないアカ・ピグミーに対しては武器を使った脅しをもちいる

---

3) フランス語で，バカンスとほぼ同義のコンジェ ("*conge*") と表現されたと寺嶋は書いている (寺嶋, 1991).

ことさえも辞さない．しかし，簗漁キャンプでは，アカ・ピグミーと同じキャンプに滞在し，協同して漁撈をおこなう．簗漁のキャンプは，両者の擬制的な家族関係の絆を強化する儀礼的な場になっており，簗漁キャンプの期間中，村で両者が抱える諸々の問題は棚あげにされる（塙，2004）．

これらの報告では，蜂蜜や魚という森の恵みがもたらす祝祭的な雰囲気や，定住集落から離れることによる社会的な緊張の緩和が，生態学的，経済的な共生関係にあるピグミー社会との関係性に注目して論が進められている．本章では，ピグミーとの関係はひとまずおき，村を離れて森にいき，そこを一時的にせよ生活の場とすることが，農耕民社会で暮らす彼ら自身にとってどのような社会的な意義をもつのかを，バクウェレの漁撈キャンプ生活への参与観察に基づいて内在的な観点から素描することを試みてみよう．そして，そこから読みとれる彼ら自身の「森に住まうこと」に関わるセルフ・イメージについて考えてみたい．

column　漁撈キャンプの朝

　カメルーン東南部の熱帯雨林では，例年，大乾季が始まってしばらくは，朝晩の冷え込みがきつく，寝るのに毛布が欠かせない．深夜から早朝の気温は摂氏15～16度まで落ちる．このように大変寒い日が続く新年をはさんで12月末から1月いっぱいくらいのシーズンを，バクエレは特にパンガニ

〈写真1〉川辺（左）とその朝（右）．

(*pangani*) と呼ぶ. この時期は朝の焚火がことさらにありがたい.
　この寒さ, 定住集落の調査小屋や民家で寝ていると身に沁みるのだが, 同じ季節に, わずか数 km 所を違えて, 遠い異国にいながら身も心もほっとするような暖かい朝を迎えたことがある.

> 　木々の間にみえる川にはまだ霧がたちこめている. 川辺林のなかのキャンプには冷え込みもなく, 適度に暖かい湿り気があって, ぐっすりと眠れる. 6 時ころ, 聞き取れるか聞き取れないかぐらいの女性たち数人の歌声で目が覚める. 静かな, ささやくような歌声がキャンプにひろがってゆく. とても心地が良い. もっと聴きたい, と思いながら, 邪魔してはいけないとじっとテントのなかから様子をうかがっていると, まるで指揮者が合図したように, キャンプ全体からふっと歌声が切れ, 皆が一斉に寝床から起き上がって朝の支度をはじめた. 歌の途中で目覚めたので, この間の時間がどれくらいだったのかわからない. 私もそそくさとテントを出る. 顔を洗おうとマングローブのように林立するエッセーブ (バクエレによる *Uapaka paludosa* の方名) のもしゃもしゃした木の根の間を抜けて川岸に出ると, 突然冷気が襲ってくる.

〈写真 2〉エッセーブ (*Uapaka paludosa*) の木.

　これは, 2007 年 1 月中旬, 漁撈キャンプと呼ばれるそのような場所の一つで, 朝を迎えたときのフィールドノートへの記述である. このとき, 私に

は，川沿いに延々と続く川辺林のところどころにぽっかりと作られた隙間のような空間の意味がなんとなくわかったように感じられた．森に住まう農耕民にとって，村だけが生活の場ではないこと，彼らと「森住み」の心地よさというか，そこにともにいる安心感のようなものを共有できたような気がしたからである．

〈写真3〉漁撈キャンプ（左）とその遠景（右）．

II. バクウェレによる漁撈実践

1. バクウェレの生業活動における漁撈活動の位置

　バクウェレの生業形態は，焼畑農耕をベースに漁撈，狩猟，採集，ごく小規模な家畜飼養が組み合わされた多重的な生業複合である．近年では，換金作物であるカカオ栽培が，現金収入源として大きな割合を占めており，基本的な生活周期は，焼畑の農耕暦とカカオ畑での作業暦（特に繁忙期である収穫から天日乾燥・売却まで）により決まっている（図3-3）．
　3月と9月，乾季の終りに焼畑の火入れがおこなわれ，プランテン・バ

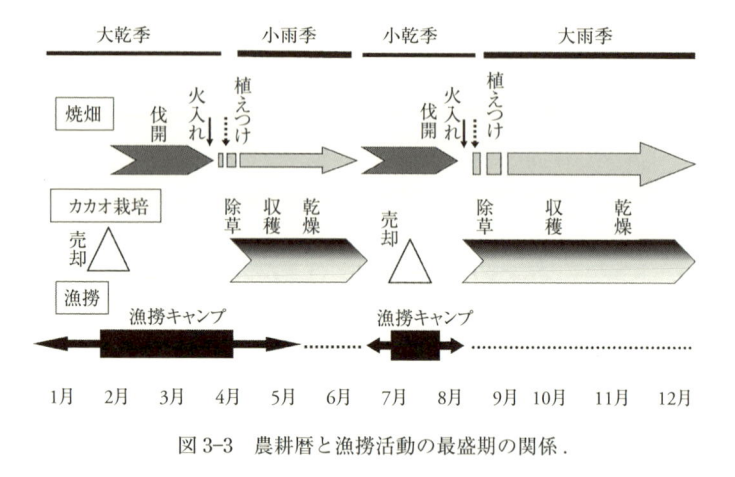

図3-3 農耕暦と漁撈活動の最盛期の関係．

ナナ，キャッサバ，トウモロコシ，ヤウテアなどが植えつけられる．これらのうちプランテン・バナナとキャッサバが主食とされる．最近では，新しく開かれるプランテン・バナナの焼畑のほぼすべてにカカオが同時に播種されており，自給用の畑と換金作物用の畑の位置づけがきわめて曖昧になっている．ドンゴ村の全世帯が自給用の畑を，全世帯の約80％にあたる31世帯が収穫の得られるカカオ畑を所有している．各世帯の焼畑面積は，自給用焼畑（まだカカオが収穫できるまでに育っていない畑）が平均1.5ha，カカオ畑が平均3haほどである．最近では，様々な社会・経済的な理由からカカオ畑をハウサなど外部から来た商業民に貸し出す世帯も増えている（第7章）．

　カカオの収穫期にあたる雨季の間，人々は主に定住集落に滞在することが多い．乾季になると，ペティ・ピエーブ（kpeti pieeb）と呼ばれる二次林のなかの出作り小屋や，森のキャンプであるペティ・ンディック（kpeti ndik）に出かける．ペティ・ンディックには，ペティ・チール（kpetin chiir）と呼ばれる狩猟キャンプ，ペティ・ワ・ディー（kpetiwa dii）と呼ばれる漁撈キャンプ，ペティ・ニョック（kpetin nyoak）と呼ばれるイルビンギア・

ナッツの採集キャンプ[4]いずれもが含まれるが，長期間の狩猟に出かけることの少ないドンゴ村のバクウェレたちにとっては漁撈キャンプのことを指すことが多い．

ここ数年は，都市からカカオを買いつけに村まで来る商人の市が立つ時期が大きく大乾季にずれ込むことがあり，これが森に出かける時期を遅らせたり，期間を短縮させたりするといった影響を与えることも多い．しかし，基本的には，雨季は定住集落に人口が集中し，乾季になると森のなかに人口が分散するという離合集散の生活周期が繰り返されることになる．

2. タンパク源としての魚

森に住む農耕民は，主食を農作物に依存する限り，タンパク質源を求め続ける生活を送らなければならない[5]．バクウェレ語では，空腹感にはザー (*zaa*) とゾー (*zoo*) の2種類があるとされており，このうちのザーは肉や魚の動物性蛋白質が食べられない状況が続くことを，ゾーは主食となる作物が食べられない状況が続くことを指す．

村の食生活では，主食であるプランテン・バナナや多年生のキャッサバが欠乏することは稀で，世帯のなかで不平があがることが多いのはザーのほうである．肉や魚を調達できれば良いが，それがなくてもタンパク質を豊富に含む芋虫類をはじめとする昆虫類，畑に茂るキャッサバや集落近くの開けた森林環境で採集されるココ (*koko*: *Gnetum africanum*) やカレ (*kale*: *Gnetum buchholzianum*) と呼ばれるグネツム科グネツム属の野生植物の若葉，森のなかのシロアリの巣の周辺に群生するシロアリキノコ (*Termytomyces* spp.)，雨季に森の樹上やカカオ畑に発生するアフリカオオカタツムリの仲間ンゴル (*ngol*: *Achatina* sp.) などが採集され，副食として利用される．

狩猟のうち，最も盛んなのはラーブ (*laab*) と呼ばれる跳ね罠猟である．

---

[4] 採集キャンプには，採集対象となる植物の名前がつけられる．ニョックは，イルビンギア・ナッツ *Irvingia gabonensis* (イルヴィンギア科) の方名である．

[5] 十分にタンパク質を摂取せずにキャッサバやプランテン・バナナなど焼畑作物の炭水化物ばかりを摂取すると，必須アミノ酸の欠乏によりクワシオルコル病になりやすい．

集落近傍の二次林を中心に，遠くても片道徒歩数時間の比較的近い範囲の森に仕掛けられる．近年のカカオ栽培の拡大にともない，定住集落に常時滞在する人口が増えたことが狩猟圧の増加をもたらしているのか，最近跳ね罠猟は不猟である．熱帯アマゾン低地の焼畑農耕民（インディオ）社会では，狩猟の効率が下がると，生業努力の重点を狩猟から漁撈に移すという戦略がとられる（Beckerman 1993）．バクウェレにおいても，狩猟によって得られる獣肉の減少により，漁撈への依存度が相対的に高まってきている．

さらに2005年10月にカメルーン政府により，ドンゴ村の西北西15kmにあるジャー川の支流レゲ川以西（図3-7）が国立公園に指定されたことにともない，大型哺乳類保護を目的とした狩猟規制がより厳密に適用されるようになった．狩猟規制は，ピグミー系住民よりも，専ら現金獲得を目的に狩猟をおこなっているとされる農耕民に対してより厳しく適用される傾向がある．このような自然保護政策の動向は，バクウェレをこれまで以上に漁撈に依存させ，水産資源の減少を招きかねない可能性すらある．

3. 熱帯雨林水系の特徴と漁撈技術

バクウェレがもちいる25余りの漁法は，大乾季の渇水期とその前後の水位変化を利用した季節的なものと，通年場所を変えながらおこなわれるものに大別できる．1990年前後にドンゴ村から45kmほど下流の地点（ムルンドゥ市近郊）でジャー川の水文学的な調査をおこなったシハンカムジューによれば，若干の年変動がみられるものの，9～12月の大雨季と1～3月の大乾季ではジャー川本流を流れる水量の差は5倍以上にもなる（図3-4, Sigha-Nkamdjou, 1994）．

氾濫期には，林床全体が水に浸かる冠水林が出現し，置針漁や突漁がおこなわれる．雨季が終わり，水が支流から本流に落ちる際に，いくつかの小河川の川口で簗漁がおこなわれる．減水につれ，川岸や林内には水溜りが数多くでき，とり残された魚たちが掻い出し漁の対象とされる．さらに水が引くと，川岸の泥のなかに潜り込んだ魚を掘りとる漁がおこなわれる（図3-5）．

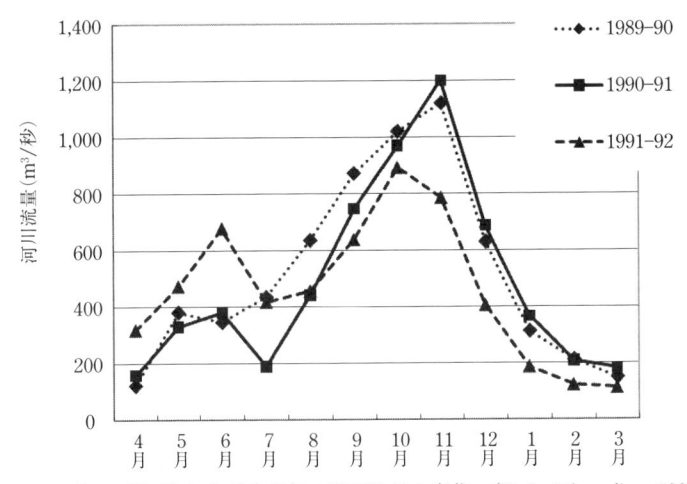

図 3-4 ジャー川下流における月毎の河川流量の変化．(Sigha-Nkamdjou, 1994)

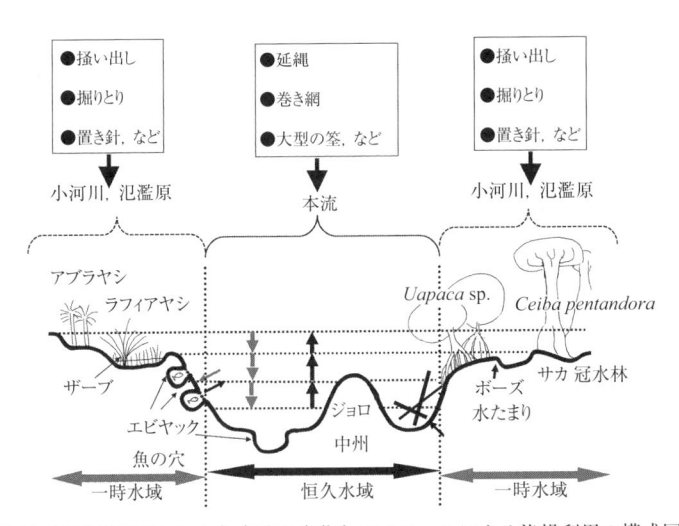

図 3-5 雨季乾季にともなう水域の変化とバクウェレによる漁場利用の模式図．

　本流の川底には所どころに大きなエトック (*etok*) と呼ばれる穴があり，筌を入れる場合にはそこを狙う[6]．釣漁や網漁には，掻い出し漁とともに，

---

6) 川底の穴で漁をするという感覚については，コンゴ盆地の他のバントゥー人の漁撈においても報告されている (たとえば，Pagezy, 2000)．

図3-6　ガル漁と呼ばれる空ばりをもちいた延縄漁をおこなうセネガル出身の移住者.

年間を通じおこなえるものが多いが，その理由は，水域の状況に応じてやり方を柔軟に工夫でき，どの時期でも漁の条件である流れの緩い場所をみつけることができるからである．漁法のうち，いくつかは最近になって伝播したものである．

　ナイロン網や釣り針を数百本以上使う延縄漁のような近代的な漁法の多くは，ジャー川下流域の人々や出稼ぎ漁民から伝わったという（図3-6）．若者は，こうした出稼ぎ漁民の手伝いをしたりするなかで新しい漁法を身につけてゆく．

　魚は移動する資源であり，漁撈活動には，水の移動と魚の生態に関する人々の知識が深く関与している（秋道，1976）．水位差が数十cmを超えるような水位変動は，モンスーン・アジアから東南アジア，アフリカに棲むコイ目・ナマズ目淡水魚の繁殖生態にとって重要な意味をもっていることが知られている．各地で人々は，河川の水位変動に付随した魚の生態に関

する民族知識を発達させ，河川氾濫により生じる一時水域を巧みに利用することにより，多様で個性に富んだ在地漁撈文化を生み出してきた．たとえば，岩田明久らは，魚類学的見地からメコン川水系上流部における魚類の生息場所利用と住民の漁撈活動の関係について検討している（岩田ら，2003）．アフリカ熱帯雨林においても，在来型の漁撈の本領は，本流の季節氾濫によってできる一時水域が作る漁場と魚の生態に関する知識を巧みに利用したこまやかな技術にあると考えられる．しかし，複数世帯や集落単位の協同を要する大きな支流を堰き止めておこなう簗漁や，大掛かりな魚毒漁のような参加者が種々の禁忌を厳しく守らなければならない伝統的な漁法は廃れる傾向にある．それら歴史ある漁法のほとんどはまた，漁撈キャンプではおこなわれるが，定住集落周辺ではほとんどみられなくなっている．

　大乾季には大きな減水により，魚の分布が本流に集中すると同時に，人の手に届く範囲に魚たちがいる．このため，本流に面した漁撈キャンプを拠点にして，様々な漁法を同時におこなえるようになる．このことが，様々な参加者からなる集団が長期間漁撈キャンプに泊まり込んで漁撈活動を集中的におこなう森行きを促す生態学的な条件となっている．

4. 移動しながらの漁撈生活

　バクウェレたちは，乾季になり，本流の水位が低下すると川沿いに上流へ遡って漁撈をおこなう．丸木舟を用いて移動し，本流沿いにキャンプを作る．移動手段として丸木舟が用いられる理由の一つは，村からキャンプに持参する焼畑由来の食料や，逆にキャンプから村へと運び出す漁獲物や森林産物の運搬を容易にするためである．

　2004年の大乾季には，定住集落から直線距離で40kmの範囲で1〜21のキャンプが利用されていた（図3-7）．キャンプあたりの滞在者数は2〜30人程度（1〜5世帯）で，滞在者の構成は，同じ乾季の間でも変化がみられた．2〜3月と8月の焼畑伐開直後の時期が漁撈キャンプへの森行きの頻度のピークであり，この時期にこそ「バカンス」というにふさわしい女

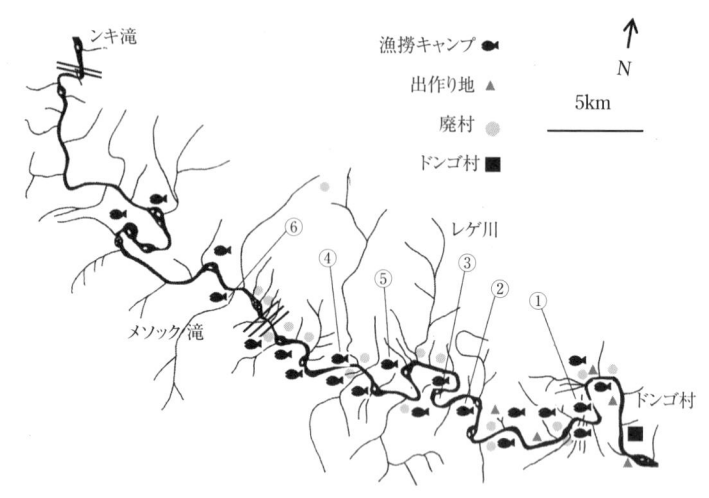

図 3-7　ドンゴ村より上流の漁撈キャンプの分布.

性や子供を加えた世帯単位での滞在が高頻度に観察される．この時期には，バカ・ピグミーの夫婦での参加がままみられる．

　いったん漁撈に出たバクウェレは，良い漁場をみつけるまで，漁撈キャンプを頻繁に移動させてゆく．どのキャンプが森の魚へのアクセスが良いかは，漁場となる一時水域（氾濫原）が森と川の境界をなす移行帯（エコトーン）[7]であるゆえに，毎年の雨量や川の流れ方に左右される．毎年の本流の氾濫の規模により漁に良い年と悪い年があること，それをどう読んでどのキャンプに滞在するかというところが，漁撈のための森行きのオーガナイザーの腕のみせどころである．

　以下に，2007 年 1 月 12 日から 24 日までの男性 T 一家のキャンプ移動の事例を示す．T 以外には，妻 1 人と 3 人の女児（うち 1 名は幼児），妻の両親の 7 人のキャンプであった．

　1 月 12 日　ドンゴ村から出発し，地点①に移動．
　1 月 13 日　引き続き丸木舟を漕いで，地点①から地点②の川中島ガビオン

7）異なる生態系（ここでは，陸域と水域）の間にあって，両者をつなぐ場所．

島に移動．

　1月14日　地点③の川中島周辺の沼にて，掻い出し漁，置き針漁を，本川で延縄漁を開始．掻い出し漁で，コビトワニ，小型ヒレナマズ，ティラピア，タイワンドジョウ，アフリカツメガエルを，延縄と置き針で大型のヒレナマズを1匹ずつ捕獲．

　1月15日　地点②より日帰りで地点③の沼まで遠征して掻い出し漁．小型のヒレナマズとアフリカツメガエルが多量に獲れる．

　1月16日　地点②から地点④のビヤドーブ川の合流点の漁撈キャンプに移動．

　1月17日　地点④の近くの沼で掻い出し漁

　1月18日　地点④から下流の地点⑤のレケ島に戻る．

　1月19日　地点⑤の近くの沼で掻い出し漁．小型ヒレナマズとティラピア，そしてタイワンドジョウをたくさん獲る．

　1月20日　魚を燻製にする．

　1月21日　地点⑤より少し上流にある二つの沼で掻い出し漁．小型と中型のヒレナマズを多量に獲る．

　1月22日　魚を燻製にする．

　1月23日　2人の男性のみで延縄漁に．スキルベ科，サカサナマズ，ギギの仲間を獲る．

　1月24日　延縄漁と網漁を始める．
　……

　Tのパーティは，当初は2週間半ほどの予定での漁撈行だった．後から村からやってきた壮年男性Pの家族パーティと地点⑤のキャンプで合流し，最初の1週間ほど上流に毎日移動しながらの漁撈を繰り返した後，川岸の1ヵ所（⑥地点）にキャンプを作って約2週間滞在し，網漁，延縄漁，釣り漁，モリツキ漁，掻い出し漁などのほか，集団による魚毒漁モンゴンボ（*mongombo*）[8]をおこなった．丸木舟という移動手段をもちいる以上，漁撈キャンプへの参加人数には限界があるが，このように出会った集団どうしが合同で漁をしたり，キャンプを共用したりすることは珍しいことでは

---

[8]　バクウェレ語およびバカ語でマメ科のつる植物 *Milletia* sp. を意味する．魚毒漁は，様々な植物性の毒を使っておこなわれるが，それぞれの漁は使われる有毒植物の名前で呼ばれる．

ない．

　長期滞在する際には，開かれて新しいキャンプよりも長い間使われてきたキャンプが好まれる．新しく川岸の植生を刈り払って作ったキャンプは，日射が強いため蒸し暑い．咬虫が多いだけでなく，野生動物に襲われる危険性もある．バクウェレが特に恐れるのは，キャンプ周辺でアフリカマルミミゾウをはじめとする大型野生動物と遭遇することである．多くの漁撈キャンプが，森の奥深くには作られず川中島にある理由の一つは，ゾウ対策であるという．古いキャンプは，かつての廃村近くに作られることが多いが，そのような場所ではキャンプを囲む木々の樹冠が閉じており，日射が木陰に遮られて一日中気温が極端に変動することもなく居心地が大変良い．柑橘類やトウガラシ，薬用植物など有用な栽培植物が植えられているキャンプも多く，調理や怪我の治療の際には重宝する．

　川岸から漁撈キャンプまでの距離は 10m から 30m ほどで，キャンプからは川が十分にみえる．キャンプに着いて，まずすることは，地面の掃除と男女が組になっての小屋作りである．キャンプ周辺の小径木とアフリカショウガ（*Aframomum* sp., ショウガ科）の茎で骨組みを作り，最後にクズウコン科の葉で屋根を葺く．蚊帳があれば蚊帳を吊るし，なければやはりクズウコン科の葉で壁を作り，なかで焚火をする．世帯ごとに焚火場を作り，その上にター（*taa*）という乾燥棚を作る．獲物（魚をはじめとする水棲動物）をここに載せて，焚火の煙で乾燥させる．強火にし過ぎると魚の組織が煮えてしまい，腐敗の原因になったり，焦げたりすることになるので，弱火で煙だけが途切れずあたるように火加減を調節する（図3-8）．

　漁撈キャンプでは，定住集落ではまずみられない様子が観察される．村では場所をわけて食事をする成人の異性どうしが，ここでは食事をともにする．村で調理をおこなわない男性が積極的に調理に参加する．獲れた魚ばかりか，村からもち込まれた農作物がキャンプ内やキャンプ間で分配される，といった光景である．

　漁撈キャンプでは，漁撈だけがおこなわれるわけではない．キノコや蜂蜜採集が得意な者はそれをおこなう．同じキャンプへの滞在が1週間以上

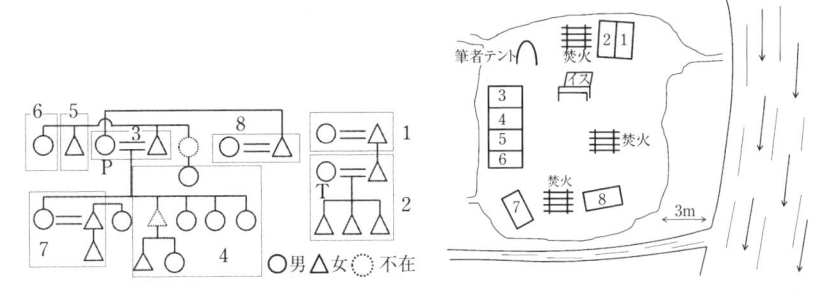

図 3-8 漁撈キャンプにおける社会関係とキャンプ内の小屋の配置の例（P と T の世帯のパーティ，2007 年 1〜2 月）．

にもなれば，跳ね罠が仕掛けられる．このように漁撈キャンプでは，バクウェレたちの農耕民らしいジェネラリスト（何でも屋）ぶりが発揮される．キャンプ周辺の集落跡にはアブラヤシ（*Elaeis guineensis*, ヤシ科）が，また湿地にはラフィアヤシ（*Raphia* spp., ヤシ科）が群生しており，その気になればヤシ油やヤシ酒の材料にこと欠かない．家の葺き替えの時期には，ラフィア林に近い漁撈キャンプが，ヤシの葉採集キャンプに様変わりする．川辺林には，魚以外の恵みや資源が幾つも用意されていて，漁撈キャンプはそれらへのアクセスの拠点となっているのである．漁の合間や夜には，近隣のキャンプからの訪問者を交えて，猥談や噂話，昼間の川や森での逸話や昔話（エッセッサ *essessa*）が子供や女性も参加して語られる．

5. 燻製加工された魚のゆくえ

長時間かけて，乾燥棚の上で大切に燻製にされた魚は，村にもち帰る前に種類やサイズ別に籠のなかにパッキングされ，丸木舟に積み込まれる．大量の燻製魚が準備できた場合は，一度に定住集落にもち帰らず，村の手前のキャンプに隠しておいて，後でとりにいくといった工夫がされる．村では，人々が魚や森の産物を満載した親戚や知り合いの舟が来るのを今か今かと手ぐすね引いて待っている．船着場で荷降ろしをする際に，もち帰った燻製の量を人々の眼に触れさせてしまうと，その後の贈与・分配や販売

図 3-9 村で魚の燻製を売る.

が思うようにいかなくなってしまうのである．定住集落内の親戚や友人への贈与のほか，親戚の家に下宿して近くの町の学校に通う子供たちのもとへもプランテン・バナナやキャッサバとともに仕送りされる．これらが済んだあとで，自家消費分を除いて残りの燻製魚を売る (図 3-9)．脂肪分をたっぷり含んだヒレナマズやギギの燻製は人気が高く，一つ 2～3,000FCFA[9] (約 400～600 円) にもなるかたまりが飛ぶように売れてゆく．

　主な買い手は，バクウェレとハウサである．小型から中型の魚の燻製は，適当に大きさと種類を組み合わせて，500～1,000FCFA (約 100～200 円) の束にして売られる．バカ・ピグミーもこれには目がない．

　このようにして，ほとんどの場合村のなかで魚は売り切れになってしまう．しかし，燻製魚の量が十分に多ければ，近くの町や伐採会社のキャン

---

9) セーファーフラン (FCFA) は，フランス語の "Franc de la coopération Financière en Afrique central" の略語で，カメルーンをはじめとする中部アフリカ経済共同体 (CEMAC) で流通する通貨の単位である．フランス・フランとのレートが固定されており，1 ユーロが 656FCFA に相当する．

プにもち込んで売ることができる．そこでの値段は，村で売り買いされる値段の数倍から10倍以上にもなる．ドンゴ村から約50km離れた郡都ムルンドゥ市では，質の良い魚を手に入れようと思えば午前6時前には公設市場に到着していなければならない．ごく短時間，10～20分もすれば売り切れてしまって手に入らないのである．ムルンドゥ市で数日間売るだけの魚があれば，新しい衣服や布，靴はもちろん，自転車や様々な商品を手に入れることも可能になる．人口規模のもっと大きな町であれば，さらに良い値で売れる．

たとえば，県庁所在地であるヨカドゥマ市では，ディムと呼ばれる大型のヒレナマズ（*Heterobranchus longifilis*，ヒレナマズ科）1匹で，50,000FCFA（約10,000円）以上になる[10]．長期漁撈キャンプでは，運が良ければ女性による掻い出し漁の成果の一部が累積的に保存され，数十kgものティラピアやゴロとよばれる小型ヒレナマズの燻製が村にもち帰られることがある．特に，ゴロの燻製は保存がきくうえに美味であるため，故郷の味として町でも人気が高い．掻い出し漁の成果は，副食としてのみならず，女性の貴重な収入源にもなっている．

III. 漁撈キャンプにおける社会関係の諸相 —— 逸話からのアプローチ

1. 村から森へと向かう心理

なぜ，バクウェレたちは森にいくのだろうか．ここまでみてきたように，バクウェレの漁撈キャンプでの活動には，食物獲得や経済的な意味合いがないわけでは決してない．しかし，だからといって，漁撈活動に目的が収

[10) 筆者は，2008年5月にパリのアフリカ人街の一つを訪れた際，調査地から数百km下流のサンガ川産の燻製魚を航空便で輸入し，街頭で売っている地元出身の女性に会ったことがある．20cm弱の大きさのヒレナマズ3尾で15ユーロという値段で売られていた．森の魚の燻製は，ヨーロッパに移住した人々の間でも需要があるのだ．

斂しているというわけでもない．彼らが森にいく理由は，森に入って生活をすること自体に彼ら自身何らかの意味を認めているからこそであろう．この節では，村を離れて森へと向かうバクウェレたちの心の動きを，参与観察のなかから得られた逸話（エピソード）から探ってゆく．あえて逸話に注目するのは，彼らの漁撈実践に関するセルフ・イメージを捉えるうえで，現時点ではそれがもっとも有効な方法だと考えるからである．まず，個人的な事情による森行きの事例をみてみよう．

　　事例 3-1：傷心の少年，森にいく
　　ドンゴ村の少年 T は，複数のガールフレンド（イモワーズ *imowaaz*[11]）が居たが，特に国境を挟んだ隣村の少女との結婚を希望して半年ほど毎日のように贈り物をもって通ったが実らず，他の男に盗まれてしまった．約 2 週間村にいて，みかけるたびに泣いていたが，その後 4 週間ほどひとりで漁撈キャンプに出かけた．多量の魚の燻製をもち帰った後は，ケロリとして他の少女のところに通い始めた．

これは，失恋した少年が傷つけられたプライドを癒しに漁撈キャンプにいった，という状況である．ドンゴ村のバクウェレたちの間で，異性関係によるトラブルは日常茶飯事である．問題は，ことがうまくいかなかった場合の嫉妬がこじれる場合である．そんな時，問題の当事者が，森行きによりすっきりしたようにみえるのみならず，村に戻ってきた個人を周囲が受け入れていることが重要である．

　妻や婚約者を連れて，一緒に漁撈キャンプに向かう男性も多い．そこでは，男女間の関係を深めたり，関係を修復したりする効果が期待できる．たとえば，青年男性 B によれば，掻い出し漁の成功可能性の高い場所に妻を同伴し，満足させることが重要なのだという．村の近くでももちろん掻い出し漁はできるのだが，それとは目にみえて差がつくような漁の成果

[11) 結婚することをバクウェレ語でエバ（2 になる）という．婚資を花嫁の家族に受けとってもらえて，結婚成立となるが，それまでの道のりは長く，一緒に住んだり，性的関係を結んだりしていてもイモワーズ（婚約関係）という通い婚の状況が続く．結婚までに，誰しも 3 度か 4 度はイモワーズの関係をもつのが普通であり，様々な異性関係の経験を積むうえでもよいことだと考えられている（大石，2009）．

が得られなければ，そのキャンプは失敗だという．ガビオン島というのは流程距離で25kmほど離れた，漁撈キャンプのある川中島である．ガビオン（Gwabiwon）はバクウェレの人名，バクウェレたちは川中島や支流，中州，滝，湿地，沼などにしばしば人名を冠した命名をおこなう．「近くの漁撈キャンプには家族を連れていかない．十分に満足させられないから．村の近くはすでに搔い出し漁がされていて，たくさん獲れない．ガビオン島より先なら連れていく．」というように，より遠くのキャンプ周辺にはまだ他者が訪問していない沼があるかもしれず，より多くのチャンスがあるかもしれない．また，森から水が引いた後におこなわれる池沼での搔い出し漁では，1回目と2回目で成果がまったく変わってくる．水の引き具合をみながらではあるが，よい漁が期待できる沼への先着をものにするため，妻や母，ガールフレンドを連れた夫やフィアンセの丸木舟を漕ぐ手には力が入る．

　漁撈キャンプに参加する女性のほうも，漁撈キャンプで濃密な時間が過ごせることを期待する．バクウェレ社会では一夫多妻が普通にみられるが，村では妻どうしの，また夫婦間の確執があり，義理の家族との緊張関係もある．新しく妻を娶る前には，事前にすでに婚姻関係にある第一夫人，あるいは第二夫人の了解を得ておくことが望ましいが，これがなかなか難しいことがある．通りすがりに訪問したキャンプでインタビューすることができた新しく結婚したばかりの女性Mは，うれしそうに，十分なタンパク質摂取によって得られる満腹感を強調した．「毎日おいしい食べ物が食べられる．村では魚で満腹にはなれないけれど，このキャンプで，私はゴリラみたいに食べている．」この言葉は，私のようなよそ者に発せられた言葉ではあるが，その場に居合わせた彼女の夫に対する最大級の賛辞になっている．

　このように，森での生活は，ともすると緊張をはらみがちな夫婦関係をポジティブに転調させたり，リフレッシュさせる効果をもち得る[12]．バク

---

12) バクウェレ社会と同様に，一夫多妻婚がみられるコンゴ民主共和国中央部の農耕民ボンガンド社会を調査した木村大治によれば，彼のインフォーマントのひとりは，長年連れ添った

ウェレにとって，森という場は親密な関係を作り出したり，リフォームするのにふさわしい場だと考えられていることが窺える．

バクウェレ社会では，他の農耕民集団と同様にソシレリ（フランス語で *sorcillerie*）と呼ばれる呪術・妖術が盛んにおこなわれており，呪術や邪術の実践によって様々な怪異現象が発生したり，邪術のために病気になったり死んだりする者が絶えない（大石，2008）．これらは，焼畑農耕を営むバンツー人の世界で顕著にみられ，富や異性関係，社会的成功の不平等による妬みがもとになっていると考えられてきた（掛谷，1983）．バクウェレにとっては，現実の人間関係や社会関係と対応した大変リアルな問題であり，人々の社会行動の心理的な基盤を形作っている．次に，呪術に関係する森行きの事例をみてみよう．

事例3-2：呪いの疑惑をかわす

壮年男性Pは，2000年頃にドンゴ村から3kmほど離れた隣村レゲ村から家族ともども移住してきた．移住の理由は，レゲ村にもっていたカカオ畑を手放さなければならなくなったからである．移住以来，Pの世帯は頻繁に村のなかで家の位置を変えた．

最初の1年半は，村長が住んでいるドンゴ集落で村人から購入した家に住んでいたが，その後バカ・ピグミーが主な住民であったバカ集落に移り住み，周囲のバカ・ピグミーに酒を頻繁に振舞うなどして労働力を確保し，新たな畑の拡大を図った．Pは2002年以降も同じバカ集落内で移住を繰り返し，しだいに集落の中心的な位置に進出するようになった．またドンゴ集落からバカ集落に移住する者が増え，彼の家をとり巻くようにバクウェレの家が増えていった．Pは，いつしか自分をバカ集落のチーフであるとバカ・ピグミーに呼ばせるようになった．こういった経緯から，Pに対して出身村である隣村の村長と協力してドンゴ村の村長に呪いをかけ，その座を奪おうとしているのではないか，というような噂が流れた．2003年になると，実際に当時の村長が足が萎える病気に罹患し，寝込むことが多くなり，Pを中心とするグループの邪術によるものに違いないという非難が陰に陽に強まった．するとPは，頻繁に漁撈キャンプにいくようになった．滞在先のキャンプでPに尋

第一夫人に2人目の妻を迎えることをいかにして承諾させるのかに悩んだが，しばらく森に入り，思い切って切り出したところあっさり了承してもらえたという（木村大治，私信）．

ねると,「村が熱くなっているので森にいくことで冷ます.良い漁をし,たくさん魚を食べることで森の力を自らに補給することができ,村に帰った後に他人からの呪いに打ち克つことができる.」と説明した.

村では,些細なもめごとが,網の目のような親族関係のつながりを伝わって家系集団間の全面的な争いへと連鎖的に大きくなりやすい.この場合,漁撈キャンプへの移動は,疑義や敵意をもたれた相手や村における「犯人探し」の過熱を牽制する意図があったといえる.

この二つの事例は,異性関係にまつわる負の感情の中和や村内政治の抗争の鎮静化という異なる種類の問題ではあるものの,定住集落で何らかのトラブルが起きていて,それと対応したかたちで森行きがおこなわれていること,村とは異なる原理が働く場として利用されている,という点で共通している.

もちろん,明確なトラブルがなくても,ただ単に村の生活環境に疲れて森に入るということもあるようだ.たとえば,私が2007年1〜2月に1ヵ月弱居候した漁撈キャンプにいた既婚の壮年女性Bは,村の喧騒から離れることのメリットを,以下のように説いていた.

「森に居れば,静けさがある.他人に邪魔されない.他の村人と問題が起こることもない.魚のキャンプだけではなく,ニョック(イルビンギア・ナッツ)採集のキャンプも,他の村人のキャンプから離れていたほうが落ち着いて採集ができる.」

この言説は,バクウェレたち自身が,しばしば村における喧騒にストレスを受け,村の生活に倦んでしまうこと,そんな際に森に生活の場を移すことで精神の落ち着きを得ていることを表している.

2. 森での食物探し

野生ヤムイモは,バカ・ピグミーにとって非常に重要な採集物であるが,普段バクウェレが村で口にすることはまずない.自給畑には,数は少ないがエッグイム(*egguim*)と呼ばれる栽培ヤムイモ(*Dioscorea alata*, ヤマノイモ

科）が植えられていて食用にされる[13]．しかし，野生ヤムイモは，人間の食べ物ではなく，「動物の食べ物」だとされる．これはことさらにバカ・ピグミーの食べ物を貶め，「差別」化することによって，自らの集団アイデンティティを表明していることにほかならない．長期にわたる漁撈キャンプの生活では，タンパク質をいかに確保するかが問題になる村とは反対に，主食をいかに確保するかが問題になることはすでに述べた．以下の事例は，村から運んできた農作物を消費しきった時に観察された，漁撈キャンプ参加者全員による野生ヤムイモ採集の様子である．

漁撈キャンプには，村の自給用の畑からプランテン・バナナとキャッサバを中心に多量かつ複数種類の農作物がもち込まれる．これらの農作物は，生のままだけではなく，燻製加工や粉末にしたものなど複数種類用意される．足の早い生バナナから生キャッサバ，次いでキャッサバ粉へと順次食されていく．畑由来の食料は，村にある自給畑から調達するとともに，漁撈キャンプへ向かう途中の出作り地の畑からも補給できる．魚と交換に，プランテン・バナナやアブラヤシの実を得ることもできる．村から十分離れたところにある川沿いの出作り地では，広い畑さえあれば，毎日，あるいは数日置きに漁撈や狩猟・採集のために訪れる人々と作物を交換したり，贈与を受けたりすることにより，非常に豊かな食生活を送ることも可能である．

事例3-3：キャンプメンバー総出のにわかヤム採集

2007年1月中旬から2月初旬にわたり，壮年男性Qの家族を中心とする3世帯15人の長期漁撈キャンプに加えてもらった．キャンプの位置が，定住集落はもちろん，最も近い出作り地からも日帰り不可能な距離にまで達し，農作物が底をつくという事態に遭遇した．

村から出発する際には，表3-1の量の食料と調味料が用意され，4艘の丸木舟にわけて積まれたが，2週間足らずですべてが消費された．最寄り

---

[13] ヤムイモは，日陰を好むバナナとは異なり直射日光のあたる環境を好む．熱帯雨林内の焼畑でヤムイモ栽培をおこなうには，除草や畝作りの手間がかかるうえ，収穫できる量はキャッサバほどには期待できないので栽培されてはいても数はわずかである．

表3-1 村からキャンプへともち込まれた食料および調味料（食塩以外は全て自給）

品　目	分　量	重　量
プランテン・バナナ生果	23房	306kg
生甘キャッサバ	2袋	約100kg
発酵キャッサバの燻製	1袋	50kg
プランテン・バナナの燻製	1袋	30kg
サツマイモ	0.5袋	25kg
食塩		約1kg
乾燥トウガラシ		若干量

の出作り地にQの義兄弟を丸木舟を1艘とともに送り，作物をもらってくることになったが，彼らが食料とともに戻ってくるには2～3日かかる．その間どうやって食いつなぐかという問題に我々は直面した．いくら魚があっても，主食がまったくなければどうしようもない．結果として，子供たちをキャンプに残し，残りの者全員で数km下流の対岸の丘に野生ヤムイモ，ブワル (mbwal: Dioscorea praehensilis, ヤマノイモ科) を探しにいくことになった．夫婦で組になり，男性が野生ヤムイモのつるを探し，女性が，山刀で掘る．女性たちは，最初のうちはキャンプのオーガナイザーQに対する不満などブツブツ文句を言いながら穴掘りをしていたが，10分もするとがぜん勢いがつき，競い合って採集がおこなわれた．夕暮れまでに採集できた野生ヤムイモはキャンプにもち帰られ，調理されたのち，少量ずつ何度も分配された．実は野生ヤムイモが好物だといいだす者もおり，村の畑に植えつけるためにこの芽をもち帰る者もいた．バクウェレたちは，漁撈キャンプ周辺の，野生ヤムイモが群生する川沿いの小丘陵[14]がどこにあるかをよく知っている．Qは「2～3週間だったら村の食べ物がなくても，野生ヤムイモと魚で暮らせるさ．」と言っていた (図3-10)．

　この事例で非常に印象的なことは，いくら主食がなくなったとはいえ，

---

[14] ドンゴ村から北西に広がる森のなかには，野生ヤムイモが群生する小丘陵がいくつもあるという．佐藤弘明は，そのうちの一つ，モコンド (mokondo) と呼ばれるベク山の周辺の丘陵において，野生ヤムイモの生息密度調査をおこない，この丘の頂上部だけで，118kg/haの食用可能なヤムイモ現存量を推定している (Sato, 2006)．

図 3-10　漁撈キャンプでの食事の分配.

村ではバクウェレがピグミーたちをけなす常套句のようになっている「野生ヤムイモを食らうような野蛮な奴ら」に，当の本人たちがあっけなくなってしまったことである．それどころか，その「動物の食物」であるはずの野生ヤムイモを嗜好する者までいる．農作物がなくなったとき，まっすぐに野生ヤムイモ（図 3-11）を探したことは，——バクウェレにとっては救荒食に近い位置づけであるにせよ——彼らが森での生存を支える食物として，野生ヤムイモに大きな信頼を寄せていることを示している．

3. 森の恵みに対する態度

　川岸に面した漁撈キャンプには上流から様々な漂流物（寄り物）が漂着する．バクウェレは，これらのうちまだ新鮮な魚や獣をトゥトゥ (*tutu*) と呼び，拾ったり，掬いあげたりして積極的に利用する[15]．トゥトゥは，原

---

15) 寄り物とは異なる採集対象として，雨季に森の中から川に運ばれてくるモノがある．大乾季に入ってしばらくすると，急速に水位が下がる時期がある．そんな時にすかさず川辺や川

第3章 森の「バカンス」

図3-11 バクウェレにより採集された野生ヤムイモ．

則的に最初にそれをみつけた者の所有となる．

　事例 3-4：流れてきたゴリラ
　2007年4月，友人の青年Kが，ムルンドゥの町で出会ったコンゴ民主共和国出身の漁民から習ったという大型の筌漁エトロ (*etolo*) の新しいやり方を手伝い，観察する機会を得た．1週間ほどかかって筌[16]を三つ編みあげたのち，これを丸木舟に積みこんで，ドンゴ村の上流に試験に出かけた．筌は，良い場所に設置すれば，群れで移動する習性をもつモルミュルス科やコイ科ラベオ *Labeo* 属などの大型魚を効率よく捕らえることができる．よい場所を探していくつかの漁撈キャンプを移動したが，三つ目の滞在先のキャンプでは漁のベテランMとMの息子の2世帯のグループと一緒になった．キャンプで過ごして2日目，Mたちは獲れた魚を十分に乾燥させるため，漁をせずにキャンプに留まっていた．朝食の後，川岸に出て食器をすすいでいたMの妻が，突然声をあげた．川の中央あたりを，何かが上流からこちらに向かって来ているらしい．急きょMは丸木舟を出してそのモノに漕ぎ寄り，開口一言，ゴ

―――
岸を丹念に探すと雨季に水が残していった動物の死骸を発見することがある．また，筆者は，川に落ち，滝つぼにはまったアフリカゾウの死骸から象牙が採集される様子を観察したことがある．
16) ラフィアヤシの茎とラタン科のつる植物カオ (*kao* 未同定) を利用して作られる．

79

リラ（ジル *djil*）のトゥトゥであることを皆に告げた．中洲に引っ張りあげたゴリラは背中の白いシルバーバック[17]で，まだ身体は温かい．外傷もなく，Mの推測では，川畔の木に登っていたゴリラが川に落ちて溺れたのだろうとのこと．その場で協力して解体が始まった．何回も丸木舟を往復させて肉を運び，キャンプに戻ると，MとMの妻は，私とKを含むキャンプのメンバー全員にゴリラの肉を分配した．その日の夜から毎食，肉が振る舞われたが，余った部分をすべて燻製にしきることもできず，一部は森のなかに廃棄された．

この事例では，トゥトゥは大型のオトナのニシゴリラ（*Gorilla gorilla gorilla*, ヒト科）で，多量の肉が得られた[18]．肉のある間は，我々がすでに設置した筌を毎朝確かめにいくほかは漁撈活動がおこなわれず，食事の回数を増やすなどして肉の消費に専念した．この他にも，2004年には丸木舟で移動中に，ピーターズダイカー（*Cephalophus callipygus*, ウシ科）が，ぷかぷか浮いているのを拾いあげた事例に遭遇した．聞き取りでは，他にもミズマメジカ（*Hyemoschus aquaticus*, マメジカ科）やサル類（Cercopithecoidea），モリオオネズミ（*Cricetomys emini*, アシナガマウス科），ナイルワニ（*Crocodilus niloticus*, クロコダイル科）のトゥトゥを得たという話を聞いた．もちろん，森の動物よりも頻繁に魚のトゥトゥは頻繁にみることができ，バクウェレたちは良いトゥトゥが拾えるかどうかは，鳥類や爬虫類をはじめとする他の動物たちとの競争だという．このように，漁撈キャンプへの滞在では，森のただなかを流れる川ならではの森の恵みが得られることがあり，これには，いつ，何がみつかるか分からない「ワクワク感」があるのである．

事例3-5：魚は「みんな」のもの
2008年の1〜2月に私がドンゴ集落に滞在中，隣国コンゴ共和国サンガ州

---

[17] ゴリラは性成熟し，オトナ雄になる過程で，背中が白くなる．そのような個体は，シルバーバック（silverback）と呼ばれる．

[18] ゴリラは，絶滅のおそれがある大型類人猿であり，国立公園内に限らず厳重な保護対象となっている．同時にバクウェレにとってはジルと呼ばれるこの動物は，ベカ（*beka*）と呼ばれる割礼儀礼において精霊の肉として結社員に共食されるなど，特別な文化的位置づけを与えられている．ベカの執刀者と女性の産婆がジルと呼ばれていることからも，彼らのゴリラへの特別な思い入れが感じられる．儀礼のごく限定された機会にかぎって槍で狩猟されている（ドンゴ村周辺における人とゴリラの関わりについての詳細は第4章を参照のこと）．

の州都ウエッソからはるばる船外機で，ドンゴ集落の目の前といってもよいごく近傍の漁撈キャンプに乗りつけた専業漁民のグループがいた．彼らはコンゴ政府から得た商業営漁許可証を取得しており，ドンゴ集落の対岸にあたるコンゴ側のキャンプに陣どった．彼らは1ヵ月以上にわたって10cm以上の大きな網目の網を使った巻き網漁を，少しずつ位置を変えながらおこない，大型のギギやナマズばかりを多量に水揚げし続けた．しかし，地先のドンゴ村の人々にはそれらの魚の一部たりとも贈与されることはなかった．

ちょうどその時期に，ドンゴ集落より10kmほど下流の対岸にある町で政府庁舎を建て替える工事がおこなわれており，専業漁民たちはそこで働く労働者たちに高値で魚を売りにいっていた．ドンゴ村からもかなりの人数の男性たちがこの工事にかり出されてはいた．バクウェレたちは目の前で起こっている出来事を，指をくわえて見守るばかりの状況が続いた．しかし，誰も専業漁民たちに文句やいいがかりをつける者はいなかった．なぜ黙っているのか，と尋ねると，「川の魚はみんなのものだから，何もいえない」というのがバクウェレたちのいい分であった．

ここで興味深いのは，陸上の土地，特にカカオ畑では畑の境界の1本の樹の所有について争うバクウェレたちが，川のものについては，漁撈キャンプという場の共用を他の民族やよそ者とおこなうだけでなく，魚という資源へのアクセスを陸上の家屋や畑の立地とは関係なく捉えている[19]ということである．これは，彼らにとって，プランテン・バナナやカカオよりも魚のほうが，価値がないからなのだろうか．数週間にわたって漁撈に出かけ，自給畑のバナナを腐らせてしまうような人たちが，そんなふうに考えることがあり得るだろうか．こと漁撈に関するかぎり，捕獲するまでは獲物は人間のものではないという自然物採捕の論理が守られているのであろう．漁撈キャンプにおいては，資源に対して，共有の論理のほうがより強く働くのである．

---

19) ただし，強制移住以前には，簗漁にかぎって，主だった支流のそれぞれについて，簗をかける権利が家族集団ごとに決まっていた．簗漁は，毎年簗をかけられる時期と場所が決まっている定置漁法である．漁場をめぐる競争を避けるために権利が設定されていたと考えられるが，現在では，簗漁そのものが衰退しており，数本の支流を除きこのような慣習はみられなくなっている．

4. 社会的モードのずれ

　バクウェレは，ごく個人的な異性関係から集落全体を巻き込んだ政治闘争にいたるまで，定住集落における社会関係に摩擦が生じていたり，予測されたりするとき，そのほとぼりを冷ますように漁撈キャンプにいくことがある．その意味で，バクウェレの人々にとって川沿いの漁撈キャンプは，丸木舟で気楽に行き来できる村からの一時的な逃避先であるといえる．そこでは，村では「動物の食物」だなどといって蔑んでいる食物を食すとか，動物と人間，帰属する集団間の文化的差異が曖昧になるなど，定住集落では堅固に区切られているかにみえる社会的アイデンティティの境界がずれたり，緩くなるという傾向性が指摘できる．

　川沿いの生活は，人間が川の資源に近づくだけではなく川が寄り物（漂着物）のような形で森の恵みをもたらしてくれることもある．入手可能性についての予測のつかなさが，宝探しのような魅力にもなる．漁場や漁撈キャンプの利用，そこで捕獲される水産資源には，畑をはじめとする面的な占有の論理が卓越する陸地とは異なったより融通のきく所有やフリー・アクセスの論理が適用される．森を流れる川には，森のなかにありながら，一方では森とは異なる生活世界が広がっており，それはさらに外部の世界にも水系のネットワークを介してつながっている．

IV. 森住み感覚と「バカンス」

1. 森を楽しむ

1-1. 漁撈キャンプの社会的な静かさと快適さ

　人口密度の高い定住集落では，畑にする土地をめぐる争いや，異性をめぐる問題など，煩雑な人間関係に起因する多岐にわたる問題の種が絶えない．一般に，村での定住的な社会生活には多大なエネルギーが必要になる

といえる (西田, 1984). 負の社会関係やストレスが村で蓄積された時, その解消や緩和の方法として, 森にいき, そこでしばらく生活をおこなうことで状況の鎮静化や好転を待つという選択肢がある (寺嶋, 1991). 漁撈キャンプでは, 比較的少人数で, 村での絶え間ない喧騒や日々かぎりなく生ずる困難な問題から逃れることができる. 漁撈キャンプの社会的な「静かさ」が, いわば「癒し」のような効果を有し, 定住生活によって蓄積する負の社会関係に対する緩衝・調整を果たしているのである.

このような村生活からの逃避先としての漁撈キャンプを考えるうえで, 丸木舟を作るか借りるかさえすれば, 定住集落から比較的気楽にいける場所でもあるという手軽さが重要である. 定住集落と比較して, 漁撈キャンプの立地環境の物理的, 生理的な快適さも, 人々の森行きにモチベーションを与えている. 特に乾季には, 村では日射が大変強くなるが, 森ではそのようなことはない. 十分に発達した林に囲まれた漁撈キャンプの居心地のよさもまた, 人々の社会的な静かさを引き出す条件を形成している.

漁撈キャンプの多くは, 雨季になれば水没してしまう無主の地であり原則的にアクセス自由な場所になっている. 事例3-5でもみたように, バクウェレたちは, 国境を越えて, あるいは下流からはるばる漁の場を求めてくるよそ者を漁撈キャンプから追い払うことをしない. 独占的な所有や利用がみられないなど, 漁撈キャンプや漁場となる河川空間のもつ特殊性は, 森と川の間のエコトーンとしての曖昧な立地と関係していそうだ. 河川空間では, こと漁撈に関する限り, 排除の論理よりも, 協同と融和の論理のほうが優先されるのである.

森行きが人々にもたらすのは, 村から離れているということによる精神的・社会的な開放感だけではない. 森住み農耕民が森そのものに寄せる信頼感は, 内戦や災害など生命の危険にさらされかねないような不可避の有事の際に, 森が, 人々が村から避難する「かけこみの森」(杉村, 1997)になってきたことからも傍証される. カメルーン東南部は, 第一次世界大戦以前はドイツ領であったが, 戦争の結果フランス領に組み込まれた経緯がある. カメルーンのバクウェレには, 第一次世界大戦においてドイツ側に

着いた祖先が森のなかに逃げ込み，漁撈で何とか生計を維持しつつフランス軍の攻撃をしのいだという伝承が残されている．同様に，1960年のカメルーン独立前後にマキザーと呼ばれる反体制ゲリラ集団が首都ヤウンデから落ち延び，ムルンドゥ市周辺から上流のドンゴ村周辺に隠れ場所を求めてきたことがあった (Mbembe, 1996; Rupp, 2012)．その際にも人々は，政府軍によるマキザー掃討作戦の巻き添えを食らうことを恐れて，上流の漁撈キャンプに逃れたのだという．

そして，そのような森住みの機会に複数の家系集団や民族集団の間で通婚が起こり，それにより現在のバクウェレという社会集団の基礎が作られたのだという（第2章）．ドンゴ村において現在数組みられるバクウェレとバカ・ピグミーとの擬制的な家族関係の起源譚も，上流のキャンプに避難していた際に居住地の共用が起こり，その際に両者の間に結ばれた婚姻関係がもとになったとされている．このような伝承から，漁撈キャンプにおいて観察される社会関係の緩さは，バクウェレ社会において伝統的に継承されてきた側面をもつことが示唆される．

1-2. 漁撈実践に内在する楽しさ

魚を獲るという，生業活動のプロセスそのものに内在する楽しみも欠かせない．松井健は，沖縄や東南アジアの民俗社会を事例にマイナー・サブシステンス論を展開するなかで，自然との密接な関わりをたもった，生計経済の主流にはなり得ないような小規模な生業に内在している楽しみや興奮を積極的に汲みあげようとしてきた（松井，1998）．

すでに述べたように，バクウェレの漁撈活動には大がかりにおこなわれる漁も少なくないので，彼らのバラエティに富んだ漁撈活動全体を一括りにマイナー・サブシステンスであるということはできない．しかし，個々の漁を細かくみてゆくと，まさにマイナー・サブシステンス的な魚とりの営みが少なからず含まれていることがわかる．たとえば，大雨季に冠水林のなかに産卵に入るナマズ類のつがいを狙って，鉈をもったまま半徹夜で魚の通り道で待ち伏せるメウパ (*mewupa*) 漁や，丸木舟を片手あるいは足

だけで操りながら川岸を漂流し，フライ・フィッシングの要領でミミズつきの釣りばりを川岸の倒木ギリギリに叩きつけて表層を泳いでいる肉食性のジラロン (*Hydrocynus vittatus*, アレステス科) やジャーセル (*Hepsetus odoe*, ヘプセトゥス科) を狙うチチャチャ (*tichacha*) 漁，ンボト (*mboto*)[20]というまっ黄色なコイ科の魚 (*Labeo* sp.) がマンベル (草本・未同定) という草本の果実を食べに岸辺に寄る季節に，この植物の果実を餌にして釣りあげるマンベル (*mambelu*) 漁などがそれである．これらは，特定魚種を対象に，ごく限られた季節にタイミングを見計らっておこなわれる．これらの漁法によって得られる漁獲は一時的かつ小規模なもので，到底自給レベル以上の経済的意味をもちうるものではない．また，時間や効率を考えれば，延縄漁などに比べればまったく問題にもならない非効率なものである．銛や釣竿にする木の枝など，道具立てはごく単純だが，魚の生息場所や森の地形に関する知識はもちろん，銛や竿を操る身体技術を必要とする．まさに，松井によるマイナー・サブシステンスの定義にあてはまる．漁獲の最大化を図る専業漁民からみれば児戯に等しいこれらの漁撈であっても，バクウェレにとっては重要な漁撈活動なのであり，何といってもその季節になればむずむずするような生活のなかの漁撈実践なのである．熟練した技能や知識を競う，こうした個人的な漁以外にも，集団でおこなわれる追い込み漁や掻い出し漁などでは，いったん魚が獲れ出して興が乗ると次第に興奮状態が高まり，次から次へと漁場を変えながら数時間から半日近くも漁撈活動が止まらなくなることがよくある[21]．心理学者チクセントミハイは，当該の活動にのめり込み，自我を忘れるほどに浸りきった精神状態をフローと呼んだが，漁撈そのものに，フロー体験的な楽しさが内在しているのである．チクセントミハイは，フロー的なのめりこみの条件として，他者に妨害されない環境の重要性を指摘しているが (チクセントミハイ，

---

20) ンボトは，体の表面だけが黄色っぽいだけでなく，切り身にしても全身が黄色い．マンベル漁によって捕獲された個体の腹を裂いて胃内容物をみると，マンベルの種子ばかりがぎっちりと詰まっていた．
21) 調査助手が漁撈に熱中してしまい，私との仕事をすっぽかされてしまったことも数知れないが，獲れた魚を手土産に持って帰ってくるのであまりきつく咎めることはできない．

1996)．漁撈キャンプの社会的な静かさは，まさに人々がフローに入りやすい環境条件を構成しているといえよう．

2. バクウェレの森住み感覚 —— アンビバレントな自己表象

これまで，森住み農耕民の森行きの諸側面について，バクウェレによる漁撈活動実践を事例にみてきた．本章では，漁撈キャンプにおける社会生活の正の側面と村における社会生活の負の側面を強張し過ぎたかもしれない．当然，それだけ森へのこだわりをもちながら，なぜバクウェレたちは村を棄ててずっと森に住むということをしないのか，という疑問が出てくる．

漁撈キャンプ暮らしには，まず主食となる農作物の確保の問題があることはすでに述べた．この問題のもっとも単純な解決法は，気に入った漁撈キャンプの近くに畑を開いて住みついてしまうことである．パジュジーは，コンゴ民主共和国のキュベット州にあるコンゴ川中流のトゥンバ湖周辺の漁撈農耕民ントンバの季節漁撈キャンプが村になってゆくプロセスを分析している (Pagezy, 2000)．

もともとの定住集落における畑用地の不足などが原因となり，季節キャンプであったはずの漁撈キャンプへの滞在の長期化が，自給畑の開墾や定住的な家屋の設置と相互作用しながら進む．そのうち，教会ができ，学校ができてゆく．ある段階で，その地の用益権が，水や冠水林の精霊の主と契約を交わした伝統的なキャンプの所有者から，国家権力に連なる住民の代表者としての村長へと移ってしまう (Pagezy, 2000)．

バクウェレ社会においても，実際に，漁撈活動による様々な訪問を手掛かりに新たな出作り地や 1〜2 世帯の居住地を作ってしまう例[22] は少数ながらみられる．畑を開き土壁 (potopoto) の家を建ててしまえば，そこは漁撈キャンプとはまったく違った定住的な空間になってしまう．バクウェレにとっては，森を森のままに残して長期間住み続けるという習慣がないた

---

22) その場合，過去に 1〜3 世代前の祖先が使った畑が森林化しているところをもう一度開くことが多い．

め，ずっと住むということは環境改変をおこない，たとえ小さくとも村にしてしまうことを意味する．また，定住集落から 2〜3 泊もしなければたどりつかないような漁撈キャンプの近くに定住的な移住が試みられることは，まずない．定住集落の情報やネットワークから，完全に孤立してしまうような居住の仕方は好まれないといってよい．この意味では，あくまで，村があっての森なのだといえる．

　また，少人数のメンバーで長期間にわたるキャンプ生活を繰り返し続けると，今度は森に飽きたり，様々な社会的対立が起こったりしうる．漁撈キャンプでは親密な人間関係が生まれやすいが，いったんそれが悪い方向に向かうととり返しのつかない事態にもなりかねない．

　パジュジーは，ントンバの間で，漁撈キャンプにおける小さな紛争が絶えないこと，その内容が漁場のとりあい，水中の漁具のなかの魚の盗みあい，所持品の盗難，姦通の現行犯，漁果の多寡への嫉妬，何らかの事故が起こったときの責任のなすりつけあい，などであると列挙している．これらの問題に対して，ントンバは，村における権力者とは別に，伝統的なキャンプの所有者にこれらの問題の裁定権を認めることで，秩序をたもっているという（Pagezy, 2000）．これらの揉めごとは，ちょうどバクウェレが定住集落において日々直面している問題と重なる．ントンバのキャンプにおいて，これらの対立が頻発する要因として，バクウェレよりも漁撈への経済的依存がずっと大きく[23]，大勢の者がキャンプに長期間滞在し，漁獲をめぐる競争が大きかったことが考えられる．一方，現在の社会経済状況では，バクウェレは比較的少人数で漁撈キャンプに滞在し，かつキャンプからキャンプへの移動性の高いキャンプ生活をおこなっている．このため，一つのキャンプに長期間にわたって人口が集中するようなことはない．それでも，ントンバの例にみられるように，森暮らしの長期化には，社会的なリスクが潜在しているのである．

---

[23] 1980 年代のトゥンバ湖周辺では，魚の買いつけ人が漁撈キャンプまで高い値段で魚を買いに来たという．漁に専念すれば，学校の教師と匹敵するか，それ以上の金額を手に入れられたという（Pagezy, 2000）．

そして何より，バクウェレは森の世界に近づきすぎることで，社会的にマージナルな存在になってしまうことを恐れている．森は魅力的な場である．しかし，同時に危険な力をはらんだ場所でもある．ずっと森に住むということは，その森の呪力を身につけるということでもあるからだ．

　このように森に対する両義的な捉え方がなされるのは，彼らの文化において，定住集落を中心に森を周縁とするトポロジーが設定されているからだと考えられる．しかし，かといって，森と村が完全に対立した位置づけにあるかというと決してそうではない．バクウェレにとって，森は，父親や祖父，あるいは数世代前の人々が生活の場とし，畑を作ったという歴史が刻まれた場所でもある．一見手つかずの森のようにみえても，そこには祖先の生活の痕跡がある．ドゥム (*Ceiba pentandora*，アオイ科) の大木の下には曾祖父たちが呪いを込めた精霊が今でも息づいていて，精神的な世界への入り口が穴を開けている[24]．塙は，コンゴ共和国北東部のボバンダが簗漁キャンプを始める際に，結界を結んで村の日常世界とは異なる場として儀礼的な設定をおこなうと述べている (塙，2004) が，バクウェレではそのような儀礼がみられることはない．森は，まったく非日常的な空間というわけではなく，森と村とは物質的にも社会的にも，そして精神的にも補完的な関係でつながりあっている．

　さて，ことピグミーとの関係になると，とたんにバクウェレの森に対する両義的なとらえ方が分かりやすく表面化してくる．バクウェレが，バカ・ピグミーを侮蔑する背景には，バクウェレ自らが森住みの民であることへの自負感と劣等感をあわせもっていることが反映されていると思われる．バクウェレは，バカ・ピグミーをより森に近い動物のような存在だとみなす[25]．しかし，前節でみた事例3-3のように，いったん森に入ってしまえば，ピグミーたちと何ら変わらない食物を食べ，コミュニケーションを楽しむ

---

24) かつて，精霊が踊っていたという大木や岩などが点在しており，それらにはいまでも力が残っていると考えられ，畏れられている．

25) バカ・ピグミーもまた，バクウェレ (バカ語では農耕民を一括してカカと呼ぶ) のことをエボボ (バカ語でゴリラという意味) のような危険な動物であるとみなす．詳細は，第4章を参照せよ．

のである.

　バクウェレは, バカ・ピグミーに自分たちにも共通する森の人間, 自然内存在としての人間をみるがゆえに反発し, 自分たちは文明化された文化内存在であるとして差別化しようとする. しかし, バクウェレもまた, 世界観や基本とする生活様式に大きな差異はあるものの, 生態的のみならず社会的にも森に大きく依存しながら生活している森住みの民であるということを彼ら自身がよく知っているのである.

　森の「バカンス」という言葉には, 森行きの楽しさが込められているだけでなく, こうしたやや屈折した森への愛と森住みの将来への不安が表現されているように私には思えてならない.

Essai 3

イモワーズとエバ—バクウェレ社会における結婚事情

　バクウェレもバカ・ピグミーも，結婚適齢期は男性では割礼（ベカ）を終えた15〜16歳から，女性では初潮が終わった13〜14歳くらい（推定年齢）からだから，初めて会った時にまだほんの子供だった子らが，次々と大きくなり，この数年の間に子を産み，親の世帯とは独立した結婚生活をエンジョイするようになっている．子供をもち，世帯を構える（独立した小屋や家をもつ）と，男はたくましく，女性も貫禄が出てくる．いろいろあるにしても，「結婚」は人を成長させるのだろう．

　日本人はみかけが若くみえるといわれ，私も最初の数年間は村でも15歳程度の年齢だと思われていたようだ．しかし，今では *tonton*（フランス語で"オジサン"の意味）をつけて呼ばれるようになってしまった．ドンゴ村に向かい，友人たちに新しい配偶者や子供を紹介されるたびに，私だけ成長がストップしたままとり残されていくようで，なんだか少しさびしいような複雑な気もちになる．

　ドンゴ村のバクウェレの同世代で，結婚していない男性は，私のほかにもう1人．彼の名はヤンゴン．しかし彼には，すでにたくさんの「婚約者」がいる．

　「結婚する」ことをバクエレ語でエバ（「2になる」）という．婚資を花嫁の家族にうけ取ってもらえて，「結婚」成立となるが，それまでの道のりは長い．

　一緒に住んだり，性的関係を結んでいても，イモワーズ（婚約関係）という通い婚の状況が続く．結婚までに，誰しも結婚前に3度か4度はイモワーズの関係をもつのが普通で，ここからぐっと5歩くらい踏み出す感覚で，「結婚」がある．エバには至らず，イモワーズで終わる恋がほとんどである．

　イモワーズから結婚への段階で，大切なのは関係を結びながら，その関係をうまく隠すことである．2人の関係が早くから大っぴらになってしまうと，津波のようなゴシップが村から村へと伝染し，目にみえぬライバル

第3章　森の「バカンス」

〈写真〉仲良し夫婦.

を刺激したり、気の早い相手親族からものねだり要求などの邪魔が入って、うまくいかなくなることが多い．

　最近、独身の私をみかねて、村の「先輩」たちから結婚のためのアドバイスをいろいろもらうようになった．彼らのアドバイスにおいて、大体次のことは共通している．

・相手をよく訪ねること、
・相手が自分をよく愛していることを確かめること、
・相手が求めているのが、なにかをよくみきわめること、
・子供をつくること．

日本では最近まであまりよい目でみられなかった「できちゃった婚」だが、カメルーンではそのほうが普通である．出産と結婚の順番よりも、新しい子供が生まれてくること自体のほうが大事なことだし、祝福される．逆に、子供が生まれないと、夫か妻の間の社会関係に何か問題があるのではないかと考えられてしまう．

　伝統的な結婚では、花嫁は、ブングと呼ばれるゴザを持参する．また、

91

嫁いでから数ヵ月間は，ドーガという特別な呼び方をされ，身体を植物染料で赤く塗ったまま過ごすことになっている．結婚したら，男は新しい自給畑をつくらなければならない．

　結婚には，男女双方の親族をはじめとする周辺の人々が2人の関係を認めるかどうかが問題で，そのために，男性は相手の女性と信頼関係をつくるだけではなく，相手方の親族に礼を尽くさねばならない．

　バクウェレ社会では，「男はしゃべりが肝心だ．」といわれるが，プレゼントやカネの要求をはじめとする物的なものから，畑の開墾の手伝い，居候の受け入れ，などなどの様々な要求を巧みにさばきつつ，すべて受け入れるのではない能力が必要とされる．バクウェレには，一夫多妻をする者も多いが，妻が増えると，その分だけ畑が増えてゆく．親戚づきあいも倍加してカネのやり繰りも大変になる．「妻が増えると白髪も増える」という50代の男性がいたが，一夫多妻を維持する苦労がにじみでている．

　ヤンゴンは，カカオ畑でも川で漁をするときでも，私の調査の手伝いをするときでも愚直に仕事をする大の働き者だが，ンゴロンゴロと呼ばれる蒸留酒を飲むと正体がなくなる．彼のお母さんも大酒飲みで，一昨年，泥酔したまま焚火の上で寝てしまい，それがもとで亡くなった．遺言は，「酒を飲みすぎないように」という一人息子への忠告だったというが，今のところそれは守られていない．ヤンゴンに調査の手伝いをお願いして，お礼を渡すときには大分タイミングを注意しているのだが，いずれにせよ彼はどこからかお酒をみつけてきて，10分もたたぬ間にできあがって誰彼なく振る舞う．彼が，婚約から結婚に移行できないのは，おそらくこのお酒と気前良さのせいであろう．

　私の身の回りの日本の男性独身貴族からは「結婚は恋愛の墓場だ」という意見もまま聞くが，バクウェレの男たちにとっては，結婚は面倒だが大切なものである．もちろん，イモワーズでずっと過ごす者もいることだし，ヤンゴンと私のどちらが先に結婚できるかもわからないが，いずれにせよ恋愛と結婚の経験が豊富なバクウェレたちは私の人生の師であることは間違いない．

第4章

「ゴリラ人間」と「人間ゴリラ」
── 人間＝動物関係と民族間関係の交錯と混淆 ──

　本章では，農耕民＝狩猟採集民関係を，これまで強調されてきた民族人類学 (ethno-anthropology) 的な観点 (Galaty, 1986; 竹内，2001; Rupp, 2012) や社会政治的な観点 (Joiris, 2003) に加えて，文化生態学的な実践との関わりから捉え直す．文化生態学とは，「人間と自然の間の物質的，精神的，直接的，間接的関係の全て」を含む「地域における間 ── 自然関係の共時的関係の総体」の探究である（市川，2003）．すなわち，集団間の相互表象を直接あつかうのではなく，自然や動物などの非人間的存在との関係を媒介とした集団内 / 集団間の相互作用やアイデンティティの動態を取りあげてみようということである．

　ここでゴリラに注目するのは，ゴリラが単なる狩猟対象であるというだけではなく，地域住民に対して非常に強いエージェンシー（行為主体性）をもった存在として社会関係の網目になっているからである．具体的には，人と人，人と動物の境界がいかに混じり合いながら，ひとつの社会が作られているかをみてゆく．

I. 熱帯雨林の住民とゴリラ

　霊長類は，人間との類似性から，人間と自然の境界領域において「特権的な位置」を占める (Haraway, 1989)．アフリカ類人猿は，人間にとってもよく似ている．人間は，このような，自身と似て非なる動物に対してどんな

感覚や感情を覚えるだろうか.本章では,アフリカ熱帯雨林におけるゴリラ[1] (*Gorilla gorilla*) を例に,人間と動物の関係を考える.

ゴリラという生物学的種そのものについては,霊長類学が多くの情報をもたらしてくれる.アフリカでは数百年から数千年以上もの長い間,類人猿と共存してきた人々がいる.しかし,彼らがどのように類人猿を認知し,向かい合ってきたのかについての情報は少ない[2].

大型類人猿保全の文脈では,ごくわずかな例外（例えば山越,2006）を除けば,日常生活のなかで類人猿との関わりをもってきた熱帯雨林の住民たちは類人猿たちに害を及ぼす存在としてしか顧みられてこなかった.大型類人猿の近傍に暮らす人々は,徹底して「密猟」に加担する地元住民という側面のみが強調されてきたのである（Giles-Vernick & Rupp, 2006）.もちろん,類人猿を狩猟対象としてきた地域は少なくないし,狩猟活動により絶滅に瀕している地域個体群も多いと推定されている.しかし,大型類人猿を対象とした狩猟活動[3]や乱獲は,その多くが獣肉の商品化や内戦にともなう食料危機といった社会経済的状況に熱帯雨林地域の住民が巻き込まれていった結果として起こっていることを忘れてはならない（市川,2008）.

本章では,通常,霊長類学が提供しない,ゴリラとともに熱帯雨林に暮らす人々のゴリラに関する知識や,狩猟活動といった実践から,人間とゴリラの関係の実態について紹介する.その後,狩猟採集民が農耕民をゴリラの化身だと考える「ゴリラ人間」の理論,そして死んだ人間がゴリラに

---

1) 熱帯アフリカには,現在ヒト科ゴリラ属のマウンテンゴリラ（*G. g. beringei*),ヒガシローランドゴリラ（*G. g. graueri*),ニシローランドゴリラ（*G. g. gorilla*),クロスリバーゴリラ（*G. g. diehli*）の4亜種が分布する.本章で取り上げる地域にはニシローランドゴリラが居住する.

2) ただし,日本の霊長類学者による一般向け著作のなかには,さまざまな社会の類人猿観に触れたものがある.山極は,ゴリラに対して西欧が抱いた表象の歴史を詳しく紹介している（山極,2005,2008）.伊谷純一郎による『ゴリラとピグミーの森』（伊谷,1961）や黒田末壽による『人類進化再考』（黒田,1999）には,霊長類学者からみた熱帯雨林住民のアフリカ類人猿観が生き生きと描かれている.

3) ブッシュミート問題に加え,中部アフリカの動物と人間の関係をめぐって影を落としているのが,HIVやエボラ出血熱など,霊長類ほか森林性野生動物起源の新興感染症問題である（市川,2008）.

なる，あるいは生きている人間が変身してゴリラになるという「人間ゴリラ」の理論について検討する．

II. ゴリラの民族誌

1. ゴリラの民族動物学

　ドンゴ村では，バカ語で，56種類の名で呼ばれる野生哺乳類が認知されている．バカ・ピグミーは，人間をボ (*bo*) と呼び，それ以外の動物をソ (*so*) と呼ぶ．コンゴ共和国北東部のンベンジェレ (Mbendjele) もそうだが (Lewis, 2002)，バカ・ピグミーもバクウェレも，ゾウやゴリラのような大型哺乳類だけでなく，彼らが認識するありとあらゆる生き物に精神ないし魂の存在を認めている．ソはさらに，「ネット・ハンティングで獲れる動物[4]」(ソナユ *so na yu*)，「槍で獲れる動物」(ソナベンガ *so na benga*)，「樹上の動物」(ソナイエ *so na ye*)，「地面を動く動物」(ソナトロ *so na tolo*) など9種類以上のカテゴリーに分類される．カテゴリーの基準は，狩猟法，動物の生活場所，特定の習性や身体形質など様々である．カテゴリー間の境界は緩やかで，複数のカテゴリーに重複する動物も多い．

　ゴリラとチンパンジー (*Pan troglodytes*, ヒト科) は，「体毛の動物」(ソナスス *so na susu*) という独立したカテゴリーに入れられている．ソナススには，ゴリラとチンパンジーのほかに，ゴマデ (*gomade*) と呼ばれる科学的には未発見のもう1種類のチンパンジーが含まれている．ゴマデは，顔が白く，人間のように二足歩行し，獰猛で人間を恐れない．木の枝やバラカ (*mbalaka*) というマメの40～50cmにもなる鞘を山刀の代わりにして集団

---

[4] バカ・ピグミーにとって主要な食用動物となるダイカー (ウシ科の森林性羚羊) 類のすべてと，齧歯類がこのカテゴリーに含まれる．現在ドンゴ村において主要な狩猟法は，跳ね罠と銃をもちいたものであり，草本植物の繊維を編みあげて作る網をもちいたネット・ハンティングは現在バカ・ピグミー，バクウェレの間ではみられない．にもかかわらず，現在においても網猟に基づいた動物カテゴリーが残っていることは興味深い．

表 4-1　バカ語とバクウェレ語による異なる性・年齢のゴリラの呼称

バカ語呼称	バクウェレ語呼称（複数形）	説明
ebobo	dzil (be-dzil)	ゴリラ（一般）
la ebobo	mo-dzil (bo-be-dzil)	アカンボウ
libambi		コドモ
mokolo a ngille		ワカモノオス
ngille	dzil (be-dzil)	シルバーバック
bufogille	?	シルバーバックの「第一夫人」
ndonga	e-bon (be-me-bon)	ヒトリオス
nyagole	?	ムスメ
wose ngille		ワカモノメス
nyao	a-daaba (ba-daaba)	ハハオヤ
nyandaba	?	シルバーバックと一緒に行動するメス
bufa ebobo	loog-e-dzil	群れ
te ebobo	njok-dzil (e-njok-be-dzil)	ベッドが集まっている場所

で攻撃してくるという．

　ソナススは，「樹上の動物」のカテゴリーの下位分類であり，樹上性のサル類すべてを含むケマ（kema）というグループとは明確に区別される．

　バクウェレも，バカ・ピグミーとほぼ同様の民俗分類を採用している．バクウェレは，人間をモット（mot，複数形はボット bot），動物をティット（titt）と呼び分ける．

　ゴリラには，バカ語でエボボ（ebobo），バクウェレ語でジル（djil）という総称がつけられている．バカ・ピグミーは，ゴリラを総称のほか，性別，成長段階，妊娠した個体など10の状態に分けて名づけている（表4-1）．また，ゴリラの遊動集団はブファ・エボボ（bufa-ebobo），ゴリラのネスト[5]がまとまってみられる場所は「ゴリラの村」（テ・エボボ te-ebobo）と呼ばれる．

---

5) チンパンジー，ゴリラともに，木の枝や草本類などを材料に毎日寝床をつくる．霊長類研究者は，この寝床をネスト（nest）と呼ぶ．

第4章 「ゴリラ人間」と「人間ゴリラ」

　バカ・ピグミーにとって，最も重要な狩猟対象とされるアフリカマルミミゾウ（*Loxodonta africana cyclotis*）につけられている名称の数は，総称を含めて9〜18種類である（Köhler, 2000; 林, 2010）．ゾウには及ばないものの，多数の名称がゴリラに与えられていることは，バカ・ピグミーのゴリラへの関心の強さを物語っている．動物のなかで，性別や種々の成長段階，集団にまで詳細に固有名がつけられているのは，ゾウとゴリラだけである．

　ゴリラの身体形質としてバカ・ピグミーがよく言及するのは，大きく隆起した眉間，頭の上部が細長くそそり立っていること，そして成熟した個体の毛が赤くなる，といったことである．こうした身体特徴について，バカ・ピグミーはおかしくてたまらないといった表情で笑いをこらえながら話す．

　バカ・ピグミーの熟練ハンターにゴリラの群れの構成を尋ねると，基本的な集団構成として，1個体の「リーダー的」な振る舞いをするオトナオス（フランス語でリーダーを意味する「シェフ」という表現で説明される）と，0〜3個体ほどの若いシルバーバックに，年齢の異なるメスが数匹，それにコドモゴリラが加わるということを語ってくれた．バカ・ピグミーのハンターがイメージするゴリラの集団は，単雄複雌あるいは複雄複雌群であるようである．これは，ゴリラに関する霊長類学の知見（山極, 2005: 155）と一致する．さらに，バカ・ピグミーによれば，コドモの成長にともないゴリラの集団は時間とともに変化してゆく．群れを離れ，単独行動するオス（霊長類学でいうところの「単独オス」）を，ドンガ（*ndonga*）と呼んでいる．ドンガは，成熟したオスゴリラであるシルバーバックのギレ（*ngille*）がより若いオスゴリラに群れから追い出されてしまった，老齢個体だと考えられている．メスも細かく区分され，名づけられている．コドモをもったメスはニャオ（*nyao*），群れにいるメスのなかで，リーダーオスの配偶個体のうち最も高齢のものはブフォギレ（*bufogille*）と呼ばれる．同じ群れのなかにいる複数個体のメスは，「第一夫人」，「第二夫人」といったいい方で喩えられることもあり，バクウェレなど農耕民社会でよくみられる一夫多妻的なイメージでとらえられているようである．

バクウェレは，バカ・ピグミーほど詳細ではないものの，さまざまな状態のゴリラを呼び分けている．バクウェレ語では，総称のほかにオス，メス，コドモの区分で固有名があるほか，群れ行動をせず，単独行動をとるハナレオス，ゴリラの集団，ネストにもやはり名前がつけられている．

　バカ語のソは動物を意味するだけでなく，「肉」の意味も兼ねる．バカ・ピグミー社会では，ゴリラによってもたらされる病気は記録されておらず（佐藤，1998），ゴリラに関する明確な食物禁忌はない．ゴリラは，決して高い頻度ではないが，森のキャンプや村での食事，儀礼の際にバカ・ピグミー，バクウェレの両者によって消費される．まとまって食されるのは，男子の割礼儀礼ベカ（*beka*）のための儀礼食などの時である．バカ・ピグミーでは，サル類を摂食回避する者は少ないが，類人猿，とくにゴリラを摂食回避する者は多い．特に，バカ・ピグミーの女性に，チンパンジーを忌避する者が多い．その理由としては，多くの場合，「人間（農耕民）に似ているから」とか「手があるから」という理由が挙げられる（服部，2008; 林，2010）．

　ゴリラの身体部位の名称を図4-1に示す．図中の点線は解体の際の切り分けられ方を示している．筆者の聞き取りでは，すべての身体部位名称は，該当する人間の身体部位名称に「ゴリラの」を意味する *-ebobo* が付加された複合語であった[6]．

　さまざまな状態のゴリラにつけられた詳細な呼称や集団の時間変化についての民俗知識は，霊長類学者がおこなう継続的・体系的な観察から得られたものとは異なっている点も多い（例えば，単独オスが群れから追い出された年老いた集団リーダーであるという考えなど）．しかしなお，これらは，バカ・ピグミーがゴリラの集団生活や集団構造の直接観察や足跡の追跡，「ゴリラの村」の観察から経験的に蓄積してきた知識にほかならない．500種類以上の野生植物に関するバカ・ピグミーの民俗知識を調査した服部志

6）　バカ・ピグミーがもともとゴリラの身体の部分名称に固有語彙をあてていなかったかどうかは留保が必要である．バカ・ピグミーと200～300年前に分かれたと推定されるアカ・ピグミー（Aka）の社会では，ゴリラの身体の部分名称には複合語彙ではなく，固有語彙があてられている（Bahuchet, 1985: 364. Fig. 114）．

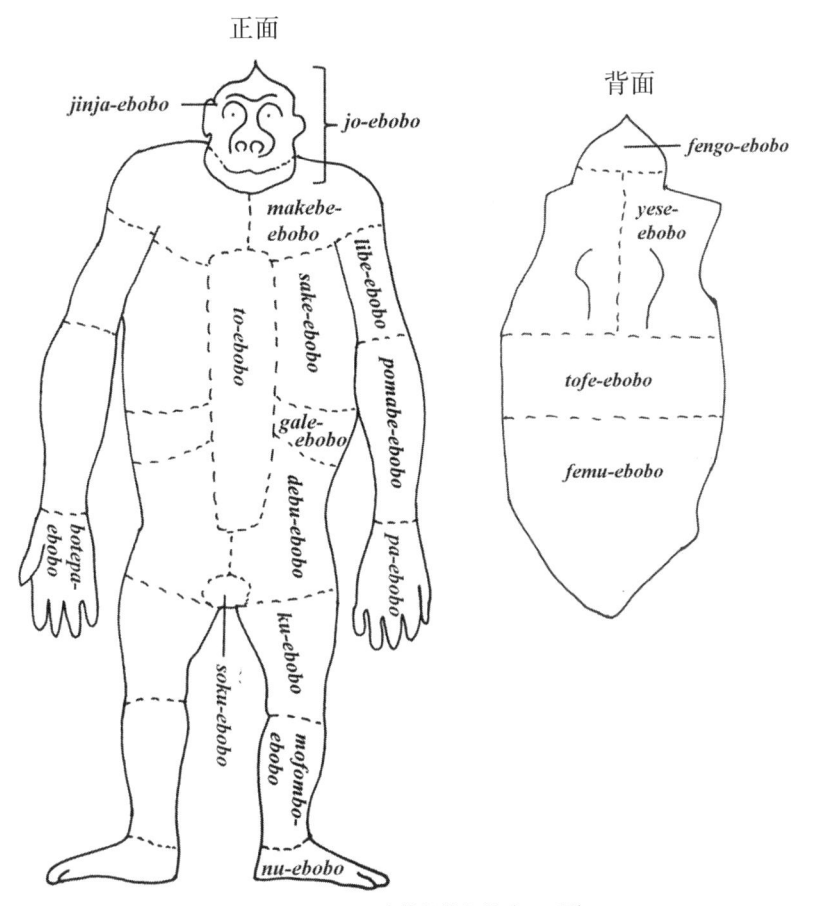

図4-1 ゴリラの身体部位名称（バカ語）．

　帆によれば，バカ・ピグミーたちは動植物について，彼らなりのやり方で観察を繰り返してきた「科学者」だという見方ができる（服部，2007）．

　ゴリラとチンパンジーは，民話の素材としても重要な役割を果たしている．バカ・ピグミーの定住集落や狩猟採集キャンプでは，リカノ（likano）と呼ばれる民話がよく語られる．リカノの主人公は動物であり，チンパンジーとゴリラを主役とするものがある．物語のなかの類人猿は，採集活動

に出かけるなど人間と同じ活動をおこない，「離れ離れになった子供を思って嘆く」など人間的な感情をもった存在として語られる（服部，2008: 87-89）．

2．人間とゴリラの近接

　バカ・ピグミーやバクウェレがゴリラに関する民俗知識を発達させている一因として，人間とゴリラの生息場所に重複がみられることがあげられる．アフリカ類人猿のなかでもゴリラは，草食であり，地上性草本類を好んで食する．そのため，二次林や焼畑など，人為攪乱の強い森にも積極的に現われる．二次林は狩猟採集活動をはじめ，さまざまな人間活動が活発におこなわれる場であり，両者が遭遇することは少なくない．

　これは，地域住民にとっては，ゴリラによる獣害が存在することを意味する．ドンゴ村では，焼畑により，プランテン・バナナとキャッサバが主食作物として，また落花生やトウモロコシをはじめとする各種作物が自給のためや蒸留酒の原料として栽培されている（林・大石，2012）．食用作物のほかには，プランテン・バナナの焼畑の後に発達する農林複合経営（アグロフォレストリー）により，換金作物のカカオが栽培されている．サル類やリス類などの小型動物も獣害をもたらすが，これらの畑に壊滅的な被害をもたらすのはゾウとゴリラである（Hagiwara, 2008）．

　ゾウは，特に国立公園や保護区の周辺に頻繁に出没し，畑の作物を根こそぎ掘り起こすだけでなく，踏み荒らしにより畑ごと消滅させてしまう（Hagiwara, 2008）．ゴリラは，植物性食物を主食とするが，森のなかに生えるショウガ科やクズウコン科の野生地上性草本類だけではなく，特にプランテン・バナナの髄を好んで食す．一度ゴリラが畑に入ってしまうと，小規模な焼畑であれば，ほとんどすべてのバナナの株がやられてしまう．地域住民は，主食の大部分を自給畑で作るプランテン・バナナに依存しているので，事態は深刻である．バクウェレは，ゴリラを畑に寄せつけないため，樹木に鍋を吊るして叩いたり，銃で威嚇発砲をするなど，さまざまな工夫を試みているがなかなか成功しない．

ゴリラは，貴重な現金収入をもたらすカカオ畑にも出没する．カカオの果実を包む甘い果肉は，人間のおやつになるが，ゴリラの好物でもある．私は，定住集落から10km以上も離れた一次林を歩いていて，カカオの樹が突然現れる経験を何度もした．バカ・ピグミーやバクウェレによれば，それらはゴリラが森のなかでカカオの甘い果肉を食べられるように，「村から盗んだカカオを植えた」ものなのだという．ゴリラは，時に甚大な被害を農耕活動にもたらすが，にもかかわらず，それを語る人々の語り口にはどこかユーモアが感じられもする．

3. ゴリラ狩猟の民族誌

　ゴリラに対する狩猟は，槍猟と銃猟が主である．跳ね罠にかかる場合もあるが，稀である．服部が指摘するように，そもそも棲息密度が低いためか，狩猟頻度は決して高くない（服部，2007）．槍猟，銃猟ともにイヌをもちい，ゴリラを追跡させる．獲物をみつけるとイヌが吠えるので，その方向へハンターたちは一目散に駆けてゆく．バカ・ピグミーのハンターは，槍猟など獲物に接近しておこなう狩猟の際にはサイン言語をもちいて猟仲間に獲物の種類を知らせる．ゴリラの場合には右手の親指と人差し指をくっつけて輪を作り，眉毛の上に置く（図4-2）．大きく盛り上がったゴリラの眉間を擬したものだという．

　バカ・ピグミーの社会では，狩猟の熟練者，特にゾウ狩猟に長けた者のことをトゥーマ（*tuma*）という．5〜6歳から，少年たちは，手作りの弓矢やクロスボウ（crossbow），植物素材をもちいた跳ね罠で，定住集落周辺のネズミ捕りに興じるようになる．その後，リスやヤマアラシやダイカーなどの狩猟経験を重ねた後に，ゴリラやゾウなどの大物に挑戦して，一人前のハンターとなってゆく（林，2010）．

　ゴリラは，集団でまとまって行動し，オスは人間の方に向かってくる．ゴリラは，樹上生活の時間が長いチンパンジーに比べ，地上で暮らす時間が長い．植物性の材料で毎日作りかえられるネストも，チンパンジーは樹上に作ることが多いが，ゴリラは地上に作る傾向が強い．また，ゴリラは

図 4-2　狩猟時のゴリラのサイン.

大きな身体で，地上をゆっくり移動するので足跡を追跡しやすい．これらは，チンパンジーに比べ，人間による狩猟で殺されやすい条件になっている[7]（山極, 2005, 2008, 山極寿一，私信）．ハンターたちの語りは，ゴリラは攻撃ではなく威嚇や挨拶のために身体を起こしてドラミング[8]をするのだが，その際に殺されやすい，という山極の指摘と符合している．

　狩猟現場において，槍や銃をもった人間とゴリラとでは，圧倒的に人間が有利なようにみえる．しかし，ハンターたちによれば，実際には，人間とゴリラの間で狩る立場と狩られる立場は容易に交替しうる．また，狩猟場面かどうかに関係なく，人間に不意打ちで危害を加えてくる，とりわけ好戦的で凶暴なゴリラがいるという．ドンゴ村で，バカ・ピグミーの狩猟活動について研究をおこなっている林耕次は，2002 年に B というバカ・

---

7) ただし，下生え（林床植生）の茂り具合によっては，樹上移動をするチンパンジーの方が，ゴリラよりも銃猟の被害を受けやすい場合もあるという（西原智昭，私信）．
8) とくにオスゴリラが立ちあがって，両手のひらで胸の上部を叩いて音を出す行動．タイコのような音が出るのでドラミングと呼ばれる．

第4章 「ゴリラ人間」と「人間ゴリラ」

図 4-3 ゴリラとの格闘について語るB氏．鼻にはゴリラに噛みつかれた傷跡が残る．
（写真提供：林耕次氏）

ピグミー男性（図 4-3）から，次のようなゴリラに襲撃された経験談を聞き取っている．

　B氏は，父親の代から続いてトゥーマである．かつて，彼が狩猟のために森のキャンプに滞在していた際，不意にゴリラと遭遇した．ゴリラがモングル（*mongulu*）[9] に近寄ってきたことに気づいたB氏は，慌てて追い払おうとしたが，逆に攻撃を受けた．鼻や手に噛みつかれ，一命は取り留めたものの，後遺症をともなう重傷を負った．以来，B氏はゴリラが憎くて憎くて，何頭も殺すようになった．トゥーマは，最も大型で危険な獲物であるゾウ狩りを狩猟のなかの狩猟として誇りとするが，B氏は，ゾウよりも多くのゴリラを殺してきた．（林耕次，私信）

　B氏のように，ゴリラに襲われたハンターのなかにはゴリラに深い憎悪

---

[9] バカ・ピグミーがクズウコン科植物の葉と木の枝でつくるドーム型の伝統的住居のこと．簡素で移動生活に適す．

103

を抱くようになる者がいる．

　狩猟には欠かせないイヌを失ったり，大怪我（鼻をもぎ取られる，耳を噛みちぎられる，手足に裂傷を負う，など）を負ったり，死亡する者もいる．

　このように，ゴリラは，ハンターにとってゾウと並んで危険な動物だと考えられている．槍でのゴリラ猟は，文字通り命がけであり，ゴリラを仕留めることはハンターにとっての名誉だとされる（服部，2007）．バカ・ピグミーのハンターたちは，チンパンジーやゴリラの皮をサワラ（sawala）と呼ばれる着火具入れや小物入れなどの日用品に加工し，熟練ハンターの証ともする（服部，2008）．熟練ハンターに限らず，人々はゴリラの「危険性」，「意地悪さ」を強調する．ゴリラは，人間の気配を感じると警戒音もそこそこに逃げ出すチンパンジーとは異なり，人間から逃げることなく，山刀，槍や銃を恐れずに立ち向かってくる[10]．バカ・ピグミーは，森歩きの際，少しでも普段と異なる気配を感じると足を止めて耳をそばだてるが，そんな時に何が起こったのかと尋ねると，近くにゴリラがいるかもしれないという答えが返ってくることが少なくない．ゴリラは自分たちのテリトリーに人間が入ってくるのを嫌い，人間が近づくとくんくんと鼻を鳴らして匂いを嗅ぎ，大きな声で騒いで人間を追い返そうとするという．バカ・ピグミーは，ゴリラは人間を待ち伏せて襲ってくることもあるといい，不用意な遭遇を常に警戒する．特に女性においてこの傾向は顕著で，バカ・ピグミーやアカ・ピグミーの女性は，女性だけで森に出かける際にはゴリラ除けの植物を呪薬として身につける（Giles-Vernick & Rupp, 2006; 服部，2007）．

　ハンターたちは，ゴリラの「危険性」や「暴力性」を強調する一方で，ゴリラの知性や高い認知能力についても言及する．特にチンパンジーと比較して強調されるのは，ゴリラの「賢さ」であり，「狡猾さ」である．例えば，ゴリラはハンターの顔を覚えており，対面して遭遇した際には挑発

---

10) ゴリラが人間から獰猛な動物であるという誤解を受け，また狩猟されやすい理由の一つとして，出会った際に関係性を確認する「チャージ」や「ドラミング」といったオスゴリラの挨拶行動を，相対した人間が，危害を加えるシグナルとして一方的に誤解し，興奮してしまうことが挙げられる（山極，2008）．

してくる．また，ゴリラの新しい足跡を追跡していくと，ふと足跡が途切れたかと思うと背後からハンターを襲ってくる，などともいう．ハンターたちは，ゴリラが地上と樹上の両方を移動することができることを知っている．ゴリラは，ハンターに追跡されていると察すると，樹上にのぼって自分の足跡を消すことにより，人をまいて欺くというのである．こういったゴリラの「賢さ」について語る時，ハンターは興奮を隠さない．ハンターによるゴリラとのやり取りの語りは，知的ゲームとしての狩猟の性格を想起させる．このように，狩猟譚のなかでは，ゴリラはしばしば個性をもった人格的主体として語られ，ゴリラへの否定的なイメージと肯定的なイメージの両面が混在している．

Ⅲ．「ゴリラ人間」と「人間ゴリラ」の民族誌

1．「ゴリラ人間」としての農耕民

　中部アフリカの狩猟採集民バカ・ピグミーやアカ・ピグミーは，近隣農耕民をゴリラやチンパンジーに喩え，また死ぬとゴリラに生まれ変わると考えている．服部は，バカの人々がゴリラを狩猟した農耕民ハンターを評して，「ゴリラがゴリラを殺した」といって「大笑いした」逸話を紹介している（服部，2007）．竹内潔は，コンゴ共和国北東部のアカ・ピグミーの男性が，共通の友人だった農耕民男性の死を「彼はゴリラになった」のだと語ったことに衝撃を覚えた経験を述べている（竹内，2001）．

　コンゴ民主共和国のピグミー系狩猟採集民エフェの死生観を研究した澤田昌人によれば，エフェ・ピグミーは，死後は森にいき，狩猟採集生活を継続する（Sawada, 1998）．バカ・ピグミーの死者もまた，死後も森のどこかで生活を続け，精霊となって時々生者に薬用植物の知識を授けたり，新しい歌を授けてくれるありがたい存在である（都留，2001）．

　しかし，バカ・ピグミーは，近隣に住む農耕民について，死後も森のな

かで人間としての生活を営んでいるとは考えない．バカ・ピグミーは，バクウェレをゴリラの化身とみなしている．人間としての農耕民の姿は仮のもので，死ぬと本来のゴリラの姿に戻るというのである．

バカ・ピグミーは，バクウェレとゴリラの類似性を指摘する際，頻繁に身体的特徴や仕草に言及する．両者に共通するのは，バカ・ピグミーに対する身振りや振る舞い，興奮した際のうるささ，そして危険性である．まず，バクウェレの普段の姿勢や歩き方（「ふんぞり返って偉そうに歩く」）がゴリラに似ている．シルバーバックが威嚇の際に見せる胸を張る格好は，バクウェレがバカ・ピグミーを見下す時の姿勢にそっくりである．また，邪術[11]を操るバクウェレの危険さは，森で遭遇したゴリラの暴力性に比肩しうる．

一方で，バクウェレもまた，バカ・ピグミーを野生動物のような半人間半動物だとみなしている．バクウェレ語のティット（*titt*）も，バカ語のソと同じく動物と肉を同時に意味し，バクウェレがバカ・ピグミーをモティット（*mo-titt*）と侮蔑的に呼び捨てるとき，それは「動物人間」と同時に「肉人間」というニュアンスをもつ．これが強い語調でいい放たれると，大変きつく聞こえる．また，バカ・ピグミーは森のなかのキャンプで人が亡くなるなど悪い出来事があるとキャンプを移動させるが，バクウェレはバカ・ピグミーが放棄したキャンプ跡をみると，死んだバカ・ピグミーがキイロセスジダイカー（*Cephalophus silvicultor*，ウシ科）になって，その周辺に隠れていると考える．バクウェレのなかには，バカ・ピグミーの生まれ変わりだからと，このダイカーを食さない者も多い．

---

11) 妖術，呪術，邪術の各概念や行為を通文化的に明確に区別し定義することは困難である．アザンデ社会の災因論の研究をおこなったエヴァンズ・プリチャードは，生得的に獲得され，必ずしも本人の意図とは関わりなく他者に災いをもたらすものを「妖術（witchcraft）」，特別な知識や技術の学習により獲得され，意図的にそのわざが行使されるものを「呪術（magic）」と区分し，呪術のうち対象に悪い影響をもたらすものを「邪術（sorcery）」とした（エヴァンズ・プリチャード，2001）．ドンゴ村を含むカメルーン東南部では，このような区分は認められず，まとめてフランス語でソシレリ（sorcellerie）と呼ばれる．各民族集団は，ソシレリに対応する民俗概念をもっており，バクウェレ語ではエリエーブ（*elieeb*），バカ語ではンブ（*mbu*）と呼ばれる．いずれも特定の者が腹のなかに持っているとされ，生き物のような存在としてイメージされている（山口亮太，私信）．本章では，エリエーブやンブを指すことばとして「妖術」をもちいるが，意図性や呪薬の使用が強調される文脈では「邪術」を並用する．

このように農耕民と狩猟採集民は，お互いに相手を動物に類する存在であるとする負の表象を投げつけあっている．

　コンゴ共和国北部のピグミー系狩猟採集民ンベンジェレを調査したジェローム・ルイスは，少し異なった狩猟採集民と農耕民のやり取りを報告している．ンベンジェレ・ピグミーどうしが近隣農耕民の村人（複数形で *bilo* と呼ばれる）に言及する際には，ことごとくゴリラ（*ebobo*）という言葉が使われ，また逆にンベンジェレ・ピグミーが狩猟でゴリラを殺した際には，ゴリラはことごとく村人（*bilo* の単数形の *milo*）として言及される．またある時，伐採会社での賃金労働のため村人とンベンジェレ・ピグミーが一緒に住んでいるキャンプで，ンベンジェレ・ピグミーが殺したゴリラの肉が分配される機会があった．ほとんどのンベンジェレ・ピグミーは，ゴリラは農耕民の変身した一形態だと考えているので，その肉を食わない．ンベンジェレ・ピグミーのハンターは，農耕民に肉を分配する際にも，解体したゴリラの肉を「村人」と呼び続けた．ハンターは，肉を渡す際に「あなたの村人をどうぞ」といい，肉を受けとった農耕民は明らかに動揺したが，ただで肉がもらえるので何も文句をいわなかったという（Lewis, 2002: 100）．

　竹内の調査地では，アカ・ピグミーは植物性食物をほぼ全面的に農耕民の農作物に依存しているが，ルイスの調査地では農耕民がンベンジェレ・ピグミーのハンターに獣肉を依存している．こうした農耕民と狩猟採集民の間の生態学的依存のバランスが，異なる相互表象の表明をもたらしたのではないだろうか．

　バカ・ピグミーの間では，「農耕民の本性はゴリラである」というイメージは子供にさえ深く根づいている．私は，調査地にはかならずスケッチブックをもっていく．人々はみな絵を描くのが好きなので，求められれば色鉛筆を渡して自由に描いてもらっている．バカ・ピグミーは大人も子供も好んで動物の絵を描く．

　ある時，推定年齢10歳ほどのバカ・ピグミーの少年が日暮れまでかかって描いた動物の絵を持ってきた．そのなかに，どうみても人間の子供にしかみえないものが描きこまれていた（図4-4）．

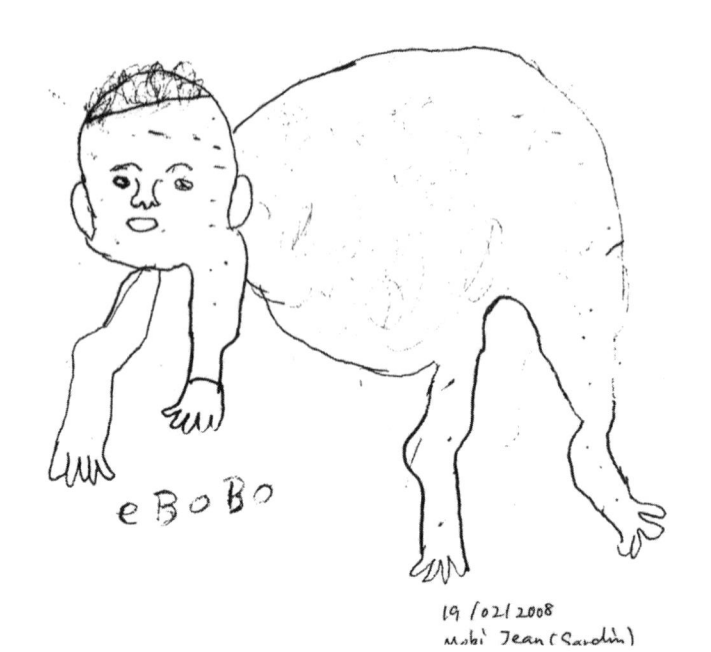

図 4-4　バカ・ピグミーの少年によるゴリラのイラスト．

　私は，その絵を描いた子供に何を描いたのか尋ねた．彼は，何気ない感じで「エボボ（ゴリラ）」と答え，その後小声で「カカ（*kaka*; 農耕民一般に対する蔑称）」とつけ加えた．
　私はふと，他の子供や大人の描いた絵のなかにも，動物なのか人間なのか見分けがつかないようなゴリラの絵が散見されるのに気づいた．図 4-5 はバカ・ピグミーの他の少年が描いた動物の絵で，コロブス（*kalu, Colobus guereza*, オナガザル科），アフリカコビトワニ（*mokakele, Osteolaemus tetraspis*），オオセンザンコウ（*kelepa, Smutsia gigantea*, センザンコウ科），カメレオン（*ekoo, Chamaeolo* sp., カメレオン科）などさまざまな動物に混じって明らかに人間の顔をし，性器をぶら下げて歩くゴリラが描かれている．
　バカ・ピグミーが農耕民をゴリラに喩えるのは耳にたこができるほど聞いていたが，これらのバカ・ピグミーの子供によるスケッチは，バカ・ピグミーが抱いている「ゴリラ人間」としての農耕民イメージの生々しさを

図 4-5 バカ・ピグミーの少年による動物のイラスト.

私に強く印象づけた. ある人間集団が, 他の人間集団との差異を強調する際に, 動物呼ばわりすることは世界各地で普通にみられることだろう. 日本でも, 侮蔑や罵りのイディオムとして, 例えば「あいつらは犬だ」などという言い方がされる. しかし, それらは言語表象の域に留まっていて, 実際に特定の人間集団や個人が, イヌやニホンザルの化身だと考えられているわけではない. しかし, バカ・ピグミーにとっての「ゴリラ人間」は, 単なるイディオムを越え生々しく立ち現れる主体としての農耕民なのであ

109

る．

　バカのなかには，農耕民が死後ゴリラになると考える一方で，自分たちは死んだ後「白人」に生まれ変わって集落に戻ってくると考える者がいる（Giles-Vernick & Rupp, 2006）．ジルフェルニックとルプは，WWFなど国際的なNGOによる熱帯雨林保全事業や，キリスト教会織の福祉・教育改善事業など外部社会の介入が，しばしば被益者を「先住民」でありマイノリティだとされるバカ・ピグミーに限定しておこなわれることが，農耕民優位・狩猟採集民劣位のローカルな伝統的権力関係を変容させつつあり，それがバカ・ピグミーの死後の世界をめぐる言説に反映されているという（Giles-Vernick & Rupp, 2006）．ルイスによれば，ンベンジェレ・ピグミーは，農耕民がゴリラに生まれ変わるだけでなく，「白人」がアカカワイノシシ（*Potamochoerus porcus*, イノシシ科）に生まれ変わると考えている．ルイスによれば，良い値で売れるアカカワイノシシは，欧米人によってもたらされる経済価値を表象している（Lewis, 2002: 210–211）．ケーラーによれば，コンゴ共和国北西部のソアンケ周辺のバカ・ピグミーと農耕民は，互いに相手が死後，類人猿に生まれ変わる，すなわち，バカ・ピグミーは，農耕民がゴリラに，農耕民は，バカ・ピグミーがチンパンジーに生まれ変わると考えている（Köhler, 2005a）．ゴリラとチンパンジーは，よく似ているが，人間に対する態度や行動が全く異なっている．ゴリラは人間に対して攻撃的であるが，チンパンジーは臆病であり，ゴリラは人間に対しテリトリーを主張するが，チンパンジーは主張しない．こうしたゴリラの特徴は，バカ・ピグミーに対して高圧的な態度で権力的に振る舞おうとする農耕民のものであり，チンパンジーの特徴は，万事控え目で農耕民に対し下手に出るバカ・ピグミーのものだと解釈できる（Köhler, 2005a）．

　このように，狩猟採集民による農耕民の，あるいは農耕民による狩猟採集民の死後動物化理論は，コンゴ盆地北西部に広くみられる考え方である．それは狩猟実践をはじめとする日常的な動物との遭遇体験により日々構築される人間と動物の関係を媒介に，民族集団間関係を表象してきた．一方で，保全活動や貨幣経済の流入など，外部世界からの介入にともなう人間

集団間の関係変容を敏感に反映する文化事象（Lewis, 2002; Giles-Vernick & Rupp, 2006）としても解釈されてきたのである．

2. 動物になって畑を荒らす狩猟採集民

　狩猟採集民と農耕民の間の確執がとりわけ高まるのは，しばしば，狩猟採集民が農耕民の畑の作物を収穫する「盗み」をめぐってである（塙，2004）．バクウェレによれば，バカ・ピグミーは自由に動物になったり，人間に戻ったりできる力——動物変身能力（エリザリザ *elizaliza*）——をもつ．バカ・ピグミーが，朝夕の暗い時間や夜になると，農耕民の眼をくらますためにネズミやサルに変身して畑の農作物を盗むという．

　バクウェレによれば，調査地周辺では，バカ・ピグミーが畑の作物を荒らす動物と間違えられて，バクウェレ男性に「銃で撃たれる」事件が幾度となく起こってきた．

　バクウェレ男性 A は，日も暮れかかった夕方に偶然自分の焼畑を通りかかった．A は，1匹のコロブスザルが畑でトウモロコシを食べているのを発見した．銃を取りに家に走り，息せき切って畑に戻ってきた A はまだ畑に残っていたコロブスザルを鉄砲で撃った．しかし，弾が当たった途端に奇妙な叫び声が上がった．鉄砲で撃ったコロブスザルに近づいてみると，そこにはサルではなく，なんとバカ・ピグミー男性 B がうめいていた．幸い怪我はかすり傷で，A は慌てて B を村に運び病院に連れていった．

　バクウェレによれば，エリザリザというのは狩猟の際に動物を欺いたり，畑で盗みをする際に畑の主の目を欺いたり，動物となって直接敵に攻撃を仕掛けるための呪術の一種である．エリザリザをもつためには，バクウェレ語でエリエーブ（*elieeb*）と呼ばれる妖術的な力がなくてはならない．エリザリザにより変身している間，人間としての身体はそのままだが，森に入った魂が動物の姿になって振る舞う．変身中に怪我を負ったり，死亡すると，人間の身体も何らかの損傷を受けるか，死亡したりすることとなる．

　あるバクウェレのインフォーマントによれば，身体に何らかの障害をもつバカ・ピグミーのなかには，かつてエリザリザにより動物に変身してい

る際に，動物や農耕民から攻撃を受けて魂に怪我を負い，そのために障害を抱えることになった者が少なくないという．私の親しいバカ・ピグミーの友人Sは右脚に障害があり，バクウェレによれば，それは動物に変身中に怪我を負ったためだという．

Sは少年時代を調査地の隣村のM村で過ごした．ある時，Sはアジルマンガベイ（*Cercocebus agilis*，オナガザル科）に変身して，あるバクウェレの畑でトウモロコシを盗んでいた．盗みに気づいた畑の主（バクウェレ男性）は，銃でアジルマンガベイを撃った．マンガベイは脚を撃ち抜かれて倒れ，姿を消した．数日後，Sは定住集落のキャンプで発熱をともなって発病し，右脚を患った．その時の後遺症のために，現在もSは右足のひざが不自由なままである．

バクウェレは，森に詳しいバカ・ピグミーの超自然的な力を畏れてきた．バカ・ピグミーがエリザリザという呪術により動物に変身し獣害をもたらすという理論には，そういった不思議な力をもつバカ・ピグミーへの畏れが窺える．また，バクウェレが，バカ・ピグミーとの畑の作物をめぐる対立を畑荒らしをする動物のそれと変わらないものであると認識していることも窺える．バクウェレは，バカ・ピグミーを畏れつつも半人間＝半動物と見なし，文化内存在としての自集団と「より動物に近い」バカ・ピグミーとの差異を強調することによって，バカ・ピグミーとの境界を維持しようとしているのである．

3.「人間ゴリラ」の民族誌

バクウェレによれば，ゴリラのなかには，姿はゴリラだが，魂は人間が変身した存在である「人間ゴリラ」（ジル・エリザリザ *djil-elizaliza*）が紛れているという．エリザリザをもっているバクウェレは，ゴリラだけでなく，ヒョウ，リス，フサオヤマアラシなどさまざまな動物に姿を変えて行動することができる．ゴリラに変身して，森のなかで敵を待ち伏せし，危害を加え，殺す．また，エリザリザをもっているバクウェレは，死ぬとゴリラになる．このゴリラは，死者の親しんだ場所に繰り返し再来するのですぐ

にそれと分かる．

　ジル・エリザリザ（人間ゴリラ）は，人間を恐れず大胆に人間の生活域に出没し，いたずらをする．村に出てきたこのようなゴリラは，人間に危害を及ぼさないので殺されない．人間としての身体は死んだが，魂は生きてエリザリザによってゴリラのなかに宿っている．生まれ変わりのジル・エリザリザは，思いを満たすと，森に戻っていく．生まれ変わりのジル・エリザリザは，死んだ本人の親族以外の人間には吼えるが，親族には吼えない（「攻撃的」ではない）．そのため，これらが狩猟によって殺されるときには，多くの場合容易に近接ができる親族ハンターの手によることになる．森のなかでゴリラと遭遇した際に，どれが普通のゴリラで，どれがジル・エリザリザなのかはわからないことが多いが，調理すればジル・エリザリザは不味いのですぐにわかる．

　ジル・エリザリザには，生きている邪術者が呪薬をもちいてゴリラに変身し，他者に危害を加えたり殺そうとしている場合と，エリザリザをもった人間（の身体）が死んでゴリラに生まれ変わった場合とがある．

　聞き取りをおこなったところ，ジル・エリザリザに遭遇している頻度は，バクウェレも，バカ・ピグミーも少なくない．最近20年ほどの間にも，ドンゴ村から50kmほどの範囲の地域で毎年1，2件以上ジル・エリザリザとの遭遇やジル・エリザリザが引き起こした事件があることがわかった．以下に得られた事例のいくつかを示す．

　（事例 4-1　邪術者が変身したジル・エリザリザによる襲撃）
　ジル・エルザリザと格闘し，瀕死の重傷を負ったバクウェレの壮年男性Fの事例を紹介する．Fは，カメルーンとコンゴ共和国の国境に面するドンゴ村近傍のコンゴ側のB村でカカオ栽培をおこないながら生計を立てている．

　2009年10月のある早朝，Fが目を覚ますと，子供たちが家の前にサッカーのゴールポスト代わりに立てていた棒の先に，1羽のフクロウ[12]が止まっていた．フクロウには喉の部分に大きな目立つ突起があった．Fの近所に住む妖術もちとして有名な老女も，のどに大きな突起ができているので，Fはすぐ

---

12) 中部アフリカの多くの社会ではフクロウは邪術者の使いであるとされ，強く忌まれている．

にフクロウの正体が，エリザリザにより変身した老女であると判断した．Ｆは，使用人のＡと母方の甥のＧを呼び，２日がかりで銃でフクロウを撃ち殺した．フクロウが死ぬと，老女は「Ｆは私を殺した！　Ｆは私のフクロウを殺してしまった！」といって泣き叫んだ．間もなく老女は病に伏したが，回復後の彼女の左上腕には銃創がついていた．

　その後すぐに，村の外れで１頭のメスゴリラがみかけられるようになった．Ｆは，とうとう老女がジル・エリザリザになって自分を攻撃しに来たのではないかと直感した．そこでＦは，先日フクロウを撃ち殺したＡとＧを再び呼び出して，このメスゴリラの追跡をさせた．ＡとＧがゴリラの跡をつけてゆくと，ゴリラは水の傍から片時も離れずに歩いてゆく．ＡとＧは狙いをつけて10発も発砲したが，ゴリラは巧みに銃弾を避けて逃げ回った．

　ゴリラは徘徊と出没を続け，狩猟の成果がない日が続いた．老女はＦにいった．「あんたのハンターたちは，本当に役立たずだ．村のなかをゴリラが堂々と歩いているのに殺せないなんて，みっともない．私は今晩食べるおかずもないというのに」．老女に揶揄され業を煮やしたＦは，翌日ＡとＧがゴリラを追って出かけると，自ら銃をもってその後を追った．相変わらず，ゴリラは水際ばかりを歩いていて，ＡとＧがゴリラを追い詰めて発砲しようとすると，川のなかに浸かり，撃つこともできない．Ｇが丸太を川に投げ込むと，ゴリラは陸に上がってきた．そこをＡとＧは撃ちかけたが，やはり弾は当たらない．ゴリラは村の入り口のバナナ畑に逃げ込み，Ｆと遭遇した．Ｆが２発撃ち込むと，ゴリラはＦのいる方に突進し，Ｆに抱きつき押し倒した．Ｆは銃を使うことができず，ゴリラと上になり下になりしながら格闘した．ゴリラはＦの上腕，太もも，ふくらはぎに噛みつき，肉をちぎり取った．左の上腕部はゴリラにつかまれ，指が肉を突き抜けた．ただならぬ物音で格闘に気づいた村人Ｈが，家から散弾銃をもってきて，Ｆと地面を這いながら格闘を続けているゴリラの首筋に銃口を当てて発砲し，ゴリラは死んだ．Ｆは一命を取りとめたが重傷を負った．老女を除くＢ村の全員がゴリラを食べた．格闘事件の５日ほどして，老女は突然姿を消し，３ヵ月後に突然戻ってきた．

　人間ゴリラ，すなわちジル・エリザリザという現象には，妖術／邪術との関連が多かれ少なかれ存在している．これは，ジル・エリザリザの出現が邪術によるものと同定された典型的な事例である．Ｂ村では，老女は，この不在の間に呪医のところに通って身体に入った銃弾を取り除いていた

のではないかと噂された．また，Fがジル・エリザリザから攻撃を受けた理由として，さまざまな噂が流れた．まず，Fは多くの村人とカカオ畑の賃貸契約を結んで利益をあげていた．また，Fは地方都市の商業民にも知り合いが多く，金回りが良かった．これらが人々の嫉妬を呼んでいた．さらに老女は，Fの経済活動がもたらす村の「発展」が，伝統的な妖術実践の効きめを激減させると考えたのではないかという仮説が聞かれた．

(事例 4-2　水場にたたずむジル・エリザリザ)
1985 年頃，農耕民の男性Cは，伐採会社の手伝いに雇われ，バカ・ピグミー男性数名とディワラという森の奥のキャンプに滞在していた．ディワラはかつてバクウェレとバカ・ピグミーの村があった廃村の一つで当時は無人だった．毎朝，水場に水を汲みにいくと，ゴリラに出会った．水汲みの間，決まってゴリラは背中を向けてじっと座ったままだった．全く人を恐れず，静かなのでジル・エリザリザに間違いないということになり，殺すことはしなかった．

生まれ変わりゴリラとの遭遇は，人間の死の直後に村周辺で起こることが多いようだが，これは，森のなかで起こった珍しい事例である．ディワラは，植民地期に野生ゴム採集に使われ，1950 年頃に放棄された村で，現在ではすっかり成長した森に覆われている．この事例で出現したジル・エリザリザは，かつてディワラに住んでいた祖先の魂を受け継いだゴリラだったのではないかと考えられている．生まれ変わりゴリラは，人間を恐れず，もの静かで，攻撃的ではないことが多い．

(事例 4-3　葬式に出て来て手を振り，ダンスを踊ったゴリラ)
1988 年頃，バクウェレ男性Dと擬制的親族関係にあるバカ・ピグミー男性Bが亡くなった．Dの家の裏で土葬が終わり，葬式のダンスの準備をしていると，Dの家の前の戸口にゴリラが突然現れた．人々が驚いていると，ゴリラはあたりをうろうろするだけでなく，男たちの雑談小屋のなかに入ってなかから手を振ったので，死んだバカ・ピグミー男性のジル・エリザリザだとわかった．太鼓を叩くと，リズムに合わせて道の上でゴリラは踊った．葬式の後，1ヵ月近くこのゴリラは村の周りをうろついたが，ジル・エリザリザな

ので放っておいた．その後不意にいなくなった．

　人間の死後間もなく現れるジル・エリザリザは，とりわけ擬人的に語られる．故人の親しんだ場所やものや人間の近くにたびたび現れて，ディスプレイをおこなうというパターンが多い．この事例で注目したいのは，バカ・ピグミーも死後ゴリラになることがあるという点である．バクウェレと異なり，少なくとも現在のバカ・ピグミーは，自分たちが死後ゴリラに生まれ変わるなどとは決して考えていない．Dの家族は，調査地において現在に至るまでバカ・ピグミーの家族との擬制的親族関係を維持できている数少ないバクウェレである．この事例では，バクウェレが，ジル・エリザリザを擬制的親族関係にあるバカ・ピグミーに敷衍して適用している．バクウェレは，バカ・ピグミーとの差異を強調しつつも，別の文脈ではバカ・ピグミーを自分たちの文化実践の枠組みに取りこもうとするのである．

　このように，バクウェレの語るジル・エリザリザの現れ方やその性格にはかなりの変異がある．邪術者の変身体であるジル・エリザリザは，凶暴で，遭遇した人間に意図的に深刻な危害を加える極めて危険な存在である．また，具体的な事例は採集できなかったが，バクウェレによれば，ジル・エリザリザに女性や子どもがさらわれ，行方不明になることがあるという．人さらいをおこなうジル・エリザリザはとりわけ警戒されている．一方で人間の生まれ変わりであるジル・エリザリザは，人間らしい感情をもち，ユーモラスで人間的な存在である．このように矛盾した複数の性格をもつ「人間ゴリラ」をどう解釈したらよいだろうか．

4. 人間とゴリラの入れ代わりと混淆

　カメルーン東南部のバクウェレ社会だけでなく，コンゴ盆地北西部を流れるサンガ川流域の複数の農耕民にとって，ゴリラは特別な存在である (Giles-Vernick & Rupp, 2006)．「人間ゴリラ」は，隣接する中央アフリカ共和国南西部のンピエム（Mpiemu）(Giles-Vernick, 2002; Giles-Vernick & Rupp,

2006)，コンゴ共和国サンガ州のジェム，バクウェレ (Köhler, 2005a) などの農耕民社会から報告がある．

　ジルフェルニックとルプによれば，「人間ゴリラ」の出現には明らかに農耕民の妖術的思考が関わっており，人間でも動物でもない生まれ変わりゴリラの曖昧さは，ゴリラと相互行為した当事者の社会的位置づけの曖昧さを表している (Giles-Vernick & Rupp, 2006)．

　ケーラーは，コンゴ北西部における生まれ変わりゴリラを「幽霊ゴリラ」(gorilla-revenant) と呼び，人間の変態であるとして，邪術者の変身によるゴリラと区別を試みている．コンゴ北西部では，「幽霊ゴリラ」は通常シルバーバックであり，「幽霊ゴリラ」だと判断されたゴリラは殺されず，穏やかに追い払われるか，自発的に離れるまで放置される (Köhler, 2005a: 417)．ケーラーによれば，現世に未練を残して死んだ者が生前生きた場所に戻ってきて，その思いを表明するためにゴリラとなって現れるのだと考えられている．

　バクウェレによれば，邪術者の変身によるジル・エリザリザは他者に禍をもたらすキティ (kiti) と呼ばれる邪術実践の一つである．これについて言及する時は，緊張が漂う．一方で，生まれ変わりゴリラについて語るとき，ジル・エリザリザは知的で，気もちの通い合うような動物として性格づけられる．邪術者に操られ人間を食べると同時に，先祖に連なる血縁者であるジル・エリザリザは，まさに両義的な存在なのである．愛着を感じる存在でありながら，生まれ変わりのジル・エリザリザを殺すことができるのは故人の親族であるという逆説は，バクウェレの家族観を反映している．血縁が強ければ強いほど，妖術／邪術により相手を殺すことは容易になるからである．ジル・エリザリザの両義的性格は，バクウェレの自己表象の幅を示しているように思われる．つまり，ゴリラは，ムリンのいう人間の鏡の役割を果たしている (Mullin, 1999)．

　ジル・エリザリザは，ジルフェルニックらが指摘するように，一見したところ人間でも動物でもない曖昧な存在である．出現の文脈から明らかな場合を除けば，ジル・エリザリザは普通のゴリラとまったく見分けがつき

にくい．この混沌とした状況は，調査地の人間社会において，誰が邪術者か，誰が妖術をもっているのか —— 往々にして本人にも —— 見分けがつかない事態と大変よく似ている．理論的には，バクウェレにとって，すべてのゴリラはジル・エリザリザである可能性がある．この意味では，バクウェレにとってもはやゴリラは動物ではなく，人間である．一方，バカ・ピグミーにとって，バクウェレは限りなくゴリラなのである．

IV. 人と動物の混淆

　ゴリラは，バカ・ピグミーにとってもバクウェレにとっても両義性をはらんだ動物である．一方，一般にピグミー系狩猟採集民と農耕民の間には，徹底した嫌悪感の表明と同時に，信頼と依存といったアンビバレントな感情が生起している (Bahuchet & Guillaume, 1982; 竹内, 2001)．狩猟採集民は，平等主義的な価値観に基づいて行動し,個人の行動を抑圧的に制限したり，強制することを大変嫌う．しかし，農耕民は，バカ・ピグミーを自分たちより劣った存在とみなし，狩猟採集民を支配しコントロールしようとする (竹内, 2001)．そこで，狩猟採集民は，農耕民との共存により恩恵を得ながらも，関係の固定化を逃れるようにさまざまな手を打つ (竹内, 2001; Lewis, 2002; 塙, 2004)．

　農耕民も狩猟採集民もともに，互いの差異を維持しようとしている点では変わりない．ただし，農耕民は農耕民優位・狩猟採集民劣位という不平等を積極的に維持・強化しようとする．それに対して，狩猟採集民は，世界観や生活様式における農耕民との差異は維持しつつも，不平等を構造化している二項対立の境界を曖昧化させ，あるいは無力化しようとする．不平等を前提とした二項対立か，平等を前提とした二項対立かという点において，両者が志向する共存の方向性は全く異なっている．

　ルイスによれば，ンベンジェレ・ピグミーは農耕民を狩猟動物に対するのと同じやり方で扱い，交渉しようとしている (Lewis, 2002)．バカ・ピグ

ミーとバクウェレの関係においても，バカ・ピグミーは自分たちの束縛を嫌う生き方を理解しようとしないバクウェレに対して，野生動物に対するのと同様の態度で臨んでいるように思われる．それが，農耕民はゴリラである，という隠喩によく現れているのではないだろうか．一方，動物に対する戦略を相手に応用しているのは，バクウェレも同様である．バクウェレは，バカ・ピグミーを獣害動物と同様にみなしている．バカ・ピグミーとバクウェレのすれ違った共存関係は，両者の動物とのつき合い方と影響し合っている．のみならず，人間とゴリラが入れ替わる「人間ゴリラ」の事例では，ゴリラは個人や人間集団の置かれた社会的文化的状況を反映し，表象するだけでなく，妖術的思考を媒介にして人々の社会関係に介入していた．そこでは人間と動物の関係は錯綜的であり，両者が混淆しながら動物をも含めた社会の相互作用がおこなわれているとみることができる．

Essai 4

フィールドでよむ歳時記

　アフリカで俳句を作ることには，どんな難しさと可能性があるだろうか．私自身のアフリカへの滞在経験をふまえて考えてみよう．

　私は，大学で人類学を研究している．これまで11年間，毎年アフリカ中部のカメルーン共和国に通っている．カメルーンは，西アフリカに大きく喰いこんだギニア湾の奥にある．日本ではサッカーで有名なカメルーンは，475,440km^{2}と日本の1.26倍の国土面積のなかに，海から標高4,000mを超える高山帯まで，年間雨量が0mmに近い乾いた北部の沙漠からサバンナを経て1,500〜3,000mm以上にもなる南部の湿った熱帯雨林まで，アフリカでみられる自然環境をすべて含む．多様なのは自然環境だけではない．なんと，250以上もの言語を話す人々が住んでいる．比較的小さい面積のなかに多様な自然と人々．俳句を詠むのに絶好のシチュエーションである．日本で俳句を始めていた私は，いつの間にかフィールドワークにポケット・サイズの歳時記を持参するようになっていた．

　俳句は世界一短い詩の文化として有名で，イギリス，フランス，アメリカなど欧米では，それぞれの言語を使った俳句活動が独自の展開をみせている．これらは，先進国であり中緯度に位置する北の国々である．

　日本に近いアジアに目を向けてみる．熱帯アジアを題材に俳句が詠まれなかったわけではない．とくに東南アジアは，戦前戦中にかけて日本人が「南方」に多く旅行したり，住んだ時代に盛んに詠まれ，「南洋俳句」というジャンルさえ作られた（土屋, 2003）．昭和初期に洋行の途上でシンガポールに立ち寄った高浜虚子は，熱帯を題材にした句を作り，自らの編になる旧版『新歳時記』（三省堂）に「赤道」，「象」，「水牛」，「極楽鳥」など少なくとも35の熱帯季語を盛り込んだが，敗戦後の改訂でそれらは削除された（福井, 2009）．これらの動きが第二次世界大戦に至る日本の南下・植民地化政策の結果と結びついていることは疑いない．「熱帯季語」はすべて「夏」に分類されていた．虚子は，日本の季感で熱帯の事象を詠むことを

前提としていた．しかし，地域ごとの季節や時間のありようを無視して，日本を基準に据えようとする考え方は，俳諧の重んじる繊細な自然観察を信条とする作句の態度とは矛盾をきたすものだった (松井, 2010)．

では，アフリカはどうか．東南アジアと違い，熱帯アフリカでは，日本とアフリカの間に直接的な植民地・非植民地の関係は形成されてこなかった．南北アメリカ大陸とも異なり，日本人がアフリカに大規模に移民したという歴史もない．アフリカと俳句は，第二次大戦後になって，国家の枠組みにしばられない，より直截的な出会いを経験したのである．アフリカ俳句の初源は，例えば，1960～70年代に学術調査隊のメンバーとしてアフリカに入った当時の日本人研究者の記録から知ることができる．

1950年代から，今西錦司とともにゴリラやチンパンジーなどの大型類人猿調査のためにアフリカ調査を開始した伊谷純一郎は，タバコをふかせながらサバンナをぐんぐんと歩いてゆくので，アフリカ人から「機関車」と綽名されていた．伊谷は，熱帯森林やサバンナへのサファリ（徒歩旅行）に，『芭蕉連句集』を携え，夜テントのなかで繰り返し読んだという．篠原徹は，「自然の全体が自然の部分たる現象に凝縮する瞬間」を捉える醍醐味において，俳諧と地道な自然観察をベースにした伊谷の徹底したフィールドワークを手法とした研究に関連性を読み取っている (篠原, 2009)．

数多くあるアフリカの言語，とくにバンツー諸語には，日本語のように音節が区切れるものが多く，5・7・5の音韻で詩を作ることができそうなものがある．例えば，地域共通語になっている東アフリカのスワヒリ語や中部アフリカのリンガラもそれに該当する．実はアフリカの言語で俳句を作る試みは，既にアフリカ調査の初期のころに試みられていた．

旧ザイールで焼畑農耕民に関する文化人類学的な調査をおこなった米山俊直は，初期の現地調査について綴った『ザイール・ノート』のなかで，1960年代後半から1970年代前半に，ザイール東部で言語や文化の調査をおこなう日本人研究者が宿舎で句会を開いたこと，スワヒリ語による句作に挑戦したことなどを書いている (米山, 1977)．ただし，句会に興味を持っ

たアフリカ人が現れたのかどうかまでは書かれていない．同書に掲載されているキングワナ語というスワヒリ語の方言で作られた「キングワナ俳諧」は，次のようなものだ（米山，1977: 153-157）．

   ヴュラワナリヤ　ングルモムバリ　ハイジャネシヤ　　湯川恭敏
   （蛙啼き遠雷ありて雨いまだし）　　　　　　　　　　（訳：米山俊直）

   ニメキシヤ　サウチヤマカリ　イコシンバ　　　　　梶茂樹
   （吠え声のひときわたかくライオンいる）

　俳句にとっての海外吟の可能性を主張する有馬朗人は，海外吟を旅吟と生活吟に分けてその違いを述べている．旅吟は，海外旅行で出会った非日常の景を詠むものだが，生活吟には，居住地への長期間の定着生活のなかから生まれる発見が詠みこまれる．一年以上アメリカに在住した経験をもつ有馬は，長期間住みこむことによって，生活環境と詠み手の相互作用のなかから「生活者の眼が生きる」句を生み出すことができると言う（有馬，2000）．「生活者の眼が生きる」とは，どういうことだろうか．周りの世界が単なる外国やエキゾチズムの対象ではなくなり，身体化され，そのような内在化した視点から得られる観察が，モノやデキゴトを核に言語化されるプロセスだととらえることができるだろう．そして，その手掛かりになるのが，季語や季語に変わりうるなにかなのである．

　野外科学である人類学では，短くて数ヵ月，長くて一年以上もここと定めた調査地に住みこむ．そして，人々と生活をともにしながら文化や社会について学ぶ．したがって，俳句は必然的に生活吟になる．

   ナリンギヨ　カシオリンギテ　ムブラナムブラ（リンガラ語）　かつぱ
   （私はあなたを愛しているのに片想ひただただ雨が降っている）

　私はカメルーン東南部の熱帯雨林地域に調査に入った．歳時記をもっていったものの，生活や調査で余裕がなく，現地と日本を行き来する何年間かは落ち着いてそれを開くことはなかった．研究対象とするバクウェレの言語には辞書がなかった．そのため，研究の便宜のために2004年に語彙

調査をおこなって約 2,000 語を集め，簡単な辞書をつくる作業をした．そのとき，自然と歳時記に手が伸びるようになったのである．

　かつて，「熱帯季題小論」を記した虚子だけでなく，いまだに多くの日本人には，熱帯には季節がないとか，あっても微細であるという先入見がつよい．しかし，実際に熱帯に暮らすと，それは思い込みだとすぐ気づく．【熱帯夜】というが，少なくともアフリカでは，昼間の日向は温度があがるが，朝晩は涼しく過ごしやすい．昼日中でも，ラフィアヤシの葉葺きの家屋のなかや，森のなかは涼しいままである．むしろ，日本の夏の方がはるかに蒸し暑いのである．

　　　　　空焦がすゴジラの嘆き熱帯夜　　うらたしおん

　バクウェレ文化では，一年に季節は五つある．そのうち四つは二つの雨季と二つの乾季に対応し，大乾季の始まりの年末年始の時期は格別に寒いので，パンガニと呼ばれる（第 3 章 column）．大乾季には森から水が引き，川の水も少なくなって，半落葉性の樹種は【落葉】して，冬に通じる風情を醸す．大乾季の間に【焼畑】を開くための伐開をし，小雨季の来る前に火入れをして焼畑をこしらえる．あちこちから細い筋で立ちのぼる火入れの煙は飛行機の上からでも確認できる．乾季は漁労【キャンプ】のシーズンでもある．丸木舟をつくり，家族で川を遡って連泊しながら魚を獲る．男たちは，【夜振り】で大物を狙い，女性や子供たちは小川や池をかいぼりする【川狩り】で大活躍する．

〈写真〉夜間の漁で捕獲されたアフリカコビトワニ．

鰐の眼のぎらり光つて夜振りかな　　高典

　小雨季になると葉を落としていた木々の【芽】が吹きだす．春の風情に通じるものがある．小雨季には【マンゴー】が成る．どの村でもたくさん植えられているので，早い者勝ちでもいで味わう．大雨季になると，毎日数時間程度激しい【スコール】が降る．時折疾風が吹くのもこの時期で，木が倒れてくるのを恐れて森に入るのを避ける．雨季後半になると，川が増水して森に水が入る．その水が落水するのを見計らって【魚梁】を作って川に戻る魚を捉える．フランス委任統治時代にキリスト教が入っていて，【クリスマス】や【新年】を祝うのは日本におけるのと同じだ．

　　　コンゴ河肺魚ぬたりと聖夜かな　　高典

　このように，最も大きな季節の変化は乾季から雨季へ，雨季から乾季への変化なのだが，それ以外にも，一年のうち特定の時期にしかみられない様々な人事，動植物や天文現象が存在し，人々はそれを読みながら自然の成りゆきに予想を立てて暮らしている．そしてそれらのなかには，歳時記のなかの季語であらわされていることと一致するものも少なくないのである．確かに歳時記の季語は，日本の生態環境に合わせたものだから，同じモノや事象が扱われていても，アフリカの現地とはタイミングがずれていることが多い．しかし，それは読みかえることによって対応できるし，逆に温帯にいては想像もつかぬような季語のイメージを引き出す機会にもなるはずである．ただ，「生活者の眼」で表現したいと思ったとき，同じ事物であっても，現地語でしか表現できない情感や意味があることに注意したい．例えば，アフリカデンキナマズを，「デンキナマズ」や学名で「*Malapterurus electricus*」というのと，「ビビ」（バカ語）や「ググ」（バクウェレ語）といった現地語でいうのとでは想像力への働きかけが天と地ほどにちがうのである．運悪くデンキナマズに触ってしまったときの感覚，そしてそのことへの文化的含意が，現地語にはこめられている．そういった世界は，安易な翻訳をすると説明的になるだけでなく，つまらなくなってし

まいかねない．ローカルな豊かさをどのように俳句のなかで表現し，共有できるのかは大きな課題だと思う．

ところで，アフリカ俳句には，詠み手と対象の組み合わせにより，少なくとも次の四つが考えられる．(1) アフリカで，日本人が詠む俳句，(2) 日本でアフリカを詠んだ俳句，(3) 日本でアフリカ人が詠む俳句，(4) アフリカで，アフリカ人が詠む俳句．これらのうち，現状では (1) と (2) については既に少なくない数の句がつくられていると思われる．

　　　冬初め阿弗利加の子にぬいぐるみ　高典

今後，とくに楽しみなのは (4) のタイプのものが生まれてくることである．アフリカ大陸は長い人類の居住史を反映して，言語のホットスポットとなっている．そういった言語やコミュニケーションの形態は，まったく新しい俳句を生み出す可能性がある．例えば熱帯雨林のただなかで，トーン（音の高低）だけで数 10km 先までにメッセージを伝えることができる太鼓言葉というものがあるが，そのようなことばで俳句を作ったらどうなるか，などなど興味は尽きない．

第5章

バカ・ピグミーによる換金作物栽培と民族間関係

　20世紀後半以降,南部アフリカのサン（ブッシュマン），東アフリカのハッザ，そしてピグミーなど熱帯アフリカの乾燥帯，半乾燥帯，熱帯雨林の狩猟採集民を対象とした研究では，狩猟採集という資源利用様式と深く関連した社会性が重視されてきた．それを最も端的に表している概念が「平等主義」である．

　平等主義は，熱帯アフリカ狩猟採集民の特徴として研究者の間に広く認知され，多かれ少なかれ社会階層的な社会関係をもつ農耕/牧畜社会と狩猟採集社会とを対比するうえでの特徴となってきた．

　平等主義的な規範にもとづいた暮らし方や社会関係は，市場経済との関わりが強まる中で，どのように維持され，あるいは変化しているのか．本章では，バカ・ピグミーによる換金作物栽培を事例に，いかに熱帯雨林地域の狩猟採集民が市場経済に適応しているか，そこに農耕民や商業民との関係がどのように関わっているかをみてゆく．また，市場経済への適応の結果として生じつつあるバカ・ピグミー社会内部における「もてる者」と「もたざる者」の違いが，分業や社会階層化に転じることなく統合を維持できている理由について考察してゆく．

I. 市場経済のなかでの平等主義規範

　バカ・ピグミーは，中部アフリカのピグミー系狩猟採集民のなかでも，

半定住化と農耕化が進んだ集団である (Hewlett, 1996). 彼らは，1960 年代に進められた独立カメルーン政府主導の定住化政策と並行化して焼畑農業を受容した (Althabe, 1965) が，農耕活動の実態については，プランテン・バナナ栽培の受容に関する Kitanishi (2003) や安岡 (2010b) を除けばこれまでほとんど報告されてこなかった．この章では，カメルーン東部州において観察されたバカ・ピグミーによる換金作物としてのカカオ栽培の実態，ならびに関連する彼らの生活スタイルにおける社会経済的な変化について記載する．

　ピグミー系狩猟採集民が近隣農耕民による農耕活動を手助けして食用作物や換金作物を栽培することは，コンゴ盆地の各地でみられる．これは，農耕民が農作物，酒，鉄，そして工業製品を狩猟採集民に提供し，その代わりに狩猟採集民が農耕民に労働力を提供するという物々交換の一形態だと考えられてきた (Turnbull, 1961; Bahuchet & Guillaume, 1982; Terashima, 1986; 坂梨, 2010)．これらの生業活動が明らかに地域市場経済に影響を受けているのに，多くの先行研究は，農耕民と狩猟採集民の関係をより広い世界から分離した閉じた系であるととらえがちであった (Ichikawa, 1986; Terashima, 1986; Grinker, 1994; 竹内，2001, しかし，Ichikawa, 2000 もみよ)．これらの分析においては，近隣農耕民は，狩猟採集民と外部世界の間を仲立ちし，コントロールする調整弁のような存在であった．しかしながら，そのような閉鎖的な系は大きくなる一方の市場経済の影響と，その背後にあるグローバリゼーションのプロセスの圧力のもとで，維持できるわけがない．カメルーン東南部では，農耕民と狩猟採集民バカ・ピグミーの双方が，30 年以上にわたりカカオ栽培を続けている．本章では，この換金作物栽培の社会経済的な諸側面を，バカ・ピグミーの近隣に住む農耕民，商業民，そして外部世界との関係変化の文脈から明らかにする．

　アフリカの狩猟採集社会における「平等主義」に注目し，「平等社会」の特徴について議論を深めたのは，タンザニアの狩猟採集民ハッザを研究したイギリスの人類学者ウッドバーンであった (Woodburn, 1982)．狩猟採集社会のなかでも，ハッザのほか，サン（ブッシュマン）やムブティ・ピグ

ミーなど熱帯アフリカの狩猟採集民に代表される社会では，生業活動による利得が直接的で即時的である．このような経済システムをウッドバーンは，即時利得システムと呼び，①自由で頻繁な移動性，②集団構造の可塑性，③徹底した分配による食物などの資源の平準化が平等主義的な生き方と深く関連していることを指摘した．

換金作物栽培は，食用作物栽培とは基本的に性格が異なる．まず，換金作物栽培は，明らかに経済的な利益を得る（カネを得る）ための行為である．次に，カカオは多年生木本作物であるので，その生産に長い時間と集中的な労働力投入を要する．特に栽培初期の労働成果が出るのは，3年から5年も後のことである．したがって，これは一つの典型的な「遅延利得型経済」の性格を有しており，狩猟採集活動など即座に労働成果が得られる「即時利得型経済」の性格をもつ一連の生業活動（Woodburn, 1982）と好対照をなす．このようなカカオ栽培の諸特徴[1]をふまえつつ，市場経済のなかでのバカ・ピグミーとバクウェレの経済的な関係の変化を検討してゆく．

カカオ栽培の諸特徴は，狩猟採集活動に根差したバカ・ピグミーの伝統的な生活様式と価値システムと整合性がないので，バカ・ピグミーにとってカカオ栽培を受け入れることは困難なように思える．それゆえに，私はバカ・ピグミーが伝統的価値システム —— 平等主義的で協同的な社会倫理 —— を維持しつつ，近代的な市場経済へのより良い適応によって現金収入を確保する，という一見矛盾したようにみえる二つの目標をいかに達成しようとしているのかに焦点を当てたい．

---

1) 多年生の樹木作物栽培が続けば，従来おこなわれてきた焼畑農耕とは異なり，農地は森には戻らない．そのような状況は，人々の土地利用や土地に対する権利に関する概念に影響を与えずにはおかない．この土地の所有と利用に関わる変化の社会経済的な側面については第7章で述べる．

II. カメルーン東南部におけるカカオ栽培

1. カメルーン東南部におけるカカオ栽培の歴史的背景

　カカオ栽培は，フランス委任統治政府によって，野生ゴムの採集が減少しおこなわれなくなった1920～1930年代に導入された．当時，現在のドンゴ村に居住するバクウェレとバカ・ピグミーの祖先たちは，ジャー川上流沿いに点々と分布する小さな集落に分かれて居住していた．1960年代初め，独立直後のカメルーン政府の指示により，現在の集落位置と近い場所に定住化・集住化がおこなわれた（大石，2010）．この強制的移住の結果として，多くのバクウェレは彼らが1960年までに開いていたカカオ畑のほとんどを放棄することになり，新しい居住地では数家族が新しいカカオ畑を作りはじめた．

　ドンゴ村周辺とジャー川を挟んで南に隣接するコンゴ共和国サンガ州ンバラ郡とセンベ郡は，1960年代以降最も生産的なカカオ栽培地域であった．主要な生産の制限要因は，薄く分散した人口分布のためカカオ畑の維持に必要な労働力が十分に確保できないことであった（Guillot, 1977; Köhler, 2005b）．コンゴ共和国では，1990年代半ばから2000年代初めの内戦が，完全にカカオ経済を崩壊させた．代わってカメルーン側においてカカオ栽培が盛んになっていった．ジャー川を横断した人口移動や通婚関係は盛んであり，コンゴ側から，カカオ栽培に経験のある熟練労働者や栽培技術が流入した．

　1980年代になると，木材伐採会社[2]がドンゴ村周辺に基地を作って森林伐採事業を開始した．伐採会社は多くの地元住民を雇用し[3]，バカ・ピグ

---

[2]　ドンゴ村において操業した伐採会社の名前は，*Campagnie Camerounais des Grumes et Sciages*（カメルーン木材・製材会社，略称 C. G. S.）であった．1970年代後半から1980年代初めまでドンゴ村に基地を置いて操業した．

[3]　Kitanishi (2006) と服部 (2010) は，伐採会社が地域住民の雇用においてバカ・ピグミーを差別していると記載している．しかし，私が調査地周辺でおこなった，実際に伐採会社に雇

ミーとバクウェレに多量の貨幣と購買力をもたらした（Kitanishi, 2006）．さらに，伐採会社は賃金労働者としてカメルーン国内のみならず，西アフリカを含む多くの他地域出身者をこの地域に連れてきた．これらの出稼ぎ労働者は，給料をカカオ畑の拡大に投資した．伐採会社が撤退すると，彼らの多くはこの地域を去ったが，一部はカカオ栽培を継続するために残った．それ以来，多くのバカ・ピグミーが居住地の近くで彼ら自身のカカオ畑をつくり，カカオ栽培を始めたと考えられる．

2. アフリカ熱帯雨林地域におけるカカオ栽培の特徴

カメルーン東南部では，年に通例2回ずつ雨季と乾季がある．大乾季の終わりにあたる2月から3月にかけて，森林植生を伐り開き，乾燥させた後に火入れをおこなう焼畑によって空間が開かれる．畑には，初めはプランテン・バナナ，ビター・キャッサバ，ヤウティア（ココヤム），タロイモなど食用作物が植えられる．調査地のバカ・ピグミーにとって最も重要な主食はプランテン・バナナであり，次にキャッサバとヤウティアが続く（佐藤, 2010）．バナナは強い日当たりを好まず，強い直射日光の下ではカカオの実生も育つことができない．それゆえに，人々は新しいバナナとカカオの畑を開く際に樹木を伐り残し，それらがカカオの庇蔭樹となる（Carrière, 2003; Shikata, 2007）．カカオを植える場合，火入れ後にバナナの脇芽を焼畑に植えるのと同時に，カカオ種子を直播で播種する．バナナはカカオよりも先に成長して，2〜3年の間カカオの稚樹を日射から保護する．播種後3〜4年後にカカオは最初の実をつけ，収穫をもたらし始める．さらに数年経つと，カカオと庇蔭樹のみが畑に残る．

カカオ栽培には，継続的な労働投入がほぼ通年にわたって必要になる．

用されて働いたバカ・ピグミー，バクウェレ，その他の民族の元出稼ぎ労働者への聞き取り調査によれば民族による差別があったわけではなく，個人の識字能力等による選別の結果，雇用数に違いが生じていたという理解が妥当なように思われる．給料は職種によって異なっていた．比較的給与の高い事務作業や重機の運転などには，学校での読み書きの訓練を積んだ者があてられたという．服部（2010）のいうように，伐採事業開始当初にはバカ・ピグミーの雇用はバクウェレによる斡旋によっておこなわれていたが，操業が継続するなかで，作業に熟練したバカ・ピグミーはより待遇の良い仕事を任されるようになっていったという．

最も重要な活動は，森林植生の回復を抑制するための頻繁な除草であり，2～3ヵ月に1回おこなうのが好ましい．収穫と収穫後のカカオ豆の処理もまた重労働で，9月から11月まで，大雨季を通じておこなわれ，しばしば1月末まで作業が続くことがある．カカオの果実は，果肉をとり除いて発酵させた後，売られるまで2か月以上にわたって直射日光にあてて乾燥させる．買いつけ人が12月半ばから2月半ば[4]の間に買いつけに来ると，市が立つ．この市で，カカオをもつすべての生産者が買いつけ人にカカオを売り，得た収入で，都市から来た商業民がもってきた様々な商品を購入するのである．

労働投入とそれによって得られる利得の時間差という点から言えば，カカオ栽培は，1～2年の間に収穫ができ集中的な除草のように手間暇のかかる世話を必要としないプランテン・バナナの栽培（Kitanishi, 2003）とは大きく異なっているといえる．

III．カカオ畑を測る

1．カカオ畑の野外観察と計測調査

カカオ畑でのフィールドワークは，2007年3月から2010年3月までの4回，合計4.5ヵ月にわたっておこなわれた．ここで，本書における「カカオ畑」の定義は，5齢以上のカカオ樹を含み，たとえ少量であってもカカオ豆の収穫のあるすべての畑とする．まず，バカ・ピグミーとバクウェレの調査補助者の助けを借りて，ドンゴ村とその周辺のすべてのカカオ畑の数を調べ，その結果132筆が確認された．次に，GPS端末（米国Garmin社，Map60CSx）をもって，畑の所有者[5]かそのもっとも近い近親者の案内

---

[4] 買いつけ人によるカカオの買取価格は，通常，収穫期の遅い時期になるほど上昇してゆく．それゆえ，カカオ生産者は，高値のつく時期にカカオを売り抜けるような算段をする．

[5] バカ・ピグミー，バクウェレ，ハウサを問わず，カカオ畑の所有権は，特定の個人に属することになっている．しかし，ここでいう所有の概念は，西欧近代社会でいうような排他性

で畑の境界を歩くことにより，それぞれのカカオ畑の面積を計測した．

2. カカオ栽培に関する聞き取り調査

面積計測の後，畑の所有と利用の状況，形成と維持の履歴について情報を得るため，所有者にカカオ畑についての聞き取り調査をおこなった．具体的な質問項目は，伐開時期と土地利用履歴，伐開前の植生タイプ，過去数年間にわたるカカオ収量，畑から得られた現金収入である．得られた現金収入をどのように使ったかについても尋ねた．

Ⅳ. カカオ畑のデモグラフィー

1. カカオ栽培の消長

1-1. 調査地域におけるカカオ栽培の拡大

現在ドンゴ村のある場所に移住後，すぐにバクウェレがいくつかのカカオ畑を開いた．その後，ドンゴ村におけるカカオ畑の数は，2回の開墾急増期を経て増加してゆく．ハウサとバカ・ピグミーは，1970年代初めにカカオ畑を作りだす（図5-1 (a)）．最初のカカオ畑急増期は，1970年代後半に調査村周辺で伐採事業がおこなわれていた時期に重なる．

聞き取りのなかで，調査地のバカ・ピグミーが，カカオ栽培を始めた理由についての語りも得られた．例えば，バカ・ピグミーの壮年男性Bによれば以下のようだ．

【事例5-1：カカオ栽培を開始した経緯についての語り】
「以前，M（バクウェレ男性）のカカオ畑の手伝いをしていたことがあった．収穫が済んで，Mはムルンドゥにカカオを売りにいった．しかし，その帰り，

を持っておらず，かつ民族によって権利の内容にずれがある（土地所有の権利認識をめぐるずれについては，第7章を参照）．本研究では，複数の関係者から得られた情報をクロスチェックして所有者を確かめながら調査を進めた．

(どっさりもうけたはずのMはBに) ろくすっぽ払ってくれなかった. 1 シーズンずっと働いて，たったの 15,000FCFA. 妻も子もいるのに，どうやって分けたらいいのやら. Mにもっと払ってくれるようにいったら，「お前は自分のカカオ畑を作る2本の手をもってないのか？」と返された. それで，妻と話し合ってカカオ畑を始めることにしたんだ.」(2010年8月1日)

このBの語りは，バクウェレからの経済的自立が，バカ・ピグミーによるカカオ栽培の動機の一つとなったことを示唆している.

カメルーン政府のマーケティングボード(*L'Office National de Commercialisation de Produits de Base*) が 1991 年に廃止され，カメルーンの国内カカオ市場は 1993 年に自由化された (Varlat, 1997). 1994 年には FCFA の通貨価値切り下げがおこなわれ，農産物輸出に有利な経済的条件がそろっていた. それにもかかわらず，この市場自由化はカカオ価格の急低下をもたらした (墓田, 2000; Duguma et al., 2001). これは生産者を落胆させ，この時期のカカオ畑の開墾数は大きく減っている. 2回目の開墾急増は，内戦などの政治的理由によりコートジボワールをはじめとする西アフリカ諸国におけるカカオ生産の減少が引き金となって起こったカカオ価格の高騰によりもたらされた (四方, 2007). バクウェレとハウサが，最初のピーク時期に現在彼らの所有しているカカオ畑の多くを開いたのに対して，バカ・ピグミーは, 2回目の急増時期にカカオ畑を多く開いている (図 5-1 (a)).

都市や市場から遠く離れた地におけるカカオ栽培は，グローバルな市場の状況とともに，ローカルな政治経済状況に強く影響される. 1回目のピーク時期の開墾では，ほとんどのカカオ畑は一次林を利用して作られたが, 2回目の急増時期の開墾では逆にほとんどが二次林を利用して作られた (図 5-1 (b)). 開墾前の植生について情報を得ることができた 101 筆のカカオ畑のうち，59％ (60/101) が一次林に，40％ (40/101) が二次林あるいは休閑林に，残りの 1％ (1/101) が一次林と二次林の混ざった植生に作られている.

カカオ畑を作る植生が一次林から二次林へと移行したことは，ドンゴ村周辺地域における定住化の進展と人口増加を反映している. もはや簡単に

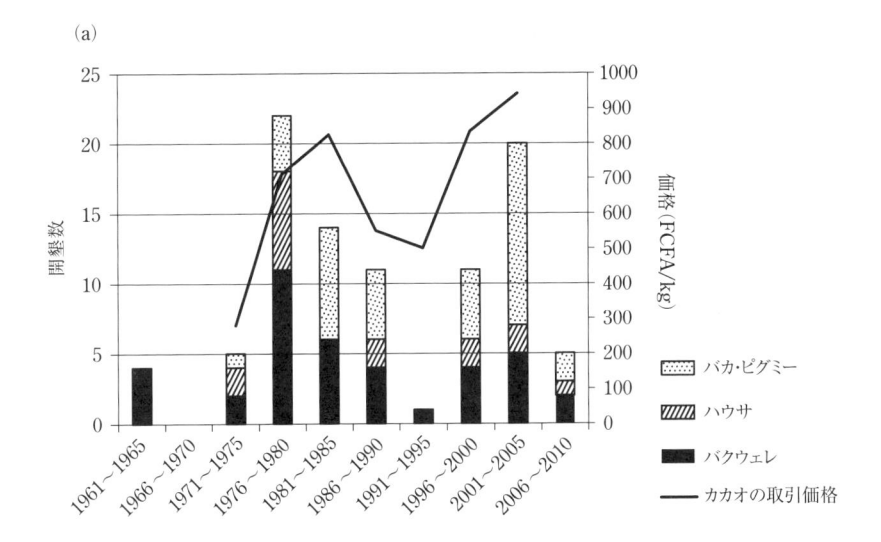

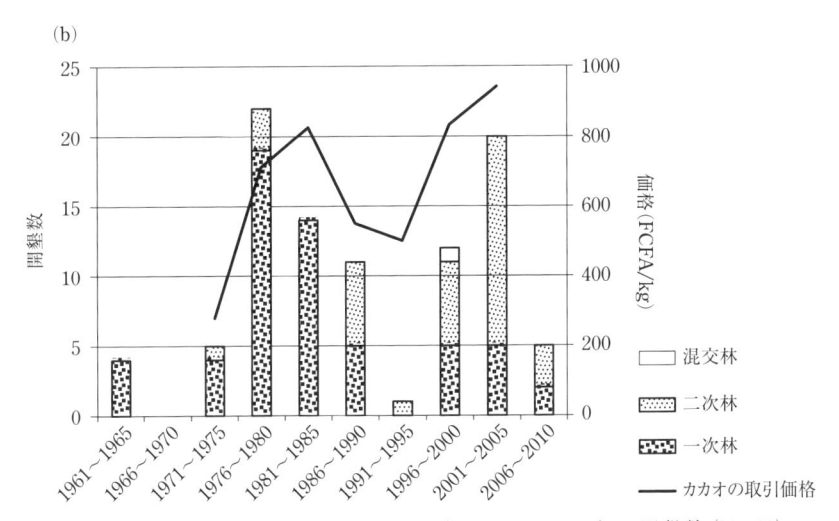

第5章 バカ・ピグミーによる換金作物栽培と民族間関係

(a)

(b)

図 5-1 調査地における 1961 年から 2010 年までのカカオ畑の開墾数 (N = 93).
(a)：縦棒は民族集団別の開墾数を示す．(b)：縦棒は伐開前の植生別の開墾数を示す．

表 5-1　民族集団ごとのカカオ畑所有状況

民族集団	人口（人）	世帯数（N）	カカオ畑を所有する世帯数とその割合（%）
バカ・ピグミー	300	65	58（89.2%）
バクウェレ	250	45	45（100%）
ハウサ/バミレケ	50	14	12（85.7%）

表 5-2　個人耕作者が所有するカカオ畑数とサイズ

民族集団	所有カカオ畑数*（筆, %）	耕作者あたりのカカオ畑数	所有カカオ畑面積合計（ha, %）	耕作者あたりカカオ畑面積（ha）
バカ・ピグミー	55（47.0%）	1.1	40.7（17.8%）	0.8
バクウェレ	44（37.6%）	1.3	96.8（42.3%）	2.9
ハウサ/バミレケ	18（15.4%）	1.6	91.4（39.9%）	7.6
	117（100%）		228.9（100%）	

*本研究で計測した数を表す.

アクセスできる一次林が居住地の近くに少なくなったため，住民は二次林をより積極的に利用するようになったと考えられる．

1-2. 栽培面積における個人差

　私が 95 人のカカオ畑所有者の協力を得て計測できたのは合計 117 筆のカカオ畑で，それらの総面積は 229ha におよぶ．表 5-1，表 5-2，図 5-2 に示したように，民族集団間とバカ・ピグミー集団内の両方で，所有するカカオ畑の数と面積について，相当な個人差が生じていることがわかる．

　バカ・ピグミーは，最も多数のカカオ畑をもつが，商業民ハウサと農耕民バクウェレが所有する畑の面積の方が大きい（表 5-2）．2～3ha 以上のカカオ畑を所有しているバカ・ピグミーの数はわずかである．しかし，調査地のバカ・ピグミー全世帯数の 90%（58/65）が少なくとも 1 筆以上のカカオ畑をもっている（表 5-1）．カカオが植えられている食用作物の生産がおこなわれている畑は，食用作物の収穫が終わった後カカオ畑になる．バカ・ピグミー，バクウェレ，ハウサによって所有されているカカオ畑の平均面

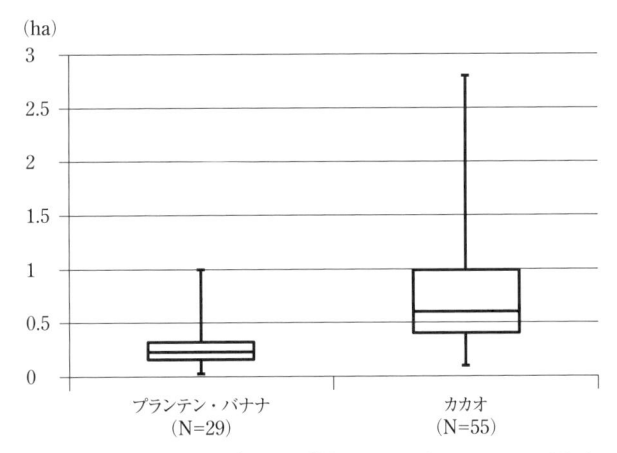

第 5 章　バカ・ピグミーによる換金作物栽培と民族間関係

(ha)

図 5-2　同一のバカ・ピグミー集団によるプランテン・バナナの焼畑経営面積（Kitanishi, 2003）とカカオ畑経営面積（本研究）の比較．箱ひげ図のなかの水平バーは中央値を，箱の下限と上限はそれぞれ 25％と 75％のパーセンタイルを示し，エラー・バーは最大値と最小値を示す．

積は，それぞれ 0.8, 2.9, そして 7.6ha であった（表 5-2）．

　北西功一は，1999 年から 2000 年にかけて本研究とほぼ同じ集団を対象にプランテン・バナナ栽培の実態を調査した（Kitanishi, 2003）．バカ・ピグミーのカカオ畑について得られた面積データを，Kitanishi (2003) に報告されているバカ・ピグミーのプランテン・バナナ畑の面積データと比較したところ，栽培面積の変異がカカオ畑においてプランテン・バナナ畑よりも有意に大きかった（図 5-2）．

　バカ・ピグミーのカカオ畑のほとんどが，とびぬけて大きい 3 筆を除けば，似たような大きさであることは興味深い．これは，おそらくバカ・ピグミーがほとんど家族労働に依存してカカオ栽培をおこなっていることと関係しており，1 世帯あたり 0.8ha というカカオ畑の面積が他からの労働投入がない場合の上限になっている可能性がある．これとは対照的に，労働者を雇ってカカオ栽培をおこなうバクウェレやハウサの間では，カカオ畑の面積にはるかに大きな個人差が生じている（図 5-3）．

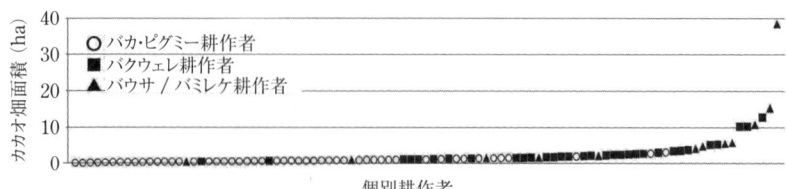

図 5-3 2009-2010 年の耕作者ごとのカカオ畑面積の分布.
　　　各ドットは個別耕作者を表し，経営面積順に配置してある．マーカーの形は当該個人の民族集団を表す．

　もっとも大きなカカオ畑の所有者は，1980 年代に調査地に住みついた壮年後期の商業民である．彼は 5 筆のカカオ畑をもち，それらの合計面積は 40ha に及び，本人の推定によれば毎年民 3,500,000～5,000,000FCFA の粗利益を生み出す．彼のカカオ畑は，ドンゴ村周辺のカカオ畑の総面積合計の 17.5％にも相当する．

1-3. カカオ畑の所有，世代間継承とジェンダー

　バカ・ピグミーとバクウェレの両方で，カカオ畑の所有には著しい性差がみられた[6]．バカ・ピグミーの場合は所有者の 93.1％（54/58）が，バクウェレの場合は所有者の 90.9％（41/45）が男性だった．カカオ畑の所有者は，ほとんど排他的に男性であるといえる．女性は，夫からカカオ畑を相続した場合や，子からカカオ畑を贈与されるなど，非常に限られた場合にのみ所有者となっていた．カカオ畑の管理もまた，基本的に男性によりおこなわれる．これは，両民族集団において，通常女性が管理をおこなう食物生産用の畑と好対照をなしている．

　この男女分業は，バカ・ピグミーの間では畑の呼称に反映している．すなわち，カカオ畑が *gbie na mokose*「男の畑」と呼ばれるのに対して，食用作物の畑は *gbie na wose*「女の畑」と呼ばれる（林，2000）．

---

6) ハウサなど商業民については，彼らのほとんどが配偶者や子供を移住先である調査地域周辺には同伴してきていない．ドンゴ村には，3 人の既婚ハウサ女性が居住しているが，いずれもカカオ畑を所有してはいない．

表5-3　バカ・ピグミーのカカオ畑相続事例

被相続者と相続者	事例数
父親から息子	11
夫から妻	3
兄弟から兄弟	3
妻から夫	1
父親から養子	1
義理の姉妹から義理の兄弟	1
計	20

　カカオ畑の2～3世代にわたる相続がバカ・ピグミーの間で一般的であることも明らかとなった．バカ・ピグミーのカカオ畑のほぼ40％（55のうち20筆）が，本人により開かれたものではなく，家族間の相続によって得られたものだった．表5-3に示したように，最も一般的な相続は父から子へであり，他に配偶者間や兄弟間での相続がみられた．バカ・ピグミーのカカオ畑のうち1haを超えるもののほとんど（10のうち7筆）は家族内で相続されてきたものだった．これは，カカオ畑が，少なくとも一部のバカ・ピグミーにとっては世代間継承されることにより蓄積されるという意味において財産になっていることを示唆する．

2. 現金収入の獲得と消費

2-1. 収穫，販売と現金収入の推定

　バカ・ピグミーは，自分自身のカカオ畑から現金収入を得ることができるが，同時に他の者のために賃金労働をして働くことによっても現金収入を得ることができる．まず，私は彼ら自身のカカオ畑からの粗収入を試算した．ここでは，収穫される乾燥カカオの収量データ[7]は，畑の所有者の民族集団に関係なく統計的に同じ母集団に属すると仮定する．この仮定の下で，乾燥カカオ収量は，カカオ生産樹の樹齢とは関係なく，カカオ畑の

---

7) ここでの収量データは，研究方法の項目で述べたように実測値ではなく，各耕作者への過去3～5年間における収穫量についての聞き取り調査から得たものである．異なる民族集団によって所有・耕作されているカカオ畑間における正確な生産力の比較には，実測をともなった調査が改めて必要となろう．

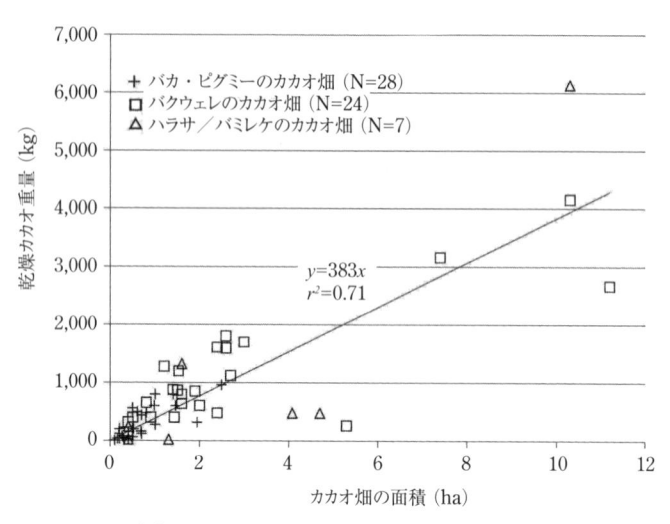

図 5-4　乾燥カカオ重量とカカオ畑のサイズの関係 (N = 59).

面積サイズと相関関係があった（図5-4, $r^2 = 0.71$, $p < 0.001$, N = 59）.

　乾燥カカオの面積当たり平均収量は，383kg/ha であった．2009年から2010年にかけてのカカオシーズン中，ドンゴ村における生産者価格は1,200FCFA/kg であった．この価格から，カカオ畑面積当たり粗収入を計算すると，459,600FCFA/ha になる．したがって，この値にカカオ畑の平均所有面積を乗ずれば，自分自身の畑からカカオを売るバカ・ピグミーは，平均して 367,680FCFA の現金収入を期待できることになる（表5-4）.

　しかし，実際にはこれだけの現金を手にできるバカ・ピグミーはほとんどいない．カカオ豆の価格は，収穫期を通じて上昇してゆく．それにもかかわらず，多くのバカ・ピグミーは買い付け価格が上がるのを十分に待つことなく売ってしまうからである．貯めたカカオをまとめて売る代わりに，彼らは長い収穫から買いつけ期の間に何回にも小分けにして少量のカカオを売る．これは，彼らが良い価格がつくまで十分な量の乾燥カカオ豆を貯めることよりも，即座に現金を得ることにより関心をもっているからであろう．カカオの買いつけ人と地域に住んでいる商業民は，彼らのこういったメンタリティをよく理解していて，収穫期間中毎日バカ・ピグミーの集

表5-4　カカオ耕作者ごとの現金粗収入の期待値
　　　　（FCFA）

民族集団	現金収入期待値* （FCFA）
バカ・ピグミー	367,680
バクウェレ	1,332,840
ハウサ/バミレケ	3,492,960

*すべてのカカオ豆が，1,200FCFA/kg（2009～2010年のシーズンにおける最終価格）で売却されると仮定したときの現金粗収入の期待値．

落を訪ねてごく少量のカカオを集めている．

　このごく少量のカカオ豆の取引は，カラパス（*carapace*）と呼ばれる．カラパスは，フランス語で「甲羅」を意味するが，約20Lの容量をもつカカオ計量にもちいられるプラスチック製の容器のことである（図5-5）．この形式の取引における生産者価格は，通常の買いつけに比べて半分か3分の1以下にしかならない．このようにして，バカ・ピグミーの生産するカカオ豆は安く抑えられており，わずかな金額であっても今すぐに現金が欲しいという絶えざる欲望が，カカオを売らずに貯めておき，後でよい値にして売るということを阻んでいるのである．さらに，バカ・ピグミーとバクウェレのなかには，少額の現金を得るため，頻繁に未乾燥のカカオ豆をカラパス形式で売る者も多い．未乾燥の生豆はさらに安い価格で買い叩かれる．

2-2. カカオ栽培による現金収入の分配と用途

　ふつう，食物などとは異なり，現金のやりとりは目につかないようにおこなわれるので，カカオ栽培による現金収入の用途について，体系だった観察から明らかにすることは困難であった．この側面についてより詳しく知るために，私と親しい関係にある2人のバカ・ピグミーのインフォーマントに聞き取り調査をおこなった．

図5-5 出荷するカカオ豆を入れる袋（およそ80kgが入るものと，100kg入るものとがある）とカカオ豆を計量するカラパスと呼ばれるプラスチック製の容器．

【事例5-2　成人男性A】

　Aは，推定年齢28歳の成人男性で遠い村の出身である．2009年から2010年のカカオ収穫期にかけて，Aはハウサの畑で働くとともに，自分自身で開いたまだ若齢のカカオ樹がほとんどのカカオ畑からも収穫を得ていた．ハウサ男性は，給料としてAに150,000FCFAを支払った．これに加えて，彼は自分の畑から10Lの乾燥カカオ豆を収穫し，カラパス形式で売って5,000FCFAを得た．したがって，Aの収入合計は155,000FCFAとなった．Aは，そのうち113,150FCFA（73％）で商品を購入し，15,000FCFA（10％）で酒のツケを払い，7,000FCFA（5％）を隣村のミンドゥル村に住む母親と妹に贈与した．Aは，

調査地から北に約250km離れたンガト・ヌーボー村の出身であり，隣村に住む母親と妹を除くAの親族は出身村に居住している．しかし，そちらに現金を送ることはなかった．Aは，現金収入のほとんどをラジオ・カセットレコーダー，布，洋服，スーツケース，山刀，靴，香水などの商品購入にあてたが，それらは自分自身と妻のためのものであった．結局，Aはバクウェレ女性にツケで飲んで貯めていた酒代を払ったが，借金をすべて払う前に新たに9,000FCFA分の酒を新たなツケで購入したため，借金はなくならない結果となった．

【事例5-3　成人男性B】
Bは，推定年齢18歳の青年のバカ・ピグミーである．実の父親が2007年に亡くなった後，Bは父親の所有していた2筆のカカオ畑（合計面積は，約0.4ha）を相続した．Bは，これら2筆のカカオ畑を母方叔父（母親の弟）であるCの助けを借りて維持している．2009年から2010年のカカオ収穫期にかけて，Bは1.5袋の乾燥カカオ豆の収穫を得て，40,000FCFAで売却した．Bは，15,000FCFAを農作業を手伝ったCに渡し，弟1人と2人の妹にそれぞれ5,000FCFAずつ分配した．Bは，残りの10,000FCFAを得た．Cは，Bから分配された15,000FCFAを妻と姉（Bの母親）と自分の3人で分けた．Bのカカオ畑で得られた現金収入の分配に与った者は，すべて農作業に参加していた人々であった．Cは，カカオ畑がBだけの所有物ではなく，彼自身を含むBとBの父親が畑を開き，維持するのを助けてきた「家族全員のものである」と主張した．Bは，カカオ畑の所有者であるにもかかわらず，実際のところ，カカオ畑での労働には熟練しておらず，Cが畑の管理のほとんどをおこなっているのが実態であった．

これらの2事例は，カカオ栽培から得られた現金収入は，それが自分のカカオ畑から得られたものにせよ，他人のカカオ畑での賃労働により得られたものにせよ，その直接的な分配範囲は近隣に住んでいるごく限られた親族に限定されていることを示している．これは，バカ・ピグミーが慣習的におこなってきた広範囲への流動性に富んだ食物分配 —— 特に森林キャンプにおいて狩猟された獣肉がその場に居合わせた人々全員に平等に分配される場合 (Bahuchet, 1990; Kitanishi, 2000; Hayashi, 2008) —— とは，対

照的にみえる．バカ・ピグミーにとって，食物とは異なり，貨幣は直接分かち合う対象（モノ）ではない．バカ・ピグミーは，サービスやモノの対価として支払いを受けると，直ちにそれを使用する．彼らは，現在のところ，自分たちの畑から食用作物を収穫できるので，食物の獲得を金銭に依存していない．したがって，彼らの主要な金銭の使途は商品とアルコールになる（Köhler, 2005b; Kitanishi, 2006）．

　成人男性Aの事例が示すように，バカ・ピグミーは実に多様な商品のショッピングを楽しんでいる．山刀や鍋のような生活必需品を除けば，彼らは購入した商品を必ずしも広範な人々の間で共同利用することはない．その傾向は，例えばラジカセのような高価な商品の場合に顕著である．彼らは，バクウェレから頻繁にアルコールを購入する．地酒は，バクウェレ女性によって醸造・蒸留されるもので，地域住民からはンゴロンゴロ（*ngolongolo*），あるいはアイキ（*arki*）と呼ばれる．ンゴロンゴロは，かつてはバカ・ピグミーとバクウェレの間の物々交換において，バクウェレからバカ・ピグミーへと贈与されるアイテムであった．現在では現金で売買される商品に転化している[8]．地元で作られる酒に加えて，バミレケやバムンのような非ムスリム商業民は都市からもちこんだビール，紙パック入りワイン，そして小袋入りのウィスキーなど工業アルコール製品を販売している[9]．男女を問わず，バカ・ピグミーのほとんどがこれらのアルコールに強い嗜好を示す．親族ないし近隣の誰かが現金収入を得たと知ったとたん，彼らはアルコールの分け前が得られる（その人が酒を購入して分配する）ことを期待する．他の多くの購入商品とは異なって，酒はバカ・ピグミーの集団内で広範に分配されている．しかし，一部のバカ・ピグミーの若者は，このアルコールのポトラッチ的分配によって自らの稼ぎをすっかりなくしてしまうことを嫌い，この慣習に不平を抱いている者がある．

---

8) ドンゴ村における地元酒の値段は，1Lあたり1,000～2,000FCFAであった．地元酒のアルコール体積濃度は，16～43％であった（第6章）．

9) これらの工業的に生産されたアルコール製品の調査地における値段は，ビール瓶1本（アルコール体積濃度5％，容量0.65L）当たり1,000～1,200FCFA，紙パック入り赤ワイン（12％，1L）2,000～2,500FCFA，小袋入りウィスキー（42～45％，30～50mL）150～250FCFAであった．

バカ・ピグミーが，現金収入を手にした途端に，酒やたばこなどの嗜好品や，すぐに壊れてしまう粗悪なサングラスや腕時計など，生活に直接必要のあるとは到底思えないような商品にそのほとんどを使ってしまうことは興味深い．バカ・ピグミーは，現金を得た先の商業民や農耕民のところで，すぐさま商品や酒を購入する．つまり，バカ・ピグミーに支払われた貨幣は，支払われた途端に支払った者の手に戻る (Bahuchet & Ghuillaume, 1982; Köhler, 2005b).

　北西功一によれば，バカ・ピグミー男性は少額の現金 (1,000FCFA 以下) と高額の現金 (10,000FCFA 以上) を区別しており，前者は酒や日常生活に必要な商品の購入にあてられ，後者は姻族への婚資に当てられる (Kitanishi, 2006). 北西は，自身がバカ・ピグミーに支払った現金の行方についての観察事例に基づいて，婚資を支払うために 10,000FCFA 紙幣が貯蓄されるのであれば，その支払いが家系集団間でなされることによって，世帯間の経済的不平等をならす効果があると議論している (Kitanishi, 2006). 婚資システムには，蓄積された富と女性の時間的遅滞をともなった互酬的交換によって，親族集団間の経済的不平等を平準化する機能があるという議論は，コンゴ民主共和国赤道州のモンゴ系農耕民ボンガンド社会について報告がある (黒田, 1993). 私の観察では，10,000FCFA 紙幣を婚資のために貯蓄する習慣は，必ずしもバカ・ピグミーの男性の間で広く共有されているわけではないようである．しかし，婚姻を通じた現金収入の多寡の平準化は，バカ・ピグミー社会内部における，もてるものともたざる者の差異を埋める一つの可能性としてみることができるだろう．

3. バカ・ピグミーの賃金労働

3-1. 労働力不足とバカの労働者確保をめぐる競争

　乾季の終盤になると，新しい焼畑のための伐開作業がおこなわれ，雨季にはカカオの収穫作業がおこなわれる．これらの作業はともに集中的な労働を必要とする．バクウェレとハウサは，これらの作業にバカ・ピグミーの労働力を調達しようとする．しかし，賃金労働をおこなうバカ・ピグミー

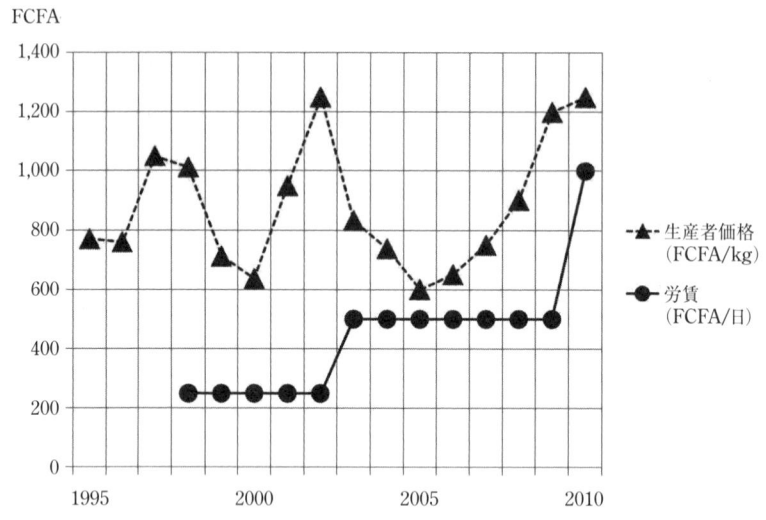

図 5-6　1995 年から 2010 年までの調査地におけるカカオ生産者価格とバカ・ピグミーの労賃の変動.

の労働力には限りがあり，したがって両者の間には，バカ・ピグミーの労働力確保をめぐって激しい競争が起こることになる．バカ・ピグミーは，農耕民のもとでの農作業をバカ語でンベラ (nbela)[10]と呼ぶ．カカオ豆の生産者価格が上昇するにつれて，調査地域でのカカオ栽培の規模も拡大した．その結果として，カカオ畑での労働力不足が生じ，バカ・ピグミーへの 1 日あたりの労賃[11]は 1998 年から 2010 年までの間に，250FCFA から 1,000FCFA へと 4 倍に増加した（図 5-6）．

2009 年には，バカ・ピグミーは半日（3〜5 時間程度）の農作業に対して，500FCFA，あるいは 0.5L のアルコール（ンゴロンゴロ）を受け取っていた．

---

10) バカ語のンベラの意味は，「仕事」である．他に，リンガラ語でモサラ (mosala)，バクウェレ語でメサラ (mesala) と呼ばれることもある．
11) ドンゴ村では，1 日あたりの労賃は雇用者と働き手の間の直接交渉によって決められるが，ある雇用者が報酬額を上げるとそれが全体に波及する傾向があるので話し合いによって目安となる値段が決められている．農作業に大勢の賃金労働者を雇う大規模な農園主が，働き手を確実に集められるように労賃を上げようとする傾向がある．

第 5 章　バカ・ピグミーによる換金作物栽培と民族間関係

図 5-7　早朝，若いバクウェレのカップルが，自家製のンゴロンゴロ（蒸留酒）をもってバカ・ピグミーのキャンプを訪問している（2010 年 3 月）．

　多くのバクウェレは，バカ・ピグミーを雇用しても支払う現金をもちあわせていないため，バカ・ピグミーのカカオ畑での労働に対して，一定体積の地酒を現金に換算可能なものとして報酬に充てていた．しかし，多くのバカ・ピグミーは，食料や嗜好品よりも，現金での労働報酬の支払いを好む傾向にある．より多くのバカ・ピグミーが，資金力のあるハウサの畑で働くようになったため，バクウェレは自分たちの畑で働いてくれるバカ・ピグミーをみつけるのがより困難になりつつある．そのため，バクウェレのなかには，毎日早朝から地酒の入った大きな容器をぶら下げてバカ・ピグミーのキャンプを回り，畑での作業をバカ・ピグミーに依頼する者もいる（図 5-7）．一部のバカ・ピグミーは，この農耕民による早朝のキャンプ訪問を嫌って，朝の時間を邪魔されないために，よりバクウェレの村から遠い位置へと引っ越しまでしていた．しかし，地酒が本当に好きでバクウェレからの依頼を断れないバカ・ピグミーも大勢いる．そんなバカ・ピグ

ミーにいわせれば,「ンゴロンゴロはエネルギーの源だから,飲むなといわれても止められない.」ということになる.

バクウェレと反対に,ハウサはバカ・ピグミーに現金で労働報酬を支払い,加えて,古着,サンダル,鍋,石鹸,食用油,そして化学調味料などの日用雑貨を贈与する.彼らの多くは,バカ・ピグミーに農作業のための山刀を支給し,仕事以外の時間の使用も許す.現金で支払われる労賃に加えて,これらの贈与品はバカ・ピグミーを強く魅了する.ハウサから雇用されたバカ・ピグミーへの現金の支払いは,約束次第で,シーズンの終わりにまとめて支払われることもあれば,何回かに分けて支払われることもある.ただし,バクウェレもハウサも,バカ・ピグミーの子供をカカオ畑での労働のために雇用することはない.

興味深いことに,ハウサの畑で働くバカ・ピグミーは,得られた現金を工業製品のために商業民に支払うよりも,地酒のためにバクウェレに支払う方を好む(第6章).したがって,地酒はバカ・ピグミーが農作業をする動機づけになっていると同時に,ハウサによるバカ・ピグミーの雇用がバクウェレにも利益をもたらすことに貢献しているのである.このようにして,貨幣は調査地の異なる社会集団の間を循環している.

3-2. 農園労働者としてのバカ・ピグミーの評判

最も大人数のバカ・ピグミーを雇用しているのは,調査地域で最大のカカオ畑を経営していて,「経済の父」と綽名されているフルベの男性[12]である.彼は,カカオ畑での作業に50名以上のバカ・ピグミーを雇っている.農作業にバカ・ピグミーのみを雇用する.熟練者を確保するため,100,000〜150,000FCFAの給料で,カカオシーズンの大部分をカバーする3〜4ヵ月の期間まとめて雇ってしまう.彼は,バクウェレを雇用しない理由として,雇っても常に労賃に不平を述べて,バカ・ピグミーのように真面目に働かないからだという理由を挙げた.自分のカカオ畑経営の成功が,

---

12) 彼は,毎日夕方になるとハウサ語の国際ラジオ放送サービスに耳を傾け,カカオの国際価格をチェックしていた.

バカ・ピグミー労働者と良好な信頼関係を築けたことに負っていると認識している．この人物の成功が，他の多くの商業民をドンゴ村周辺に引きつけ，それらの人々は彼に倣って同じ成功を収めようとしているのである．

この地域のバカ・ピグミーは，カカオ畑における熟練労働者として広く評判が通っている．例えば，数人のバカ・ピグミーの思春期後期の男性は，調査地から300kmほど離れたブンバ=ンゴコ県都のヨカドゥマ市近郊の大規模カカオ畑の所有者にリクルートされて[13]出稼ぎにでかけていた．ヨカドゥマ市周辺にも大勢バカ・ピグミーの人々はいるにもかかわらず，農園主はわざわざ遠隔のドンゴ村からカカオ畑での仕事に慣れたバカ・ピグミーを呼び寄せて契約雇用したのである．このように，調査地周辺の若いバカ・ピグミーの男性は，しばしば遠隔地での仕事の口を与えられ，2〜4ヵ月の出稼ぎ生活を過ごし，割の良い給料を手にして帰ってくる．

熱帯雨林に覆われたカメルーン南部・東南部では，カカオ栽培は地域貨幣経済に大きな役割を担っている．しかし，カメルーン東南部は，輸出作物であるカカオ豆の積出港であるドゥアラ港からほど遠く，商業的なカカオ栽培には多くの不利な点を抱えている．小規模なカカオ畑は粗放的に管理され，農薬や肥料は入手が困難な上に高くつく．これら一連の悪条件にもかかわらず，カカオ栽培が成功している理由の一つとして，バカ・ピグミーによる安価な労働力の供給が挙げられる．

3-3．賃金労働のインパクト

現在，ドンゴ村周辺地域の少なからぬバカ・ピグミーは，自らの生計維持活動と，現金獲得のための賃金労働との間でどのようにバランスをとるかという課題に直面している．焼畑農耕を受容して以来，これまで数十年

---

13) この事例では，畑の所有者であるヨカドゥマのムスリム商業民は，ドンゴ村近傍の町であるムルンドゥ市に住み，毎日都市と調査地周辺との間を往復運転している「ブッシュ・タクシー」の運転手（ムスリム）にバカ・ピグミーの労働者を探して，自分のところに送るように依頼していた．このようなムスリムどうしのネットワークがバカ・ピグミーの出稼ぎを促している一面がある．出稼ぎから戻ってきたバカ・ピグミーへの聞き取りによれば，畑の所有者は彼らに食料，衣服，日用品を与え，それぞれに150,000FCFAを労賃として支給したという．得られた収入はすべて，ドンゴ村に戻ってくる前に使ってしまったという．

にわたって，バカ・ピグミーにとって自給焼畑は親族と姻族を中心とする共同作業によって維持されてきた．賃金労働に特化する個人が増えることは，共同でおこなわれる生業活動の妨げになる．バカ・ピグミーの間は，金銭の授受をともなわず，年齢の近い個人間で，農作業を相互扶助する共同作業グループを作る習慣[14]がある．しかし，複数のメンバーが賃労働に雇われてしまえば，互酬性により成り立っているそのような協力行動は成立しなくなってしまう．バカ・ピグミーのなかには，自らの畑を半ば放棄して，現金を得るためにハウサやバクウェレの畑での賃金労働に励む者がいる．したがって，カカオ栽培が拡大する前に導入され，おこなわれていた農作業に関する相互扶助システムは，姻族間で婚資の支払いとしておこなわれるものを除けば，廃れる傾向にある．

　バカ・ピグミーによるバカ・ピグミーの雇用が試行的におこなわれる事例を偶然観察した北西功一は，現金や酒を報酬としてバカ・ピグミーがバカ・ピグミーを雇用することは，報酬の受け取り手がそれを労働への対価としてよりも，分配されたものとしてみなす可能性が高いので，バカ・ピグミーの間では容易に広まらないだろうと予測した (Kitanishi, 2006)．しかし実際には，賃金労働の雇用関係は，今やバカ・ピグミーとバカ・ピグミー以外の民族の間にとどまらず，バカ・ピグミーどうしでもそう珍しいことではなくなり，一部のバカ・ピグミーは，マリファナ，たばこ，酒，そして現金を労働報酬として，他のバカ・ピグミーに農作業を依頼している．あるバカ・ピグミー男性は，仕事は仕事であり，農耕民の畑で働くのも，他のバカ・ピグミーの畑で働くのも同じことであるとすらいっていた．

14）ドンゴ村のバカ・ピグミーには，互いの農作業を助けるいくつかのやり方を発展させている．バカ・ピグミーの高齢者によれば，集団労働は，バカ・ピグミーの農業生産力を高めるために，かつて地方政府の指示によって導入されたものである (Kitanishi, 2003)．バカ・ピグミーは，これを自給畑やカカオ畑での作業にしだいに取り入れていったものと思われる．

V．市場経済への適応

1．遅延型利得経済への適応

　1960年代の定住化に続いて，一部のバカ・ピグミーは食用作物の栽培を開始し，その後すぐにカカオ栽培をおこなう者が現れた．カカオとプランテン・バナナという農業生態学的に類似した特徴（熱帯雨林樹木による庇蔭を必要とする）をもつ作物の組み合わせが，食用作物としてのバナナ栽培の受容の延長としてカカオ栽培の受容を容易にした要因の一つである．グローバルな，あるいは国家レベルにおける経済政策もこのプロセスを後押しした．調査地域周辺への熱帯雨林伐採事業の拡大は，市場経済の地域社会へのアクセスを容易にし，貨幣とともに資本主義的な行動原理をとる商業民をもたらした．カカオ豆の価格上昇のような外部経済の影響は，カカオ栽培の拡大に拍車をかけた．カカオ栽培が盛んになると，焼畑休閑林も伐開されて，カカオ畑へと姿を変えていった．バカ・ピグミーも，バクウェレなど近隣農耕民も，これらの変化の波に否応なく影響されてきた．

　カカオのような樹木性換金作物は，長期にわたり，継続的かつ頻繁にインテンシブな労働力投入を必要とし，なおかつ収穫が得られるまでに少なくとも数年を要する．このように，カカオ栽培は典型的な遅延型利得経済的な活動であり，バカ・ピグミーや他のピグミー系狩猟採集民が伝統的に従事してきた即時利得型経済的な活動とは正反対の特徴をもっている（Woodburn, 1982）．ムスリム商業民や，農耕民の経営規模に比べればずっと小さい規模ながら，ドンゴ村ではほとんどのバカ・ピグミー世帯が自らの畑でカカオを育てていた．なかには，バクウェレと同等かそれ以上に大きなカカオ畑を所有するバカ・ピグミーもいる．バカ・ピグミーのカカオ畑のうち，1haを超す畑はそのすべてが親族内で，数世代にわたって相続されているものだった．このように，一部のバカ・ピグミーは自作農民としてうまくカカオ栽培に適応している．カカオ畑は，バカ・ピグミーの財

産となっている．

　カカオ畑の面積は，食用作物の畑よりもずっと大きい．女性により所有され，管理される自給作物の畑とは対照的に，ほとんどのカカオ畑は男性により所有され，管理される．相続される場合も，男系による．これらのカカオ栽培と財産としてのカカオ畑の特徴は，男性の権力を相対的に肥大させ，バカ・ピグミー社会におけるジェンダー間の関係に影響を与えていると考えられるが，この点については別稿にて検討してみたい．

　カカオ畑の面積測定は，畑のサイズに相当程度の個人差がみられることを明らかにした．バカ・ピグミーのインフォーマントたちの多くは，カカオ畑の経営規模の差が現金収入に反映されること，かつてはみられなかったような経済的な不平等を増加させていることを認識している．

2. 経済的な報酬の認知とその即時消費

　カカオ栽培のための労働力不足は，バカ・ピグミーに，賃金労働をおこなって現金収入を得る機会を増大させた．調査地域への移住者たちは，バカ・ピグミーを現金で積極的に雇用することにより，バカ・ピグミーに，これまでバカ・ピグミーの行動をある程度規定してきたバクウェレから，経済的・心理的に独立する機会を与えている．バカ・ピグミーは，カカオ栽培に関して，他人の畑で賃金労働をするか，あるいは自分の畑からの収穫物を売るか，自らの意志で選ぶことができる．

　しかし，多くのバカ・ピグミーは，現金収入を手にした途端にその大半をアルコールや商品を購入することで使い切ってしまう．バカ・ピグミーの社会の伝統的な規範である分配は，こと現金については，近傍に住む親族を対象として，極めて限定的におこなわれるに過ぎない．アルコールと商品への強い欲望のために，現金収入は即座に消費される．そのような行動は，「眼前への関心」(Ichikawa, 2000) と表現されるような，彼らの人生に対する態度に根ざしている．この態度は，即時利得型システム (Woodburn, 1982) の資源利用になじんだ人々に特徴的なものである．

　一部のバカ・ピグミーは，アルコール依存に陥っている (Köhler, 2005b)．

アルコールを得るために，彼らはより現金経済に依存するようになっている．得られた現金収入は，生活の向上や畑の拡大といったことよりもアルコール消費につぎ込まれる．ただ，彼らはもち金をすべて酒に使い果たしても，後悔しているようにはみえない．したがって，多くのバカ・ピグミーは直ちに仕事の結果としての現金が得られない自らの畑に投資するよりも，農耕民であれ，商業民であれ，誰かの畑で仕事をして手っ取り早く賃金を得る方を選ぶことになる．このような状況では，食用作物の畑にせよ，カカオ畑にせよ，自分たちの畑を共同で作業する相互扶助的な労働システムはもはや成り立たない．賃金労働では，早ければ働いたその日のうち，数時間後に賃金が得られる．たとえ少ない額であっても，その現金で酒を飲み，仲間と楽しく過ごす．賃金労働を選ぶバカ・ピグミーの行動は，このようなごく短期的な便益に動機づけられたものとして理解できる．即時的，刹那的な消費というバカ・ピグミーのハビトゥスが，ほとんどのバカ・ピグミーが現金を貯蓄して，より長期的な目標を獲得することを妨げているのである．

　カカオ畑の所有者であるほとんどのバカ・ピグミーは，まとまった量の収穫物を価格が高くなるカカオの市場が開かれる日まで保持することができれば，自分自身のカカオ畑から相当な額の現金収入を期待できる．多くのバカ・ピグミーはそれまで待たずに，カラパス方式で少量ずつカカオ豆を売って換金し，生活に最低限必要なものとアルコールに変えてしまう．こうして，彼らはより多くの現金を自らのカカオ畑から得る，あるいは将来の利用のために残す機会を失っているのである．

　バカ・ピグミーの人々を換金作物の栽培に駆り立てている要因は，長期的な蓄積ではなく，即時消費を目的としているという意味で逆説的にみえる．彼らは，農耕民や商業民から提供される酒や様々な商品に対する購買力をもつ現金への強い関心に動かされている．ほとんどのバカ・ピグミーは，カカオ栽培から得た現金を節約して貯蓄したり，将来の投資のためにとっておくことはせず，それを使って即時的な報酬を追及することに懸命になる．

3. 変化する価値観と，近隣農耕民との民族間関係

　これらの問題があるにも関わらず，少数のバカ・ピグミーはカネの貯蓄を試みている．彼らは，貨幣が可能にする新しい機会を理解し，利用するようになってきている．貨幣は，一般的な購買力をもち，それを貯めることにより，後でそれに見合ったものであればどんなものでも買うことができる．大半のバカ・ピグミーは貨幣を直ちに使ってしまうが，一部では，将来における利用と投資のために節約を始めている者がいる．調査地域における現金経済は，バカ・ピグミーのようなごく小さな民族集団の内部においてさえ，非常に大きな経済的な不平等を作り出している．

　その一方で，貨幣を用いた売買においては，そのもち主のエスニシティや職業に関わりなく，交換における平等な関係が想定されているので（貨幣価値は売買の前後で不変である），取引に関わった人々の間の平等性を高める方向に作用する．私が調査のなかで耳にしたバカ・ピグミーたちの語りからは，近隣農耕民や商業民と同等の社会的地位に立ちたいという強い欲望が現れていた．経済的に成功する機会が増えれば，バカ・ピグミーが，ローカルな文脈においてより社会的，政治的な自律性を高めることにつながるだろう．

　貨幣は，バカ・ピグミーとバクウェレの間で，「過激な階級の平準者」(Marx, 1961; Bloch & Parry, 1989) として作用するが，同時に貨幣経済に適応可能なバカ・ピグミーと，そうではないバカ・ピグミーとを差別化する．カカオ栽培におけるバカ・ピグミーの労働力の重要度の高まりは，地域内の民族集団間の関係を変えた．バカ・ピグミーは，より大きなカカオ畑のもち主にとっての自分たちの労働力の価値を自覚するようになった．現在のような労働力不足が継続する限り，バカ・ピグミーはどこでどのように働くかを自ら選ぶことができ，賃金労働を選んだ場合には雇用について雇用者と交渉する力をもつ．ハウサや新たに移住してきた商業民の畑で，より条件の良い賃金労働を経験したバカ・ピグミーは，バクウェレの畑で強制的に働かされることを望んでいない．バカ・ピグミーの人々のバクウェ

レに対する態度は大きく変わったにもかかわらず，バクウェレにはこの変化を受け入れようとする様子はみられず，依然バカ・ピグミーを自分たちの庇護下にあるべきものと考え，コントロールしようとしている．バカ・ピグミーは，バクウェレによる束縛からより自由になり，より対等な関係を築こうとしている．これらの2集団の間では相互の依存関係についての認知に食い違いが生じていて，それがしばしば具体的な対立となって現れる．一方で，バカ・ピグミーはハウサを，バクウェレとは異なる新たな「パトロン」として捉える傾向にあるが，ハウサは，バカ・ピグミーを雇用関係にある賃金労働者としてしかみておらず，契約範囲を越えてバカ・ピグミーの社会生活に深入りしようとは考えていない．

　カカオ栽培の導入を通じて，既に少数のバカ・ピグミーは，貨幣を将来への投資を可能にする資本として活用しはじめている．すなわち，現金を節約して，貯めたお金で他のバカ・ピグミーを雇うことが実践されている．同じバカ・ピグミー社会のなかで，いまだ即時利得型経済に焦点を置いた活動をおこなっているバカ・ピグミーと，多少の貯蓄をおこなってそれをもとに将来への投資をおこなう遅延型利得経済への冒険の道を歩むバカ・ピグミーとの相違は大きい．消費するか，貯めるかという貨幣に対する態度における相違は，平和的で平等主義的な社会関係を維持するうえで，将来的に問題をもたらしうる．そのような異なった価値観の人々がどうやって共存できるだろうか．現代を生きるバカ・ピグミーは，この問題に向き合ってゆかなければならない．

Essai 5

病がもたらす想像力

　何事も頭で了解するということと，わが身で思い知るということの間には大きな距離があるものだと思う．

　マラリアは，毎年数百万もの人間の命を奪う恐ろしい病だが，私にとって，この病気への何回かの罹患と回復は，モノノケの話や，バカ・ピグミーやバクウェレの友人が語る精神世界のできごとに私なりの理解と関心を示すようになった一つのきっかけである．

　この病気の発熱時や，治療投薬後に，幻想，妄想や幻聴がみられることがあることはよく知られている．2002年から2003年への年越しの夜，熱帯熱マラリアの初めての罹患時に，私はメフロキンという悪名高い薬を投薬されたこともあり，激しい幻聴と幻覚を経験することになった．それは，具体的にはどういうものかというと，重力感覚が通常の方向に一定せず，ズキズキと痛む後頭部の奥の方からタコ糸で砲丸をぶら下げられ，それがブランブランと振り回されるような重力感覚であったり，会ったことのあるようなないような男から耳元で訳のわからないことを執拗に囁かれたり，衣服を着ているのに裸でいるような感覚になったり，といった変な夢をみることであった．

　変な夢とは，たとえば，次のようなものだ．

　ドンゴ村ちかくの二次林に，私が1人であおむけに横たわっている．いつもなら，1人で森に入ることはないのに不思議なことだ．サイチョウがカラオカラオと鳴く以外に音もない．身体の下に敷かれたクズウコン科植物の下生えの葉がひんやりと涼しい．眩しい太陽の光を，パラソルツリーの特徴ある葉っぱが隠してくれている．森の外ではそよ風が吹いているのか，あるいはコロブスザルが揺すっているのか，ときどきその葉が揺らいで目がそよぐ．気もちよく目を閉じた途端に，夜になったのか周りが一面の暗闇に包まれる．何もみえないが，身体中をあらゆる方向からみられているように感じる．そ

の視線の数が，一つ，二つ，三つ，とどんどん増えていく．加速度的に増えた視線で身体が舐めつくされるような恐怖を覚えた瞬間，月光が射す．月光を浴びたパラソルツリーの葉が，あっという間に人の手へと変わってゆく．次の瞬間，その無数の手が私の身体に向かって降りてきて，感覚が異常に過敏になった私の身体に触ろうとするのである．触らないでくれ，とその感触から逃れようと身動きを試みるが金縛りにあったように動けない．

このような意味不明だが恐ろしい身体感覚を一晩味わうと，そこから逃げ出したくなってくるのだが，重力感覚が麻痺しているのだから所詮動くことはできないし，動いたところで同じ錯覚が襲ってくることを防げはしない．せいぜい数日でこのような状態からは脱したのだが，私はそれまで実感として理解のなかった感覚拡張や幻覚ということがこの世にあるのだということを学んだ．自分の感覚というものがいかにデリケートにできているものであるかを思い知った．問題なのは，このような幻聴や幻覚が初めての時はただただ恐怖だったのが，2回目3回目には，恐怖とともになんとはない懐かしさと快感めいたものを覚えるようになることである．おそらく麻薬や他のクスリの効用によって，ヒトの意識変容が起こるというのもどうやら本当らしい，これと似たような感覚なのではないかと思う．これを味わってからは，たとえばエイモス・チュツオーラの「やし酒飲み」の物語のような，アフリカの神話や民話にみられる次から次へと化け物や超常現象が現れる物語も，より具体的な実感をもってよむことができるようになった．

マラリアの症状としては，一般に発熱や嘔吐，頭痛，痙攣などが知られているが，血液中にマラリア原虫が増殖して，脳内にまで侵入するようになると（脳性マラリア），意識障害や生命の危険が生じる．マラリア原虫（*Plasmodium* spp.）は，最初は指先の毛細血管から，そしてそこから身体の中心に向かって血管を埋めていく．詰まった部分は血行が妨げられて冷たくなっていく．その部分はむろん動かない．経験者から聞き知っていた話ではあったが，実際にわが身にそれが起こり始めると，大変慌てた．いくつかある特効薬のうちどれかを飲めば治るはずだと思い込んでいると，た

まに効かないことがある．

　2004年4月に，村から50kmほど離れた森の真っただなかのキャンプ地で発熱した．4日間投薬規定どおりの治療を終えたあとに，おもむろに襲ってきた嘔吐，貧血，それに続く痙攣，当然起き上がっては居れず，テントのなかに横になるが，赤ちゃんを仰向けにしたような丸まった格好で，両手両足を胴体にひきつけ，身体全体がきしみ始める．マラリアは何回もやっていたが，これはヤバいと直感する．一緒にキャンプに残ってくれていた少年に，大きな声で漁に出ている仲間を呼び戻してくれるように頼んだ．手指，足指が冷たくなり爪が反対側の皮膚に喰い込んでくる．食い込む指が，もう誰にも引き剥がせない．それから，あれよあれよという間に冷たくなっていく部位が広がっていく．気がつくと，呼吸が荒くなっている．胃や腸など内臓にも絞られるような締めつけと痺れを感じる．友人たちを連れて戻ってきた少年は，あられもない恰好で転がっている私をみて激しく泣き出した．あとで聞くと，「こりゃアカン，死んでしまう．」と思ったのだという．友人は，「死ぬことはない，マラリアはこんなものだ．大丈夫だ．」というが，その彼の声のトーンが落ち着いてはいなかった．意識がなくなったら終わりだと思った私は，遺言をいうから書き留めてくれ，と頼んだ．日本にいる家族へのお礼と詫びの言葉，研究ノートを無事に村にもって帰ってくれ，親しい友人に伝えてほしい言葉，などを短かなフランス語で途切れ途切れに繰り返し，書きとってもらった．（これらの言葉は，私が最も近くの地方都市の病院にたどり着き，約1週間後に村に生還した時にはほぼすべての村人に知れわたっており，しばらくの間は子供らがまるで「歌のように」して囃し立ててくれたために，とても恥ずかしい思いをした．「ジャポネの遺言」はずいぶん後まで，なにかの機会にもち出され，私はアフリカで軽々しく「遺言」などは残すものではないことをまざまざと学ぶ結果となった．村人にとっては「科学研究」という名目で居候する私という人間の「凡庸さ」がこの一件でよくわかったようだ．

　自分の身体が —— 結果として一時的で終わったにせよ —— 部分的に死んでゆき，それが次第に，早い時には1分間に数cmずつ脳へ心臓へと攻

め上ってくるのがはっきりとわかるというのは，単純に恐いものだ．とくにひどい貧血で眼がみえなくなってきたりするのが心細く，「死にいたる」であろうまでの《現世》を感じられる時間がとても貴重に思われた．人間なんといっても，痛かろうと苦しかろうと，感じ，考えられるうちが華だと，そう痛感した．と同時に，その時ばかりは，それまでに眼前で，知り合いの村人が亡くなってゆくのを，なすすべもなく見守っていたときの，荒々しい呼吸がある以外に，彼はすでに眼もみえず，声をかけても反応しない —— おそらくそのような「ノイズ」は聞こえていない —— 状態で，死に至る最後の痙攣が波状的に襲ってきて，忽然と呼吸が途切れる，というような死にざまを目にしていただけに，自分も同じように看取られるのかと妙に客観的な形でも死を意識した．そのような諦念と執念の入り混じった覚悟の直後，幸いにして意識が遠くなる前に薬箱のなかに4錠だけ残っていた他の1種類の特効薬がみつかり，結果としてそれを吐き出すことなく咀嚼できたことにより，私は村まで，病院まで行き着くことに成功した．人指し指からとった血液を調べた結果，診断は熱帯熱マラリア原虫と三日熱マラリア原虫のダブル感染であり，進行状況は脳性マラリアの初期段階だった．蚊帳も蚊取り線香もない，やはり蚊だらけの病室で，私はキニーネを静脈注射してもらいながら3日間眠った．

　マラリア原虫は肉眼にはみえないが，身体のなかで，血液中に確実に殖える．顕微鏡でみせてもらった染色された血液塗抹標本には，まぎれもないそれがうつっていた．「寄生」関係などと教科書で習っても，あるいは野外で冬虫夏草をみても，なかなか身体感覚的な理解には至らないが，実際に，そのセンチュウのような形状のもの（原虫）が体内で殖え，その結果が自ら触ってわかるという体験は，みえないはずのものが感覚としてみえるようになる，という意味で新鮮なものだった．上述の如く，自らの身体が空間的な連続性をもちながら徐々に仮死していくのを感じるということは，死ということが自分の肉体にも起こりうるという当たり前のことを初めて実感として知ることになった経験だった．「ここまでは死んでいるが，ここからは生きているぞ」と，モノとしての自分の発見である．

マラリアに限らないかもしれないが，病は，しばしば人間を老化させたり，若返らせる．それが可逆的か不可逆的な変化であるかは別として．私は，2004年春の罹患の後，自分がひどく老けたように感じた．そして，日本に帰国後も少なくない人々からも別な表現ではあるが同じような指摘を受けた．私は，この病の間に，岩田慶治が素で感じているらしい伸びたり縮んだりする時空（岩田，1993）を生きたのかもしれない．マラリアはハマダラ蚊を媒介とする伝染病であり，村のような人間が密集した共同体では，誰かが発症すると，次から次へと雪崩式に罹患発症してゆく．マラリアは乾季から雨季へ，雨季から乾季への変わり目に発症しやすいようだ．発症している人は，手足や唇がぶるぶる震えていたりするので，すぐわかる．それでも，多くの成人は畑へ川へ森へと働きに出る．重力感覚が乱れてふらふらしながら，ぶるぶる震える手で，それでも丸木舟を漕いで仕事へいく．

　マラリアへの罹患経験は，熱帯雨林地域に住む者の多くがもっているものであり，独特の震えや，寒さ熱さの感覚など，神話や民話のもととなる感覚の共有部分を作るのに貢献しているのかもしれない．少なくとも，病や死というものに対する深い洞察がモノノケ的存在の認知にかかわっていることは確かだと思われる．

第6章

嗜好品が語る社会変化
―― 精霊儀礼からディスコへ ――

　アフリカ熱帯雨林における農耕民と狩猟採集民の「共生関係」について論じた先行研究では，農耕民側が贈与・交換の対象として狩猟採集民に供与するものとして，まず生存に欠かせないカロリー源である農作物，次いで鉄製品や布などの工業製品に焦点があてられてきた．嗜好品は，生態学的な生計維持に直接的に結びつくものではないため，農作物や鉄製品ほどには重要視されてこなかった．

　しかし，バカ・ピグミーは，酒やたばこをこよなく愛する．前章でみたように，カカオ栽培の地域社会への浸透にともなって，バカ・ピグミーは賃金労働や自らのカカオ畑経営によって得た現金収入によって購買力をもつようになり，嗜好品はもらうものから買うものへと変化した．本章では，バカ・ピグミーによる嗜好品利用に着目することで，バカ・ピグミーの農耕民との社会関係の変化や定住的な社会生活への適応のありかたについてみてゆこう．

I. 狩猟採集民と嗜好品

　嗜好品とは，必ずしも栄養の摂取を目的としない味や香りを楽しむ飲食物や喫煙物を指す[1]．本章では，嗜好品利用を切り口に狩猟採集民と農耕

---

1) 嗜好品の定義は様々であるが，例えば，高田公理は『広辞苑』からの引用「栄養摂取を目的とせず，香味や刺激を得るための飲食物」を記したうえで，いくつかの特質（①「通常の

民の関係を考える．嗜好品利用には，一般に正と負の両側面がある（高田，2008a）．しかし，これまで世界各地の狩猟採集社会を対象とした文化人類学的研究においては，たばこと酒については負の側面（例えば，貧困化，周縁化，排除，搾取など）が強調されることがほとんどであり，嗜好品利用のもつ両義的性格が狩猟採集社会内部や外部世界との関わりのなかで十分に論じてこられてきたとはいいがたい．

　例えば，極北地域に住むイヌイットを対象とした研究では，在来の生計経済が近代化にともなって外部経済に組み込まれていく過程で外部から導入された酒が，個人の身体や社会にしばしば不可逆的な悪影響をおよぼすものとしてとらえられてきた（岸上，2005）．タンザニアのハッザでは，「先住民観光」に参加した旅行者のもたらした現金で購入した酒の過剰摂取が暴力や殺人事件を引き起こしているという（Marlowe, 2010: 287）．アフリカ南部のサン（ブッシュマン）研究においても，飲酒にともなう暴力事件や性犯罪が問題になっているという報告（池谷，2002）がある．そうした負の側面が強調される一方で，変容する社会・経済環境のなかで先住民が生きることに希望を見出そうとする生活実践の一部として飲酒の肯定面を捉える動きもごく少数ながら見受けられる（Sylvain, 2006）．

　中部アフリカに広がる熱帯雨林地域の先住民であるピグミー系狩猟採集民についても，開発や定住化が進み，近隣農耕民との接触が増え，商品経済への統合が進んだ集団についてたばこや酒の過剰摂取がもたらす健康的，あるいは社会文化的な問題が指摘されてきた．医学雑誌『ランセット』誌の「先住民の健康」をテーマとした最近の特集では，アフリカの先住民の健康問題のなかに HIV 問題などと並んでアルコール依存症やアルコール摂取に起因する暴力が取り上げられている（Ohenjo et al., 2006）．ピグミー系狩猟採集民については，ジャクソンが，ルワンダのトゥワ・ピグミーに

飲食物」ではない＝栄養・エネルギー源としては期待しない．②「通常の薬」でもない＝病気への効果は期待しない．③生命維持に「積極的な効果」はない．④しかし「ないと寂しい感じ」がする．⑤摂取すると「精神（＝心）に良い効果」がもたらされる．⑥しばしば人と人との出会いや意思疎通を円滑にする効果を発揮する．⑦「植物素材」が使われる場合が多い．）を挙げつつ，「遊びと楽しみの要素をはらむ飲食物」と述べている（高田，2008b; 2-3.）．

ついて，酒の過剰摂取がもたらすアルコール中毒やドメスティック・バイオレンスの問題を (Jackson, 2003)，また，フロマンがカメルーンのバコラ・ピグミーについて，成人の15%以上に高血圧症がみられるとして，その推定要因として塩，たばこと酒の過剰摂取を指摘している (Froment et al., 1993; Froment, 2001).

コンゴ盆地北西部における農耕民とピグミー系狩猟採集民の経済関係は，概ね贈与を中心とした互恵的・互酬的関係から，物々交換を中心とした交換経済，さらに貨幣を介在させた現金経済へと歴史的に変化してきたといわれる (Bahuchet & Guillaume, 1982). この歴史的な民族間関係の変遷のなかで，嗜好品の社会文化的位置づけはどのように変化してきたのだろうか．

塙 (2004) が1990年代前半に調査したコンゴ共和国の農耕民ボバンダと，アカ・ピグミーの間では，貨幣を媒介とした関係はほとんどみられなかった．塙は，物々交換と贈与という2種類の取引について，それぞれ品目と頻度を調査した．両者の取引では，物々交換よりも贈与が高頻度でみられ，しかも贈与の方向性はボバンダからアカ・ピグミーへの一方的なものであった．ボバンダとアカ・ピグミーは，ボバンダからアカ・ピグミーへの「一方的な贈与」を通じてボバンダを優位，アカ・ピグミーを劣位とする「不平等な関係」を再生産している，とみることができる．ボバンダとアカ・ピグミーは，対立的な関係が卓越する定住集落と宥和的な関係が卓越する森のなかの漁撈キャンプという二つの対照的な相互交渉の場をもつが，その両方において嗜好品 (ヤシ酒，たばこ，マリファナ) が，最も高頻度にボバンダからアカ・ピグミーに贈られている品目なのである．

興味深いことに，塙が「日雇い的関係」がみられるとする焼畑伐開時には，嗜好品は贈与ではなく交換品目となって，食事供与と同様に労働サービスと交換される．塙は，不平等だが親密な擬制的親族関係を維持する両者の社会交渉のあり方として，「一方的な贈与」についての分析を加えているが，ボバンダからアカ・ピグミーへの贈与において，なぜ嗜好品が多用されるのかという点には注目していない (塙, 2004).

さらに貨幣経済化が進んだ地域では，嗜好品はどのように利用されているだろうか．カメルーン南部の農耕民ファンによる，換金作物栽培へのバカ・ピグミーの労働力利用を調査した坂梨は，カカオ畑における農作業労働の対価として農耕民から狩猟採集民に与えられる獣肉の重要性を強調する（坂梨，2009）．しかし同時に，農作業時には，ファンからバカ・ピグミーに絶え間なく食事や酒が提供され，労働者としてのバカ・ピグミーの農作業への意欲，すなわちフランス語における「モチバシオン（*motivation*）」を高めていると論じている（坂梨，2010）．坂梨の調査地では，バカ・ピグミーの農耕化は進んでおらず，ファンは農作物，獣肉，ヤシ酒，蒸留酒，商品，貨幣などの多様なものをバカ・ピグミーの労働と交換しており，貨幣による支払いが両者の関係に浸透しているとはいい難い．

　カメルーン南部と同様，第5章で見たようにカメルーン東南部でも，少なからぬ地域で換金作物としてのカカオ栽培が普及・浸透している．バカ・ピグミーが農耕民の焼畑開墾やカカオ畑の維持に必要な労働力を提供し，農耕民バクウェレは現金のほか，焼畑作物を原料とする蒸留酒や，焼畑で栽培されるたばこ，あるいはマリファナを労働報酬の一部として支給する（林，2000; Kitanishi, 2006; Oishi, 2012; 第5章）．しかし，この地域でのバクウェレとバカ・ピグミーとの関係は，パトロン＝クライアント関係という個人的な関係が希薄化している（林，2000；大石，2010）．むしろ，一見「雇用＝被雇用」というおもに現金を介した関係が目立ち始め（林，2000），さらにバクウェレに対して，酒ではなく現金による労働報酬の支払いを要求するバカ・ピグミーも増えている（Oishi, 2012）．

　市場経済が地域経済に浸透するとき，しばしば既存の物々交換や贈与交換と現金経済の併存状況がもたらされる．その場合，異なる交換原理が同じものやサービスに適用されることにより，モノの価値に不整合が見られることがある（Hamphrey, 1987; 市川，1991）．ムブティ・ピグミーとともにコンゴ民主共和国のイトゥリの森に住む農耕民ビラは，ムブティ・ピグミーの労働サービスに，貨幣で労賃を払う場合よりずっと多量のキャッサバを与える．ムブティ・ピグミーのなかには農耕民との物々交換により得

られた余剰のキャッサバを市場にもっていき現金化する者が現れた．しかし，市川がそのキャッサバの由来を尋ねたとき，そのムブティ・ピグミーは決して物々交換により得られたキャッサバであることを，認めようとしなかったという．このムブティ・ピグミーは，自らのおこないとは裏腹に物々交換と市場経済の間で交換体系が整合的であるべきだとは考えていなかったのである．市場経済が浸透しても，貨幣が価値をおしなべて測る万能の物差しとして機能しなければ，地域経済における贈与交換や物々交換は一定の自律性を保ち，「伝統的な価値観」を維持することができる（市川，1991）．

　カメルーン東南部では，バカ・ピグミーによるバカ・ピグミー自身の労働の商品化がみられるようになったという点で，坂梨の調査地のバカ・ピグミーや，アカ・ピグミーやムブティ・ピグミーについて報告されている事例とは大きく異なっている．この場合，バカ・ピグミーは貨幣経済に完全に組み込まれ，経済的自律性を失ってしまったといえるだろうか．

　バクウェレとバカ・ピグミーの関係は賃金労働に特化したわけではなく，市場経済下における単純なプランテーション経営者と労働者といった階層的な関係にはなっていない．ここで注目されるのが，農耕民とバカ・ピグミーの間では，たばこや酒などの嗜好品を介した交換が，賃金による雇用との不整合性をたもちつつも残っていることである．貨幣を媒介とした交換と，酒・たばこなどの嗜好品を媒介とした贈与交換の二つの異なる交換原理が併存し，それが両者の関係の動態に影響を及ぼしている．

　そこで本章では，カメルーン東南部における嗜好品としての酒やたばこの普及状況や飲酒慣行を踏まえつつ，(1) 狩猟採集民と農耕民双方の集団におけるたばこと酒の入手状況や製造過程，および消費の実態を記述し，(2) たばこと酒が集団間 / 内で売買・交換・譲渡・分配される社会的文脈についての分析を通じて，嗜好品としてのたばこと酒が，狩猟採集民＝農耕民関係の維持や再編にどのような役割を果たしているかを検討する．アフリカ熱帯雨林における狩猟採集民＝農耕民関係に関する先行研究において，嗜好品の位置づけはこれまで十分に分析がなされてこなかった．まず，

たばこと酒などの嗜好品としての特徴に着目する．その上で，農耕化と定住化を進めてきた狩猟採集社会にとって，たばこや酒がもつ功罪，あるいは両義性について考察をしたい．

　本章でもちいるおもな資料は，2009年2月から3月にかけての現地調査で収集した．この時期は大乾季の終盤にあたり，農作業歴ではカカオ収穫期が終わり，焼畑伐開の時期が来るまでの端境期にあたる．まず，当該社会において流通しているたばこや酒について，種類や入手方法（栽培・製造方法含む），流通・交換形態について調査をおこなった．蒸留酒については，分光分析計（アタゴ（株），エチルアルコール濃度計AL-21 a）をもちいて，体積アルコール濃度の迅速測定を実施した．

　日常生活における喫煙や飲酒に関わる行動については，焼畑やカカオ畑，集落内のバー，集会所など異なる嗜好品利用の状況下での嗜好品をめぐる社会交渉について参与観察をおこなった．

II. カメルーン東南部における嗜好品
—— たばこと酒を中心に

1. たばこの種類と嗜好

1-1. 自家栽培のたばこ

　すべてのたばこ（*Nicotiana tabacum* L., ナス科）は，ンダコ（*ndako*）と総称される．特に地元で栽培されたたばこの葉は，モンゴロ（*mongolo*）と呼ばれる．バカ・ピグミーのモンゴロの喫し方には男女間で明確な相違がある．まず，熾火で乾燥させたたばこの葉を指先で細かく粉砕する．その後，男性は，その粉を同じく熾火で乾燥させたクズウコン科植物の葉で筒状に巻き，火をつけて吸う（*bopi*）．男性の年長者は，金属製の筒と木製の火皿でできた手製のパイプ（モコンド；*mokondo*）を使用することもある（図6-1）．

　一方，女性はモンゴロの粉を焚火の灰と混ぜ，舌の裏で味わって楽しむ

第 6 章　嗜好品が語る社会変化

図 6-1　壮年男性の喫煙用パイプ（モコンド；*mokondo*）．

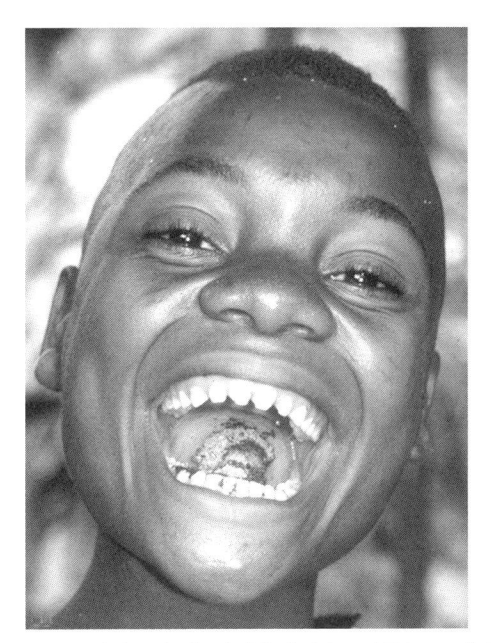

図 6-2　口のなかでたばこを味わうバカ・ピグミーの女性．

(図6-2)．噛みタバコは，バカ語でナジカン（*najikan*）と呼ばれる．このほかに，男女ともに嗅ぎたばこ（ゾング：*zong*）をすることがある．

　モンゴロは喫するまでに手間がかかるので，紙巻きのたばこは吸うがモンゴロは敬遠するという者も，女性を中心に若者世代に増えている．しかし，モンゴロを愛好するバカ・ピグミーは，その手間自体を楽しみとし，また，独特の風味に親しんでいる．

　たばこの葉は，調査地において自家消費以外でまとまった量のたばこの葉を本格的に栽培・販売する者は，バカ・ピグミー，バクウェレともにいなかった．きれいに乾燥されたたばこの葉は，都市からやってきた商業民や行商をおこなう農耕民女性によってもち込まれる．

1-2. たばこ以外の喫煙植物

　たばこの他にも，さまざまな喫煙植物が利用されている．一部のバカ・ピグミー男性，バクウェレ男性のなかには，ジャマ（*njama*）と呼ばれるマリファナを好む者がいる．陶酔作用を求めて，モンゴロを巻く際に少量の乾燥マリファナを混入する．マリファナは，バクウェレの焼畑の一角で栽培されており，労働報酬としてバカ・ピグミーに渡されるほか，量に応じて100～300FCFAで販売されることもある．ただし，依存性と酩酊作用のために，バカ・ピグミーのなかでも忌避されることがある．

　バカ・ピグミーのハンターは，狩猟にたばこは欠かせないものとして森行きの際にはかならずたばこを携帯するが，森でたばこが切れると，ボツンガ（batunga; *Polyalthia suaveolens*, バンレイシ科），バタマ（batama; 未同定），アランバ（alamba）やメシメンバ（mesimemba）と呼ばれるトウガラシ（*Capsicum annuum* L., ナス科）を代用する．バカ・ピグミーたちによれば，これらの植物の葉は，たばこの到来する以前から使われていた「ンダコの祖先」であるという．これらの植物のうち，もっとも強力なのはバタマで，喫煙した者を酩酊させ，多くの祖先が夢に出てくるという．ボツンガは，カメルーン東南部だけでなく，中央アフリカ共和国のアカ・ピグミーを含む中部アフリカの広い範囲で喫煙利用されていることが知られる

(Roulette, 2014)．次節で述べるように，工業的に生産されてもち込まれる紙タバコが流通しているにもかかわらず，強い味と香りをもつモンゴロは，バカ・ピグミーによってもっとも好まれている．

1-3. 工業製品のたばこ

地元で栽培されるたばことともに，カメルーン各地で市販されている箱入りの紙巻きたばこも利用されている．バクウェレ語で，ドロック（*dorok*）と呼ばれるが，バカ語では葉たばこと区別する固有名称はない．商品の銘柄で呼ばれるか，あるいはたばこの総称であるンダコという言葉がそのまま使われる．

都市部で購入する際には，銘柄により価格が異なるが，ドンゴ村では，20 本入り 1 箱あたり 500FCFA（約 100 円）という均一な価格で販売されている．また，1 本あたり 25FCFA（約 5 円）でばら売りされることもある．人気は高いが，外部からの商業民によるもち込みに頼ることになるため，カカオの出荷期など地域経済の活発化する時期を除き，ドンゴ村では常に手に入るとは限らない．

2. 酒の種類と嗜好

ドンゴ村では，酒はバカ・ピグミーにとっても，バクウェレにとっても日常生活に密着したものであり，男女問わず飲用する．初めてバカ語を体系的に記載したブリッソンは，酒を表す語彙として *njàmbù* をあてている（Brisson, 2010）．しかし，ドンゴ村ではこの語彙は使われておらず，近隣農耕民の言語やフランス語，あるいは酒の商品名で呼ばれている．バクウェレ語では，飲み物と酒に同じ語彙メニョク（*menyok*）が使われ，バカ・ピグミーの間でもこれが転用されている．酒は，メニョク以外に，コンゴ民主共和国，コンゴ共和国などの地域共通語であるリンガラ語で，マサンガ（*masanga*）と呼ばれたり，アイキ（*aiki*）やアラキ（*arki*）[2] などとも呼ば

---

2) *aiki* や *arki, arkina* と呼ばれる蒸留酒は，カメルーンのみならず，中部アフリカ，東アフリカ，北アフリカから西アジアまでの広い地域でみられる（重田，1989）．カメルーンでは，南部を

れる．

2-1. ヤシ酒

ヤシ酒は，バクウェレの言葉では，*menyok me leer* という．バカ語ではヤシを示すンビラ (*mbila*) の語が使われ，*ngo mbila* (＝ヤシの水，ヤシの樹液) という複合語で呼ばれる (Brisson, 2010)．熱帯アフリカでは，サバンナから熱帯雨林地域までの広い範囲でヤシ酒が飲まれている (塙・市川, 1995; 塙, 1996; 伊藤 2010)．しかし，調査地では，切らずにヤシ酒の生産ができるラフィアヤシ (*Raphia* spp.) が集落から遠方 (約 15km) の北西にある湿地帯までいかないと自生していない．したがって，ドンゴ村周辺でみられるヤシ酒は，集落放棄地や焼畑休閑林に自生する「半栽培」されたアブラヤシ (*Elaeis guineensis*) の樹液から造られることになる (塙, 1996)．

ヤシ酒の造り方は，まず幹を切り倒したアブラヤシの先端部を切り出し，幹の内側の髄に切り込みを入れる．そこに滲出してくる樹液を採取して半日ほど置くと自然発酵して酒になる．発酵が進むと甘みが減り，アルコール度数が増すが (3〜4%)，同時に酸味も強くなる．過度に発酵が進んだものはあまり好まれない．幹の大きさなどにもよるが，切り倒されたアブラヤシ 1 本からは毎日朝晩の 2 回の樹液採取で，1 日あたり合計 3L 程度のヤシ酒がとれる．幹の髄を少しずつ切り進めることで，2 週間から 1 ヵ月間ほど継続して楽しむことができる．

ヤシ酒を造る際に，樹液を受ける容器のなかに樹皮を入れておき，苦みや渋みなどの風味をつける．味つけの樹皮に使用される樹種は，造り手により多様であり，なかには強い精神的効果 (酩酊状態や躁状態など) をもたらすものもある．その効果は，飲み手の体質，体調，飲酒量によって大きく変わる．この効果が，呪術的な力によるもの (「薬」や「毒」だというように表現される) だと考えられることがある．

中心とした熱帯雨林地域では，ヤシ酒のほかキャッサバとトウモロコシの醸造物が蒸留されるが，北部を中心としたサバンナ地域では，トウジンビエなど雑穀がもちいられる地域がある (de Garine, 2001)．

農耕民やバカ・ピグミーの間では，ヤシ酒に毒を仕込まれて精神状態に影響を受けることがあるという理由で，他人の作ったヤシ酒は危険であるといった言説も聞かれた．

　例えば，首都ヤウンデ近郊出身のあるカカオ畑の持ち主Aが，近年になってカカオ畑の労働報酬としてヤシ酒をもちいだした．多くのバカ・ピグミーがそれを求めてAの畑に集まるようになり，仕事に人気が出た．農耕民たちは，そのヤシ酒には飲んだ者を虜にしてしまう特別な薬が混ぜられており，そのためにバカ・ピグミーたちが次々に惹き寄せられてしまい，自分たちの畑には働きに来なくなったのだと考えた．彼らは，ヤシ酒のもつ呪力により，自分たちのクライアントであるべきバカ・ピグミーたちの労働力がよそ者にすっかり横取りされてしまったと悔しがっていたのであるが，そのうち，彼ら自身もまた同じところにヤシ酒の味見に出かけていた．

　このように，ヤシ酒は単に美味で魅力的であるというだけでなく，造り手によっては呪術的な力をもつ飲み物としても考えられている（チュツオーラ，1970）．

2-2. 蒸留酒（現地生産）
(a) 蒸留酒と農耕民の生計活動

　蒸留酒は，調査地周辺のバカ・ピグミー，バクウェレの間では，最も頻繁に飲まれている．バクウェレ語では *menyok me du*（直訳すれば，「火の酒」を意味する）と呼ばれるが，単に酒の総称を示すメニョクとも，ンゴロンゴロ（*ngolongolo*）とも呼ばれる．蒸留酒は，コンゴ民主共和国の農耕民ンガンドゥ（Takeda, 1990），ソンゴーラ（安渓，1995），レッセ（寺嶋，1997）をはじめ，コンゴ盆地各地の農耕民社会で広く嗜まれている．

　蒸留酒の原料には澱粉源として，キャッサバ，プランテン・バナナ，カカオ果汁など様々なものをもちいるが，カメルーン東南部では，キャッサバとトウモロコシが使われる．自家製の蒸留酒であるこの酒は，特有の香ばしいかおりをもち，無色透明からやや黄色がかった色が着いている．バ

クウェレをはじめ，多くの農耕民社会では，この酒の製造と販売は女性の仕事と決まっている（寺嶋，1997）．
　蒸留酒は，後述するように農作業の際に振る舞われ，また労働報酬ともなるもので，特に蒸留酒造りが盛んになるのは，焼畑の伐開期と，換金作物であるカカオの収穫期などの農繁期である．しかし，それ以外の時期にも，ほぼ通年，村落内のいずれかの農耕民世帯で蒸留酒が造られている．蒸留酒がいつから商品化され，貨幣で売買されるようになったのかは不明であるが，現在では，金さえ払えば手に入れることができる．
　バクウェレの女性の間では蒸留開始後，最初にとれるアルコール度数の強い酒のいくらかを夫や恋人にプレゼントをする慣習がある．しかし，それ以外は，たとえ妻や恋人の造った酒であっても金を払わないと飲むことはできない．このように，酒造りは，バクウェレの女性にとって現金収入を得る数少ない方途のうちの一つである．とくに，シングル・マザーや寡婦にとって，酒造りは農作業のための労働確保のためだけでなく，自身やこどもの生活必需品の購入や学費を用意するのにかっこうの手段となっている（Kakeya & Sugiyama, 1985）．
　蒸留酒の値段は，グラス1杯（約100mL）が100FCFA，1Lで1,000FCFAと決まっている．誰の家でいつ酒ができるかはいつの間にか村落中に知れわたっており，蒸留作業の時から蒸留場所の周りで待っているバカ・ピグミーやバクウェレの男たちをみることができる．ペットボトルや大きめのプラスチック容器からグラスに注がれた酒は，決まって一気にあおるように飲まれる．

(b)　蒸留酒造りの実際
道具の準備と原料の調整・発酵
　蒸留酒造りに必須の道具は，ドラム缶を輪切りにして作った蒸留釜とアルコール分を含んだ蒸気を通す金属製の筒がセットになった蒸留装置である．ドラム缶も金属製の筒も，木材伐採会社などからの放出品を近くの地方都市から仕入れてくる．金属製の筒は屋根を葺くトタンを丸めて溶接したものなども使われているが，途中で穴があいていると蒸留の効率が悪く

なるほか冷却部で液漏れを起こす．状態の良い筒が得られるかどうかが，うまく蒸留酒を造るための重要な要素になる．筒は，酒の造り手である農耕民女性の間で貸し借りがおこなわれ，使いまわされる．

　バカ・ピグミーの女性は，農耕民女性が酒造りをおこなう際に原材料の加工や蒸留作業の手伝いをする．しかし，バカ・ピグミーの女性が，自前で蒸留酒メニョクを造ることはほとんどない．その理由としては，酒の材料調達に必要となる十分な面積のキャッサバとトウモロコシの畑をもたないこと，醸造・蒸留のための道具（ドラム缶と金属製の筒）を入手あるいは農耕民女性から借用することが容易ではないため，といったことが考えられる．また，バカ・ピグミーの女性たちは，酒造りは農耕民の役割であり，自分たちが率先しておこなうような仕事ではないと考えているようにも見受けられる．

　酒造りの原料にはキャッサバとトウモロコシをもちいるが，キャッサバはアルコール発酵の基質となる澱粉として，トウモロコシは，種子を途中まで発芽，乾燥させたものを発酵のスターター酵素としてもちいる．

　熱帯アフリカでは，有毒種と無毒種の2種類のキャッサバが栽培されているが，酒造りにはよりたくさん作つけされている有毒種がもちいられる．有毒種には青酸成分が含まれているため，生の根茎をもちいる場合には毒抜きが必要となる．根茎の皮を剥いて止水に漬け，3日間程度かけて十分に発酵・毒抜きさせた後に，いったん天日乾燥させた後に杵で搗いて粉々にする．経済的余裕があれば，すでに毒抜きと乾燥を経て天日乾燥されたキャッサバ粉を購入してもちいることもある．

　キャッサバの毒抜きをする一方で，トウモロコシの乾燥種子は水につけて発芽させたものを再度乾燥させ，杵で搗いて粉状にする．天日干ししたキャッサバと水をドラム缶の釜に入れて煮た後に適温になったところに上述の発芽トウモロコシ粉を加えて，一昼夜から二昼夜寝かせる．発酵を促すため，砂糖を加えることもある．発酵させる時間が短いと，十分なアルコール分が生成しない．しかし，寝かせすぎると発酵が進み過ぎてしまう．したがって，どのタイミングでドラム缶の釜を火にかけて蒸留を始め

図6-3 蒸気に含まれるアルコールが金属製の筒を通り，水桶のなかでに冷やされて滴り落ちる．

るかが造り手の腕のみせどころとなる．

蒸留と混合

蒸留作業は，薪を十分用意して，3時間から半日程度かけておこなわれる（図6-3）．頻繁に酒造りをするバクウェレ女性のなかには，キャッサバ畑の近くに蒸留のための小屋を準備する者もいる．いったん蒸留を開始すると，その場から離れることはできない．蒸留作業は必要に応じて，子どもやバカ・ピグミー女性などの助力を得ながら続けられる．作業の間は，長時間にわたり蒸し暑い環境に耐えなければならない．蒸留の火加減も重要で，強くしすぎると沸騰して余分な水分が混入してしまうため，中火からやや弱火で慎重に加熱する．

蒸気が出始めたら，筒の部分に水をかけて冷却し，アルコール分の回収率が良くなるようにする．液化したアルコール分の高い水を筒の出口から滴らせ，それをビールやウイスキーの空き瓶，あるいはペットボトルにとる．

ドラム缶1本の蒸留で，おおよそ5〜12本程度の酒がとれる．最初の1本はアルコール分が強く，最後になればなるほど水っぽくなってゆく．ボ

第6章 嗜好品が語る社会変化

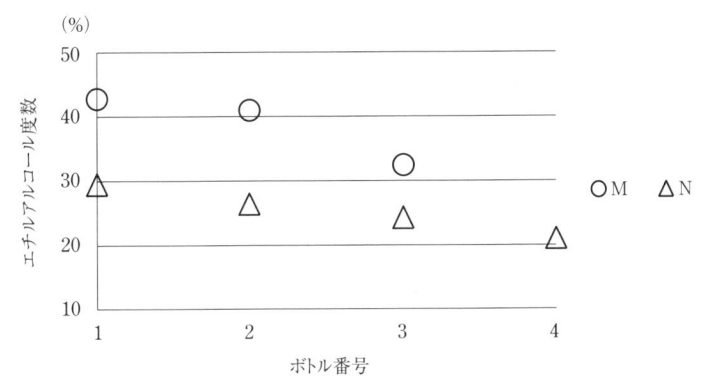

図6-4 2人のメニョクの造り手（MとN）による蒸留ボトルの順番とエチルアルコール度数．未婚女性Mと既婚女性Nが蒸留作業をおこなった際に協力を依頼し，蒸留がおこなわれた順番に各ボトルから数mLずつ試料を採取し，エチルアルコール濃度の迅速測定をおこなった．

トルごとに，エチルアルコール度数を実測したところ，1本目は30〜45度だったが，2本目以降は単調に減少してゆく（図6-4）．1本目のボトルは，造り手の配偶者や恋人にプレゼントされることがある．何本とったところで蒸留作業をやめるかは，最終的にどれくらいの強さの酒をどれだけ造るのか，造り手の考え方による．蒸留が終わると，すべての瓶にとった酒を混ぜて均等なものにする（図6-5）．1本目から3本目くらいまでの混合割合を高めて，1.5倍から2倍の価格（1,500〜2,000FCFA/L）で販売する場合もある．蒸留後に混合されたメニョクを採取し（15試料），それぞれのエチルアルコール濃度を計測したところ，度数は，16%から33.2%で，平均すると22.6%であった（SD＝5.9）．

2-3. 工業酒製品 —— ビール，ウイスキー，ワイン

(a) 価格と嗜好

ビール，ウイスキー，ワインは工業製品であり，商業民から現金を介して購入される．ビールはカメルーンを含めた中部アフリカ諸国で国民酒といえるもので，どの地方でも数種類の銘柄を揃える．首都圏では瓶1本

図6-5 蒸留が済んだ酒をブレンドする
バクウェレの女性.

(650mL) あたり400～500FCFA程度で購入できるが，調査地のように首都から陸路で3日以上もかかる遠方では，運搬にコストがかかることもあり割高となる．

　ウイスキーは瓶でも稀にみかけるが，広く流通しているものは40～50mLを個々に小袋詰めしたサッシェウイスキー (*sache whisky*) とフランス語で呼ばれる国産ないしナイジェリアなど西アフリカの製品である（図6-6）．この小袋詰めのウイスキーは，都市部では1袋100FCFA程度で購入することが可能であるが，調査地周辺では200～300FCFAで販売されている．アルコール度数が40～50度前後と大変強く，人気がある．しかし，わずかしか分量がないので，共飲できる人数は多くても2～3人に限られる．

　ワインは瓶詰めのものが流通することはほとんどない．みかけるものは1Lの紙パックに入ったものである．これらの大衆ワインはスペイン産が

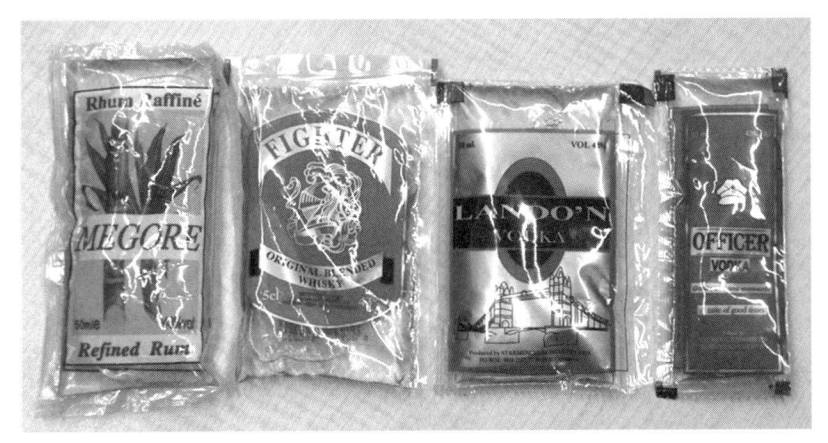

図 6-6 さまざまな種類の袋詰めウイスキー（sache whisky）.

大半を占め，調査地では 2,000 FCFA 程度で販売されている．女性を中心に赤の甘口が好まれている．ビールや小袋入りのウイスキーに比べると，ワインの流通量は少ない．

ビールとウイスキーは，換金作物であるカカオの収穫販売期の現金収入がある時期（ドンゴ村周辺では主に雨期後半の 11 月から 1 月までの時期）や賃金労働に恵まれた際に，集中的に販売され，購入され，消費される．これらは，「高級」な飲み物であり，その消費は儀礼的な意味合いをもつ．

農耕民の世帯主は，姻族や客人，都市から役人の訪問があった際には，借金をしてでもビールやワイン，ウイスキーを「調達し」ようとする．容量 1L 以下のボトルに入ったウイスキーは，近くの都市で 1 瓶 8,000 FCFA 以上もする高価なものだが，バクウェレ社会では，喪明けの儀礼など大きな儀礼の際に用意される．「白人の飲み物[3]」と呼ばれるビールやウイスキーが卓に並ぶことは，ぜいたくとされる．

(b) 急激な工業酒製品の普及と浸透

2000 年以降，調査地では換金作物であるカカオ栽培の浸透と価格の高

---

3) バクウェレ語で，「白人の（-teele）」という形容がなされるものには，例えば，船外機（「白人の櫂」）などがある．

騰に伴い，都市から移住したバミレケやバムンなどの商業民を中心に，定住集落内で日中から酒を飲ませるバーを開く者が増加した．バーの店主は，午後早い時間帯から深夜まで，大音量の流行歌（カメルーンの都市部で盛んなマコッサや，隣国コンゴのリンガラ・ポップスなどのポピュラー・ミュージック）を大音量で流しながら，地酒であるメニョクはもちろん，ビールやウイスキーなどを売る．

　バーを開く商業民には女性も含まれるが，自ら酒を造ることはせず，近隣の都市から大量のメニョクを安価（1L あたり 300～500FCFA 程度）で仕入れ，村では村で醸造されたメニョクと同じ価格で販売することによって利ざやを稼いでいる．こうして，小袋入りのウイスキーや紙巻きたばこなど，バカ・ピグミーの，特に男性を強く惹きつける嗜好品がいつでも購入できるような状況が作られている．

　これらのバーは，定住集落におけるバカ・ピグミーの社会生活に大きな影響をもたらしている．ドンゴ村内のモカカサ集落を例にとってみよう．2004 年には，集落中央の広場の中心にンバンジョ（*mbanjo*）と呼ばれる集会所があった．ンバンジョは，集落の全員に開かれたスペースで，男たちが狩りの獲物を分けたり，おしゃべりをしたり，楽器を奏でたり，重要な事柄について話し合いをする場所である．2011 年には，そのンバンジョが跡形もなく消えてしまい，代わりに人々はバーに集まるようになっていた．

　バーでは，バカ・ピグミーが主に集まるンバンジョとは異なって，農耕民，商業民，すべてが客として混ざり合う．いくつものバーが作られたモカカサ集落の変化はとりわけ激しかったが，他のバカ・ピグミーの集落，たとえばンバコ，リンビラや徒歩で 30 分以上かかるブダといった集落からもモカカサ周辺のバーに人が集まるようになり，その結果として他の集落からもンバンジョは消えていった．

第 6 章　嗜好品が語る社会変化

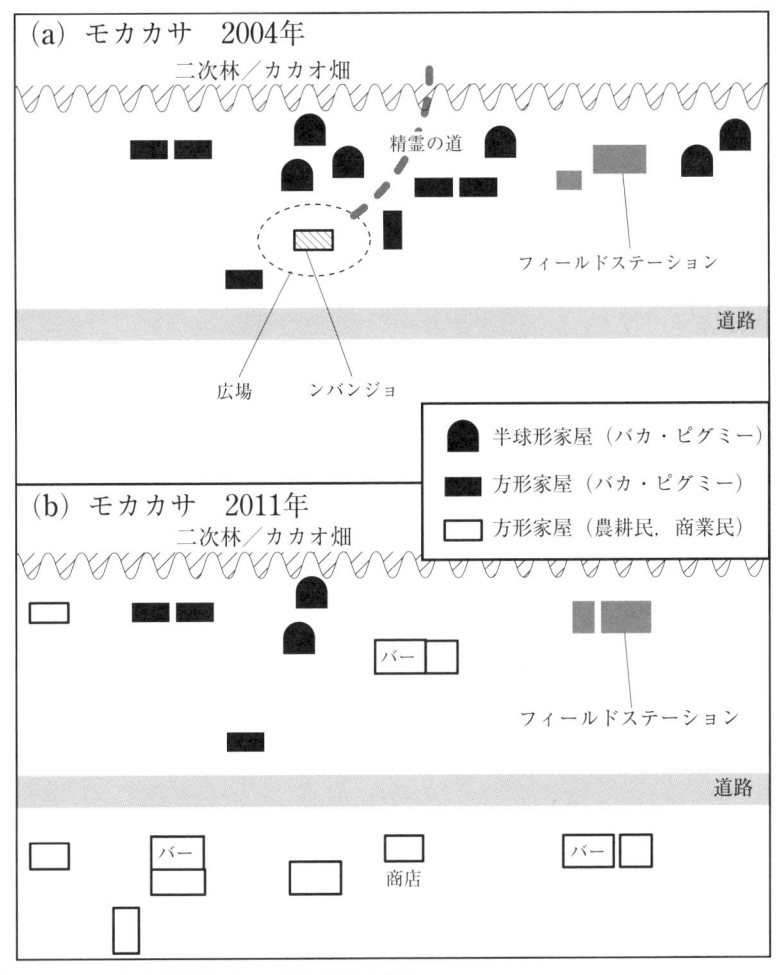

図 6-7　モカサ集落における空間利用の変化.
　2004 年 (a) には，中心部に集会所 (ンバンジョ) と広場 (ティンド) があり，後背する二次林からのびる精霊の道があったが，2011 年 (b) にはそれらはなくなり，代わりにバーや農耕民と商業民の家が増えた.

III. 日常生活の一部としての喫煙と飲酒

1. バカ・ピグミーの日常生活における喫煙と飲酒

　バカ・ピグミーの社会では，喫煙と飲酒の利用は異なるものとして捉えられている．喫煙は，文化的なアイデンティティと連なるものであるが，飲酒はそうではない．たばこは森のキャンプに積極的に持ち込まれるが，酒がもち込まれることはほとんどなく，利用は定住集落に限られている．たばこは狩猟にはなくてはならないと考えるハンターも多い．例えば，ある壮年のバカ・ピグミーの男性は，10年以上にわたって咳を患っていた．多くの人々が彼にたばこを止めるように勧めたが，頑として聞かなかった．彼は，自分がハンターである限り，たばこを止めることはないといい切った．

　バカ・ピグミーの間では，一本のたばこを周りにいるもの同士で，分け合って吸うことも珍しくない．たばこの分配相手は，バカ・ピグミーに限られない．私のような調査者がバカ・ピグミーの集落を訪れると，挨拶がわりに，"*to phe ndako.*"（「たばこをくれ.」）と語りかけられ，ねだられる．逆に，たばこをまわし呑みする場にたまたま居合わせた私に，たばこが回ってくることもよくある．筆者は，ふだん日本でたばこを吸うことはほとんどないが，カメルーンの森でのまわし呑みの一服はこの上なくおいしい．まだたばこを吸えないバカ・ピグミーの男児が，年長者の喫煙のしぐさの真似をする光景はよくみられる（図6-8）．これらの断片的な観察からは，バカ・ピグミーが喫煙をポジティブなものとして捉えており，日常生活に深く埋め込まれていることが伺える．

　他方で酒は，バカ・ピグミーにとって村の飲み物だと考えられている．バクウェレも，森に漁撈や狩猟に赴く際に村から蒸留酒をもっていくことはまずないが，滞在先の漁撈キャンプで，ヤシ酒を造って愉しむことはみられる（大石，2010）．すでに述べたように，調査地においてバカ・ピグミー

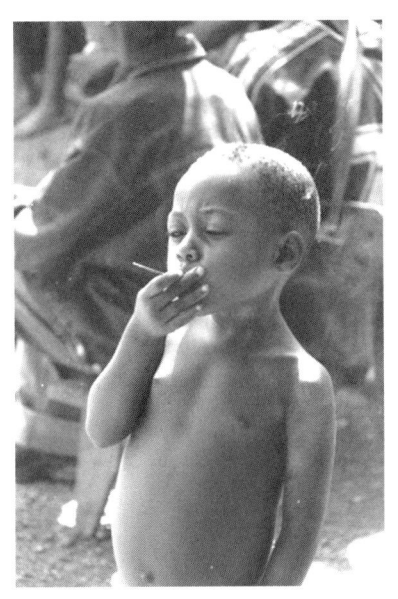

図6-8 火のついた木の棒を使って,喫煙の真似をするバカ・ピグミーの子供.

の男性は稀にしかヤシ酒を造らず,バカ・ピグミーの女性は蒸留酒を造らない.したがって,バカ・ピグミーは農耕民あるいは商業民から酒を手に入れることになる.ドンゴ村で造られる酒は,地域内で商品として現金を介しても取り引きされる.また,たばこや酒が労働代価として現物支給的に,労働雇用主(=酒の造り手)から使用人(=飲み手)に渡されることがある.

とくに,酒を労働代価とした農耕民とバカ・ピグミーの関係は,焼畑の伐開作業や農作物の植えつけ時や,カカオの収穫で人手を多く必要とする時期に活発化する.これは,労働報酬の一部に酒が含まれるほか,仕事に対するモチベーションを高めるために作業の合間に酒が振る舞われるためである(坂梨,2010).

近年では,農耕民とバカ・ピグミーの間だけではなく,バカ・ピグミー

どうしても労働の報酬として購入した酒やたばこ，マリファナを振る舞うことがみられるようになっている（第5章）．

　林と大石は，バカ・ピグミーの成人男女（6組の夫婦，合計12名）を対象に，2009年2月16日から25日までの連続10日間の個体追跡調査と聞き取りから得られた飲酒の量と頻度を推定した[4]（表6-1，林・大石，2012; Oishi & Hayashi, 2014）．一部は個体追跡により，正確な飲酒頻度を記録したが，多くは自己申告による記録である．

　10日間の記録のうち，飲酒日が6日であったのが4名（男3：女1）で，2〜4日であったのが5名（男2：女3），まったく飲まなかったのは3名（男1：女2）であった．まったく飲まなかった3名は，もともとアルコール耐性がないという者を含めて，飲酒の習慣がないとのことであった．他方で，6日の飲酒を数えた対象者のなかで，とくにM1の男性は1日のうちでグラス5杯以上を飲み，度数が強いウイスキーの飲酒を含む4日（4回）は，かなり酩酊した状態になった．

　蒸留酒に限定し，飲酒をおこなう者の飲酒量を計算すると，男性は毎日0.5回以上の頻度で，10日あたり1.6（0.9〜2.8）Lを消費しており，女性は毎日0.3回以上の頻度で，0.8（0.4〜2）Lを消費していることになる．個体追跡調査がおこなわれた2009年の2月中旬から下旬は，すでにカカオの販売時期から1ヵ月近く経過しており，また焼畑の伐開時期には少し早い時期であり，蒸留酒の消費が特別多くなる時期ではない．それにもかかわらず，バカ・ピグミーは，日常生活のなかで比較的頻繁にかなりの量の酒を飲んでいることから，調査地のバカ・ピグミーにとって，飲酒習慣は日常化しているといえるだろう．

　では，バカ・ピグミーの日常生活における飲酒はどのようにおこなわれているのだろうか．以下に，林と大石の共著論文（林・大石，2012）のなかから，飲酒行動とその文脈について直接観察事例をいくつか紹介してみたい．いずれも，日中に観察した飲酒の様子であった．

---

[4]　1日当たりの飲酒量をメニョクのグラス杯（約100mL）数を単位に記載した．

表 6-1　バカ・ピグミーの個体追跡にみる，飲酒の状況

個人番号 推定年齢	M1 30～35	M2 40～45	M3 50～55	M4 20～25	M5 20～25	M6 45～50	F1 30～35	F2 35～40	F3 50～55	F4 20～25	F5 20～25	F6 45～50
1日目	0	0	0	0	0	0	0	0	0	0	0	0
2日目	5	4	3	0	3	3	2	5	0	0	0	0
3日目	0	0	0	0	2	0	0	0	0	0	0	0
4日目	0	4	1	0	0	0	0	3	0	0	0	0
5日目	5	5	2	0	2	0	3.05w	3.5	1	0	0	0
6日目	2w	0	0	0	0	0	0	0	3p	1	0	0
7日目	10	3	3	0	0	4	0	3	5p	0	0	0
8日目	2	2	1	0	0	2	0	2	0	0	0	0
9日目	4w	0	1	0	3	0	0	0	0	3p	0	0
10日目	0	3	0	0	0	0	0	3	0	0	0	0
飲酒した日	6	6	6	0	4	3	2	6	3	2	0	0
メニョク (L)	2.2	2.1	1.1	0	1	0.9	0.5	1.95	0.1	0.1	0	0
ウイスキー (L)	0.3	0	0	0	0	0	0.025	0	0	0	0	0
ヤシ酒 (L)	0	0	0	0	0	0	0	0	0.8	0.3	0	0

2009年2月16～25日の10日間に，6夫婦12名を対象とした．飲酒量は，グラス数を表示している．表中，特に表記のない数字は蒸留酒メニョクの杯数（1杯＝100mL）を表している．wとpはそれぞれ袋入りウイスキーとヤシ酒（1杯＝100mL）の消費を示す．（出所：Oishi & Hayashi, 2014）

事例1　壮年女性（F3）による早朝のひとり酒（2009年2月20日）

　早朝の6時15分．夫（M3）が室内から持ち出した少量の酒（メニョク）をグラスに半分ほど飲む．家の裏に火を熾したばかりで，のんびりと座っていたところであった．その後，6時30分過ぎに，朝食の準備中，さらに一口の酒を飲む．（出所：林・大石，2012: p.37）

　バカ・ピグミーは，集団で酒を飲むことが多い．しかし，この事例では，ひとりで飲酒がおこなわれている．早朝の起床間もない時間帯のことだが，朝だろうが日中だろうが，酒を飲むことについては特に制約を設けない，あるいは無頓着な様子が窺える．あるいは，量の多少にかかわらず，飲酒については望むときにはいつでも好きなときに飲むことが許されるのであろう．いずれにせよ，飲酒がさして珍しいことではなく，日常化していることを示しているといえよう．

事例 2　壮年男性 M3 の家庭内暴力をめぐるバカ・ピグミーたちの話し合い (2009 年 2 月 19 日)
　朝の 8 時過ぎにバカ・ピグミーによる小さな会合が集落の一角でおこなわれた．壮年の男性 5 名のほか，合計 10 名が参加した．議題は，飲酒によりたびたび家庭内暴力事件を起こす男性 W の行動についてであった．会合が始まって 10 分ほどのち，話題の当事者である W が準備した酒 (メニョク) が参加者に振る舞われた．M3 もグラスに注がれた酒を 1 杯，一気に飲み干す．事件についての証言が数名から発せられたのち，年長者から W への忠告があった．会合はおよそ 45 分後に散会となった．(出所：林・大石，2012: p.37)

　この事例が示すように，飲酒が原因となり，口論はおろか暴力事件に発展することは決して珍しいことではない．時には，刃渡り 50cm ほどの農作業用に使われる山刀や，薪用の大きな木片を手にして相手に暴力をふるうこともあり，大怪我を負わせることすらある．酒が原因の事件で，その会合でも酒が振る舞われるというのには違和感を覚えるが，何よりバカ・ピグミーの人びとが酒好きであり，人が集うところでは酒が酌み交わされるということを表しているエピソードであろう．

事例 3　夫婦 (男性 M1 と女性 F1) 間の飲酒に関連した騒動 (2009 年 2 月 20 日)
　午後 1 時 40 分頃，F の行動観察時に 5 名の酔っぱらった男女がやってくる．F3 は，家の裏にて座りながら昼食の支度をしていた．酔っぱらった 5 名は，普段寡黙な人物も含めて雄弁におしゃべりをしている．昼食をはさみ，1 時間ほど経過した頃，F1 が飲みかけのウイスキー袋を F3 に手渡す (※残りは一口分ほど)．F3 は夕食の素材となる，瓜の種子割り作業を黙々と続ける．途中，F3 はウイスキーをコップに注ぎ，ゆっくりと飲み干した．
　午後 3 時 30 分を過ぎて，酔った状態が続く M1 と F1 の夫婦が口論を始める．別の集落に住む女性との浮気疑惑が切っ掛けのようだ．F3 のほか，周辺を巻き込んでの掴み合いの騒動になったが，その後，農耕民女性の仲介者が訪れたのち，午後 5 時を過ぎたころにようやく収まる．(出所：林・大石，2012: pp.37-38)

エピソードの前半部分は，事例 1 同様に，飲酒のタイミングが様々であることを示している．後半は，飲酒後の果てに起こりうる典型的ともいえるトラブルの顛末である．飲酒時の夫婦間でのトラブルの原因としては，この事例にみられるような浮気疑惑のほか，夫による現金の使いこみが頻繁に聞かれた．

M1 が酒に酔ってトラブルを起こすのは半ば常習化している．木村大治は，ドンゴ村でバカ・ピグミーたちの日常会話の採集をおこない，転記・翻訳をおこなう作業を続けている．そのなかで，バカ・ピグミーの日常会話の例として，酒に酔ったバカ・ピグミーの男性 DED（= M1）が「酒に酔ってひどいこと」をしたために，「妻子が実家に帰ってしまった」ことについての会話を紹介している（木村，2010）．木村は，バカ・ピグミーの間で交わされる対人関係の話題について，人々は「しばしば辛辣だが，彼らはそれをいかにも楽しげに，ときには興奮して話す」と述べている．このように酒を飲んだためにもたらされた出来事は，その場限りでは終わらず，今度は他のバカ・ピグミーたちのおしゃべりのかっこうの題材となり，人々の間で共有される．

2. 酒と労働をめぐるバクウェレとバカ・ピグミーの駆け引き

バクウェレの経済において酒は，焼畑の伐開や畑の草刈りなどを自分の畑についておこなう際の，バカ・ピグミーとの労働交換において欠かせない役割を担っている．農耕に関する労働報酬として，おおよそ半日分の労働に現金であればひとりあたり 500FCFA 払わなければならない．これをグラス 5 杯分の自家製蒸留酒で代用することができることになっている．しかし，1 日の畑での労働のなかでも，実際にグラス 5 杯分が単位時間あたり正確に配られることは稀であり，バカ・ピグミーたちは畑での作業中にも酒を要求する．

酒が駆け引きの道具になる理由には，農耕民により生産される蒸留酒の特徴，すなわち交換の場に応じて現金を介しても交換されるし，労働やモノとも物々交換されるという点によるところが大きい．農耕民にとって

は，作業を早く終わらせるための動機づけのためには，タイミングよく，程よい強さの酒を振る舞うことが必要になる．酒が振る舞われなければバカ・ピグミーたちは帰ってしまうか，より条件よく酒が得られる家を選ぶようになってしまうだろう．一方で，振る舞いすぎると，バカ・ピグミーたちは酩酊してしまい仕事の効率が落ちるだけでなく，酒がいくらあっても足りなくなる．バカ・ピグミーは，いつ，どの世帯のどの女性が酒を造るか，良く心得ているだけでなく，それが「良い」酒かどうかについて緊密に情報交換して，翌日どの家の畑を手伝いにいくか判断している．焼畑をめぐる労働と酒の交換は，バクウェレとバカ・ピグミーの間の駆け引きであると同時に，バクウェレ世帯間のバカ・ピグミーの労働力をめぐる駆け引きにほかならない．

農作業の最中や後にもバカ・ピグミーとバクウェレが酒を共飲することがあるし，農作業とは関係なく両者が盃を汲み交わすこともしばしばみられる．主として，メニョクをバクウェレが「馴染み」であったり，「兄弟」関係にあるバカ・ピグミーにおごるのである．しかし，しばしば，バクウェレに酒の共飲に誘われたバカ・ピグミーはそれを断ることがあった．調査地では，バクウェレに贈与されるよりも，自分で稼いだおカネで酒を購入して飲むことを好むバカ・ピグミーが増えている．このような，「杯を受けない」という態度表明は，バカ・ピグミーなりの農耕民に対する対等意識や独立心の表明ではないかと考えられる．

3. 飲酒の社会的文脈の変化 —— 精霊儀礼とバー

先行研究をみる限り，バカ・ピグミーの儀礼の場では，もともと酒が飲まれる機会はなかったか，非常に限定されていたと考えられる（都留，1996，2002；分藤，2001，2007）．したがって，周辺農耕民と物々交換経済を通じた親密な社会関係を築くなかで，バカ・ピグミーの儀礼実践にも飲酒の慣習が徐々に広まっていったものと推測される．

調査地において，もともと酒は限定された場面において飲まれるものであった．少なくとも，調査を開始した2002年当時はそのように見受けら

れた．しかし，現在では，冠婚葬祭に関わるような時には，儀礼の主催者は参加者をもてなすためにも大量の食料（農作物と獣肉）と併せて，酒を用意することが求められるようになった．

歌と踊りを中心とするバカ・ピグミーの儀礼「べ (be)」では，歌い手である女性たちと踊り手である男性が相互に興奮状態をもたらす相互作用を及ぼし合う（都留, 1996, 2001, 2010）．そのような相互作用によって儀礼を盛り上げていくことを，バカ・ピグミーたちはしばしば「べを熱くする」といった表現で語る（都留, 2001: 65）．これを踏まえると，ドンゴ村のバカ・ピグミーたちが，「べを熱くする」手段として，酒をもちい始めたということは想像に難くない．

一方，バクウェレなど農耕民の慣習である男性の割礼儀礼ベカ (beka) や精霊儀礼の枠組みでは，酒は精霊に捧げる贈与物の一つであり，人間と精霊が酒を共飲するなど，酒の存在は重要である（例えば，Kolelas, 2007 など）．こういった農耕民の儀礼実践における酒の利用が転用されたためか，本研究をおこなったドンゴ村では，その場の雰囲気を高揚させるために，酒やたばこが儀礼にもちいられ，その存在はしだいに重要なものになってきているのである．バカ・ピグミーの精霊儀礼における仮面使用の農耕民社会からの転用について検討をおこなった分藤は，バカ・ピグミーが農耕民由来の儀礼文化装置としての仮面をそのまま受容しているわけではなく，「仮面は，『べ』（歌と踊り）の『演出』方法として『べ』をよりダイナミックな社会的相互行為にしている」のだと述べている（分藤, 2007）．

飲酒についても，当初は『べ』を盛り上げるための小道具として酒がもち込まれたのではないかと考えられる．しかし，現在ではしだいに飲酒そのものが儀礼をおこなうインセンティブの一部になり，ある程度の酒が用意できなければ歌い手が集まらず，『べ』が始まらない，という本末転倒な様相をすら呈するようになってしまっている．そういった儀礼の場では，参加した人数に見合った十分な量はもちろん，酒を参加者に提供するタイミングが重要になる．単に量が多すぎるだけでは，たちの悪い酔っぱらいが暴れ出したり，参加者の間でケンカが始まって儀礼の場の面白みや

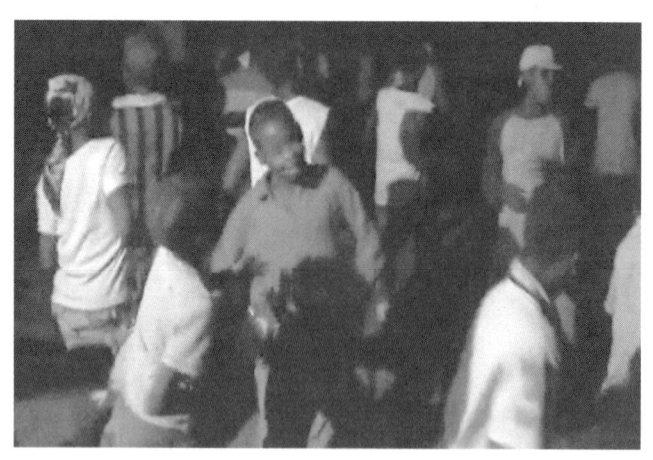

図6-9 ディスコでダンスを楽しむ若者たち.

盛り上がりをすっかり台無しにしてしまうことになる.

　今日では，賃金労働などで現金収入を得たバカ・ピグミーの若者たちが，精霊儀礼の場ではなくバーにいくことを選ぶことが多くなっている．バーでは，よりさまざまな嗜好品が売られている．彼らのなかには，自分たちでガソリンを購入し，近所の農耕民や商業民から発電機を借りてディスコを開く者もいる (図6-9). 彼らは，積極的に新しいタイプのレクリエーションをとり入れて，経済的な自立を周囲に示しつつ，社会的な連帯を強める機会としている．

IV. 精霊の踊りからディスコへ
—— 日常的な嗜好品利用の変化

1. 狩猟採集民＝農耕民関係における嗜好品

　バカ・ピグミーの多くは酒好きである．一般に，余剰な炭水化物を必要とする酒造りは農耕起源と結びつけて議論され，狩猟採集民が自ら酒を造

る事例は，ほとんど知られていない．バカ・ピグミーたちがいつから酒を飲むようになったのかはわからないが，イヌイットにおける飲酒のように，全く酒を知らない人々の間に，わずかたかだか数十年の間に広まった習慣（岸上，2005）というわけではない．

　酒好きなピグミーは，バカ・ピグミーだけではない．ムブティ・ピグミーについて最初にまとまった民族誌を書いたコリン・ターンブルは，ムブティ・ピグミーの世界観にとって，森の世界と村の世界は対照的な位置づけにあるとした．そこでは，酒は村（農耕民ビラ）の産物であり，農耕民がムブティ・ピグミーを誘惑する大きな要素の一つとして位置づけられている（ターンブル，1976）．

　バクウェレは，自給作物生産のための焼畑の伐開や，換金作物生産のためのカカオ畑の維持をバカ・ピグミーの労働力に大きく依存してきた（林，2000; Oishi 2012）．

　したがって，バカ・ピグミーが農耕を本格的に始めるようになったごく最近までは，例えば塙がボバンダとアカ・ピグミーの物々交換関係について示したように（塙，2004），バクウェレはバカ・ピグミーの労働力提供に対して，酒だけではなく，農作物を含む多様な物品やサービスを与えることにより物々交換的な経済的相互依存関係を維持してきたと推測される．

　しかし，バカ・ピグミーが農耕化に一定程度成功し，農作物の自給が可能になってくると，バカ・ピグミーにとっては，労働力提供との交換対象ないし労働報酬として積極的に農作物を受けとる生態学的な必要性は減少する（Kitanishi, 2003; Oishi, 2012）．結果として，それ以外のモノ，つまりバカ・ピグミーにとって価値が失われていない酒やたばこなどの嗜好品が両者の交換において重要性を増したと考えられる．つまり，農耕民からピグミー社会への酒の流れの増加は，農耕民とピグミーの間の相互依存の度合いが高まったためではなく，労働報酬にまつわる両者の関係性の変化を意味していると考えられる．

　バカ・ピグミーは，定住化の結果，農耕民のごく近傍に住んだり，混住することさえみられるようになった．このような条件下にあっては，バカ・

ピグミー自身は酒造りをおこなわず，定住集落から離れた森のキャンプにおける滞在時間が多かった時代と異なり，森のなかの狩猟採集キャンプに滞在する時以外は，常時飲酒が可能な条件が整えられたといってよい．伐採会社の操業や，換金作物栽培の普及によって，現金の流通が本格化し，商業民による地域経済への介入の程度が増してゆくなかで，農耕民の造る酒がある段階で商品化された．バカ・ピグミーたちは，従来の贈与交換，ないし物々交換によるだけではなく，賃金労働により得た貨幣の購買力をもちいて，自らの意思で好きな時に好きなだけ酒を購入することができるようになったのである．このように，農耕・定住化とともに，貨幣経済の急速な浸透による社会経済的な諸変化と連動する形で，バカ・ピグミーは日常的な飲酒習慣を形成するに至ったのである．

農耕民から狩猟採集民への嗜好品の「贈与」は，不平等イデオロギーの再生産の装置のひとつだった．酒はそこで，狩猟採集民には作り出せない「嗜好品」としての重要な役割を果たしていた．本章における報告事例は，その不平等な関係の再生産の仕組みが貨幣経済化と拮抗しつつ変化してきている状況を示しているものと位置づけられる．

2. 嗜好品がつなぐ地域経済と市場経済

ドンゴ村では，換金作物栽培の浸透により，バカ・ピグミーの労働の商品化が進んだ．バカ・ピグミーの労働は，現金を払えば，バカ・ピグミー自身を含む誰によってでも利用することができるようになった．

しかし，バカ・ピグミーの労働は，同時に酒や様々な商品とも交換される．これらの交換の間の価値のやりとりについては，一応，1日あたり500～1,000FCFAといった貨幣価値を基準に一定の共通レートが定められている．しかし，その実態は表面的なもので，実際のところはバカ・ピグミーの労働と交換される酒や商品の質や量は，農耕民とバカ・ピグミー，あるいは商業民とバカ・ピグミーの関係に応じて大きく異なっている．

これは，農耕民により生産される蒸留酒の有する特徴，すなわち交換の場に応じて現金を介しても交換されるし，労働やモノとも物々交換される

という点によるところが大きい．労働は商品化されたが，農耕民と狩猟採集民の間では，嗜好品のやりとりを通じて，贈与交換による一般的互酬性の論理が残される余地がかろうじて残されている．

　蒸留酒は農耕民女性が造り，農耕民世帯の貴重な現金収入源となっている．バカ・ピグミーの労働力をめぐって，大規模なカカオ畑を経営する商業民と農耕民は潜在的な競争関係にある．しかし，バカ・ピグミーが資金力豊富な商業民のプランテーションで賃金労働をおこない，その賃金で蒸留酒を頻繁に購入することで，農耕民は商業民によるバカ・ピグミーの雇用から間接的に裨益することができる．

　多くのバカ・ピグミーは，現金の獲得そのものよりも，獲得した現金を使って酒を購入し，愉しむことに価値を見出している．このような，バカ・ピグミーのもつ嗜好品への強い欲求が，カカオ栽培による大きなインパクトを受けた地域経済のなかで，バカ・ピグミーを市場経済のなかに統合する大きな要因となっているのである．

3. たばこと酒の両義性

　換金作物栽培の浸透にともない，カカオ畑経営や，賃金労働に適応できるバカ・ピグミーとしにくいバカ・ピグミーの間で現金収入の不平等が生まれつつある．定住集落においては，狩猟採集キャンプに比べて食物分配は限定的であり（Kitanishi, 2000），現金の分配はごく身うちでしかおこなわれず，現金の多くは獲得された直後に遅滞なくアルコールや商品購入に消費され，現金を蓄積できる者は限られている（第5章）．

　しかし，定住集落において，現金とは異なり酒の分配はコミュニティの多くの成員に開かれ，活発に分配がおこなわれている（Kitanishi, 2006）．現金が得られたとき，酒を購入して居合わせた人々に分配することにおいて，バカ・ピグミーはカネに糸目をつけず，惜しみなくカネをつぎ込んで分配し合っているようにみえる．少なくとも，酒の分配と共飲は，共同体としての統合を実感しあう時間になっているかにみえる．

　一方で飲酒の機会は日常化し，かつては酒がもち込まれることはなかっ

た伝統的な精霊儀礼においても，酒がもちいられるようになった．酒は，歌や踊りを盛り上げる効果があると同時に，酒がないと儀礼をおこなわない，など，手段と目的の転倒がみられるようになっている．

　塙（2004）は，かつて，農耕民からピグミーへの酒をはじめとする嗜好品の供与を「先行贈与」と表現した．しかし，ドンゴ村では，酒は農耕民からピグミーに一方的に「贈与」されるものではなく，優秀な労働者であり，自作農でもあるピグミーが，農耕民から「購入」して消費されるものになった．そのため，カカオ栽培と賃金労働により得られた現金収入のかなりの部分が，酒の消費のために使われることとなる．酒をこよなく愛するバカ・ピグミーは，収入以上に酒を消費し，さらに前借りを重ねて酒を消費する．借金は，酒のために借金をし，借金を返すために働いているうちにまた酒に手を出し，という悪循環で雪だるま式に膨れあがっていき，二束三文でカカオ畑を貸し出したり，最終的には土地を手放さなければならなくなる事例も増えている（第7章）．

　実は，現金収入が獲得されても，たばこや酒に得られたカネが消えてゆくという問題は，中部アフリカでは狩猟採集民だけにとどまらない．コードは，ガボンの農耕民プヴィ社会において詳細な家計調査をおこない，獣肉により得られる収入の50％近くが男性によるアルコールとたばこの購入によって消費されてしまうこと，そしてその傾向は高い収入を得ている世帯ほど顕著であることを明らかにした（Coad et al., 2010）．現金がもたらされれば，生業形態やライフスタイル，外部経済との関わり方の相違にかかわりなく，たばこと酒の消費が増えるのだとすれば，森の民による嗜好品消費の増加は，グローバリゼーションに付随する文化事象としてより広範な社会を対象に一般化できるのかもしれない．しかし，経済活動の活発化にともなう嗜好品消費行動の活発化に，農耕民と狩猟採集民の間でどのような差異があるのか，あるいはないのかに関しては，より詳しく検討する必要がある．

　日常的な飲酒の機会の増加は，もともと酒をもたなかった狩猟採集民に，しばしば「酔うことのみのために酒を飲む」（重田，1989）としか思えない

ような飲酒行動をもたらす．その結果として，酒を飲んで酔っぱらい，他のバカ・ピグミーや農耕民とのトラブルや諍いを起こして，後々まで物笑いの種になったり，より深刻な問題に発展する事例もみられる．バカ・ピグミーの人々が一般的に酒に弱く，飲みだしたら止まらない者が多いという点は，マルローがタンザニアの狩猟採集民ハッザについて指摘しているのと同様である（Marlowe, 2010）．また，ルワンダのトゥワ（Jackson, 2003, 2006），ボツワナのサン（ブッシュマン）（Sylvain, 2006）の社会で報告されている事例と同様に，バカ・ピグミーにおいても，一部の男性が，酔っ払った挙げくに暴力をふるうことがある．アルコールへの依存は，イヌイットをはじめとする先行研究でたびたび指摘されてきた，開発に付随する変化の負の側面であるとみることもできる．国際的な換金作物であるカカオの価格変動は，ドンゴ村のような辺境に位置づけられるような地域の経済にも大きな影響を与えている．貨幣経済化による外来嗜好品の流入と消費については，継続的な調査により今後の動向を注意深く見守る必要がある．

Essai 6

ムスリム商業民との甘苦い茶の時間

　毎日夕方になると，てくてくと村のなかをぬけて，バケツと石鹸をかたかた鳴らしながら水浴びに出かけるのは楽しい日課だ．フィールド・ステーションから徒歩10分もかからないはずの，村はずれにある無料の銭湯ならぬ砂地の川への往復が，時に2時間を超えてしまうことがある．集落のあちこちで呼び止められたり，あいさつしたりしながら歩くからである．ぶらっと歩きは，一見むだに思われるかもしれないが，目的をはっきり定めた調査とは異なる発見のある時間でもある．最近，水浴びの帰りに立ち寄る機会が増えたのが，ムスリム商業民たちのお茶の輪である．そこで勧められるのが，アツアツに熱され，溶解度限界に砂糖を溶かした甘苦い茶である．

　カメルーンでは，北部に乾燥した地域，南部に湿った地域があるが，私がよく滞在調査をするのは熱帯雨林の卓越する湿った地域である．熱帯雨林に数百年，あるいは数千年以上も前から住んでいる住民には，焼畑農業を中心に様々な活動をおこなうバンツー系言語を話す人々と，狩猟採集を得意とするピグミー系の人々がいる．ドンゴ村には，これらの人々に加えて，乾燥したカメルーン北部地域を中心に，ナイジェリア，マリ，セネガルなどからはるばる出稼ぎに来てそのまま村に定着するムスリム商業民が最近増えている（写真1）．こういった人々は，台所用具など生活用品をあつかう小規模な商いをおこなうほか，ナッツ類，香辛料，一部の薬用植物などの森林産物の買いつけをおこなう．ニジェール川など氾濫原地域出身の人では，得意の漁撈をおこなう者もある（写真2）．国際価格の上昇しているカカオ栽培に参入して，ひと儲けを夢みている者も多い．

　そうしたムスリム商業民の多くは，ハウサ，フルベなどの男性である．また，未婚か，既婚であっても配偶者は遠い故郷に残していることが多い．宗教上の理由で酒は飲めない．そんな彼らが，午前中の仕事を終え，午後の陽が傾く頃になると，三々五々に集まってきてお茶をするのである．独

第6章　嗜好品が語る社会変化

<写真1>　マリから来たムスリム商業民．コメを購入して常食にしている．

<写真2>　延縄漁具の手入れをするイブラヒム．マリの出身．

特な形をした小さな薬缶，100 mL も入らない小さな金属製のコップ，やはり金属製のお盆を用意する．これまた小さい七輪に炭火をおこし，件の薬缶に中国製発酵緑茶をたっぷり入れて，沸騰するのを待つ．沸かせたまま，ぐつぐつ煮る．ここで，角砂糖が箱入りで登場する．ミニコップを2つ並べ，一方に5個，10個…と角砂糖を入れ，くつくつ沸いている濃厚

195

<写真3> 高い位置から何度も茶を注ぎ，泡を作る．

な茶を注ぎいれる．コップからコップへと交互に注いでむらのないように混ぜる．それから，再び薬缶に戻して煮立てる．…これを数回繰り返して茶が出来上がる．薬缶を高くかざし，ミニコップに注ぐ（写真3）．何度も混ぜ合わせ，薬缶に戻す．最後に高い位置から滝のようにミニコップに注いで泡を作る．泡が多いのが好まれる．砂糖の量が足りないと，十分な泡が立たない．こうして，まるで生ビールのように泡が立った，熱くて，甘苦い1杯ができる．妥協はない．

　こうして作業工程を書けばおわかり頂けると思うが，茶ができるまで，かなり時間がかかる．小さな七輪とお茶セットを，体躯の大きな男たちがぐるりと囲み，おしゃべりしながら待つ．1回に点てられるお茶の量はせいぜいミニコップ3杯程度．6～7人もいれば，全員にいきわたるには1

時間はゆうにかかる．この待ち時間を，時の経過を気にせずにおしゃべりしながら愉しむのだ．優雅である．そんな場に加わっていると，日本人である私は，せっかちな自分，小さなことに焦って余裕のない自分に気づかされて，恥じ入るばかりである．ムスリム商業民はいう．俺たちは酒が飲めないが，ちっとも飲みたいとは思わないのだと．アルコールはしばしば争いを生むが，茶は人と人を平和にするのだと．お茶を待つ時間への参与は，ただ優雅なだけでなく，他者を受け入れる寛容さを個人に要求する．たとえ，関係がしっくりいっていない相手が混じっていても，茶を待っている間になんとなく打ち解けてしまうのだという．私は，地元の女性がつくる，胸を熱くするようなキャッサバの地酒も好きだが，ひたすら熱くて甘苦い，100mL の茶も捨てがたいと思うようになった．次に村を訪れるときには，前から頼まれている苦〜い日本茶を，忘れずにもっていくことにしよう．

第 7 章

周縁化されるバカ・ピグミー
── 森のなかのミクロな土地収奪 ──

　半遊動的な生活様式を送ってきたバカ・ピグミーは，土地について定住的な所有意識をもたずにきた．人口密度が希薄な熱帯雨林という条件も幸いして，最近まで土地紛争は顕在化しにくい状況にあった．しかし，ゾーニングを柱とする自然保護政策による国立公園や木材伐採コンセッションの設定，さらに人口稠密な都市部からの人口流入，カカオ価格の高騰などによって，土地をめぐる紛争が目にみえるようになってきている．
　第5章，第6章では，狩猟採集民と農耕民の二者関係が商業民を加えた三者関係となったことによって，狩猟採集民の農耕民からの経済的な自立が相対的に可能になった側面がみられた．しかし，商業民を媒介とした市場経済への直接的な接合には，バカ・ピグミーの生活にとってポジティブな側面ばかりがともなうとはいえない．本章では，地域住民の経済的階層化が貨幣を媒介とした土地取引を通じて実体化してゆくプロセスについてみてゆく．

I．アフリカにおける土地紛争 ── 近年の質的変化

　これまで，アフリカ地域社会の慣習的な土地所有・利用システムの特徴として，土地の交換価値よりも使用価値を優先し，当事者間の交渉可能性に開かれた協調的・順応的な性格が強調されてきた（例えば，松村，2006など）．しかし近年，アフリカにおける土地紛争は協調的側面よりも競争

と対立によるマイノリティの排除や社会階層化により生じた下位階級の排除プロセスとして表面化しつつある (Peters, 2004). 2000 年代後半に入ると，経済のグローバル化とともに外資によるアフリカへの投資が増加し，国家や特権階級と結びついたグローバル資本による大規模な土地の買い占め (land grabbing) 問題に象徴される，土地をめぐる紛争がアフリカ各地で激化した (大山, 2009, 2011). こういった背景から，*Africa* 誌は「アフリカにおける土地の政治学」と題した特集を組んでいる (Lund & Boone, 2013). 大山による研究を除けば，最近のアフリカにおける土地紛争を扱うこれらの先行研究は，政治経済を軸に地域社会への国家の介入と，それに対する地域社会の政治的対応を強調する一方で，土地資源の利用に関わる生態学的な側面はあまり顧みられていない. 報告される事例の地理的範囲は，サバンナ・砂漠景観が卓越する東部・南部アフリカ，西アフリカの英語圏がほとんどであり，熱帯雨林内における事例はほとんどみられない.

　本章では，これまで人口密度が低く，開発の影響が相対的に軽微であると考えられてきた熱帯雨林地域における土地問題をあつかう. カメルーン東南部の狩猟採集民バカ・ピグミーと近隣農耕民は，独立以前の 1950 年代から継続的に市場経済化の圧力を受けてきた. 換金作物であるカカオ栽培の導入は，労働力需要を高め，国家政策と相乗して街道沿いへの狩猟採集民の定住化と農耕化を進行させた (Althabe, 1965). 1970 年代に入って熱帯雨林伐採事業が繰り返しおこなわれるようになると，林道は熱帯雨林の奥深くまで到達するようになり，貨幣は至るところで流通するようになった. カカオ栽培は，こうした政治経済的条件のなかでカメルーン東南部に広く浸透し，定住化したバカ・ピグミーを含む地域住民の主要な現金収入源の一つとなっていった (林, 2000; Kitanishi, 2006; Oishi, 2012).

　熱帯雨林地域では，地域住民は，狩猟採集や焼畑など伝統的な生業実践に根差した慣習的な土地所有 / 利用システムを発達させてきた. 地域住民は半遊動的な居住様式をとること，焼畑などの人為により植生を開いても放棄後しばらくすれば森林景観が回復するという生態的背景から，半恒久的な土地の占有や利用は想定されてこなかった. 一定の地理的範囲を交換

価値を有する土地であるとする土地表象は発達しにくかった.

　ところが,カカオは多年生樹木作物であり,ひとたび多年生樹木作物が植栽された畑は,プランテン・バナナに代表される伝統的な食糧作物の焼畑と異なって,放棄されない限りは,森には戻らない.すなわち,カカオ栽培が長期間継続することは,焼畑経営において自明であった畑地と森林の生態学的循環が起こらなくなることを意味する.このことは,土地利用と土地の用益権についての認識に,多大な影響を与えると予想される.そして現在,ムスリム商業民のネットワークを媒介に市場経済と継続的なつながりをもつドンゴ村におけるカカオ栽培によって,半永続的な土地利用という新たな土地利用が,バカ・ピグミーとバクウェレ,そして商業民との間で対立を生み出している.本章では,この土地をめぐる民族間の協調と対立の両側面を記述し,対立の原因となっている土地認識の相違について明らかにする.

II. カカオ畑の貸借と売買

1. 前払い契約（ヤナ）

　熱帯雨林には,銀行のような近代的な金融システムは存在しない.ドンゴ村域の住民は,さまざまな理由で現金を必要とするとき,2通りのローカルな金融システムを利用する.

　一つは「ヤナ」と呼ばれる仕組みで,将来のカカオ豆の収穫を担保に,買い手が売り手にあらかじめ定めた割合で金銭を貸し,収穫後に買い手が乾燥カカオを引き取る仕組みである.ヤナにおける現金とカカオ豆の交換レートは,乾燥カカオ豆1袋当たりいくらと決められる.通常,買い手に有利な非常に高いレートで契約がなされる.それぞれの取引条件は,当事者間の合意によって秘密裏に決められ,地域内変異が大きい.たとえば,ドンゴ村では,乾燥カカオ豆1袋（おおよそ100kgに相当）あたり,20,000

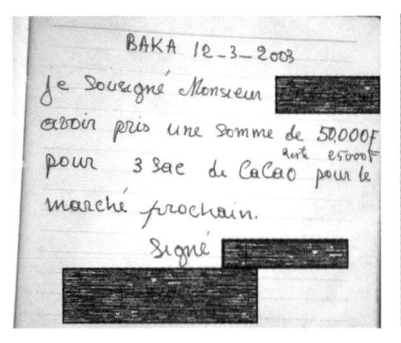

図 7-1　個人間で取り結ばれたヤナ契約書の例.

~40,000FCFA（約 4,000～8,000 円）という 2 倍程度の幅で契約がなされていた（図 7-1）．1 袋あたりの値段は，市場に近ければ近い立地であるほど高くなる傾向にあり，ヨカドゥマ市周辺では 50,000FCFA（約 1 万円）以上になる場合もある．ヤナ契約は，カメルーン東部州で広くみられる慣行であり，カカオ栽培地域において数十年以上の歴史をもつものと推測される．

2. カカオ畑の貸借契約（ロカシオン）と売却

　もう一つの地域金融の仕組みは，フランス語で「賃貸借」を意味する名詞の「ロカシオン」(location) という名で呼ばれるカカオ畑の委託栽培の仕組みである．カカオ畑の所有者が，いくばくかの金銭と引き換えにカカオ畑の耕作と管理を借り手に委ねる．借り手は，カカオ畑の維持・管理を引き受け，収穫されるカカオ豆とそこからの売却益をすべて自分のものにできる．契約は，おおよそ 12 月から 2 月の時期にあたるカカオ豆の収穫・売却作業の終了直後から翌年の売却時期までを単位として，1 年ごとにおこなわれる．実質的な更新回数に制限はなく，貸し手と借り手の交渉次第で何回でも更新することができる．

　レートは，カカオ畑の管理状況，貸し手と借り手の交渉次第で大きく変動しうる．しかし，賃貸金額の交渉をリードするのは金銭を払う借り手である．というのも，カカオ畑の貸し手は通常，病気の治療，子息の秘密結

第 7 章　周縁化されるバカ・ピグミー

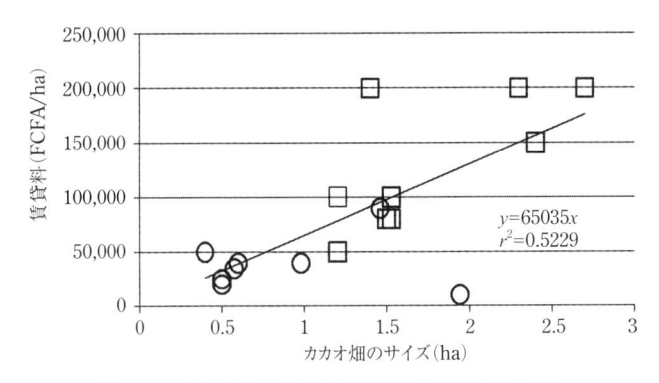

図 7-2　カカオ畑のサイズと賃貸料の関係（N = 17）.

社へのイニシエーション，結婚の婚資の準備，葬式などの社会的・文化的な必要性のために，すぐにでも現金が必要な状況にあるからである．バカ・ピグミーが，しばしばこの仕組みをフランス語で「助けを求める（*demande d'aide*）」と表現することは，このタイプの土地利用と金銭の交換取引が対等な立場で行なわれるものではなく，現金経済的に弱い立場の者が，強い立場の者に土地の用益権を貸し出すという仕組みになっていることを示している．

　ドンゴ村におけるカカオ畑の平均賃貸金額（N = 17）は，1 年あたり 65,000FCFA/ha（約 13,000 円 /ha）であった（図 7-2）．1ha のカカオ畑から期待できる粗収入は，468,000FCFA であった（第 5 章）．借り手がロカシオン契約から期待できる粗利益は賃貸金額を差し引いた 403,000FCFA/ha/年（約 86,000 円 /ha/ 年）と見積もられる．

　聞き取り調査によって得られたカカオの収量は，植栽されたカカオの樹齢とではなく，カカオ畑の面積とより強い相関関係を示した（第 5 章）．したがって，カカオ畑の賃貸料はカカオ畑のサイズに比例すると予想される．しかし，興味深いことに賃貸料は，貸し手と借り手の民族上の組み合わせによって大きく異なっていた．バクウェレがバカ・ピグミーのカカオ畑を借りる際には賃貸料は平均 40,690FCFA/ha/ 年（N = 4）であったのに対して，ハウサはおおよそバクウェレの 2 倍に相当する平均 82,469FCFA/ha/

表 7-1 ヤナとロカシオンの比較

呼称	現金と交換されるもの	契約期間	秘匿性	権威の関与	導入時期
ヤナ (*yana*)	生産物	短期（＜1年）	高	無	古い
ロカシオン (*location*)	土地用益権	長期（≧1年）	低	有	最近（2003〜2004年）

年（N＝3）を支払っていた．ハウサに比べて地元住民との居住歴が短いバミレケなどごく最近移住してきた商業民は，ハウサよりもさらに高額の賃貸料を払う傾向がみられた．

　ドンゴ村での聞き取りによれば，このロカシオンの仕組みは，ごく最近の2003〜2004年の収穫期にムルンドゥ市からやってきたあるカカオ買付人によって導入されたという．ロカシオン契約は，地域共同体（*commune locale*）のチーフの承認を必要とするものの，売り手が一般的な生産者価格に比べて著しく安い値段で買い叩かれることになるヤナ契約に比べると，ずっとオープンな形で取り結ばれる．カカオ畑をロカシオン制度によって借りた者は，ひとたび投資した畑のすべての管理についての責任を負うことになる（例えば，カカオ畑の維持に必要な農作業の放棄は非難されることとなる）．ロカシオンとは対照的に，ヤナ契約は短い期間に少ない投資で利益を上げるのに効果的だと考えられている（表7-1）．しかし，ヤナ契約の場合，耕作者が借りた金銭のツケを踏み倒して，約束したカカオをもってこない，あるいは逃散するかもしれないというリスクがある．したがって，大きなカカオ畑を経営する商業民は，ヤナ契約よりもロカシオンを好む傾向にある．

　図7-3は，バカ・ピグミーの男性とハウサ男性の間で交わされたロカシオン契約書の一例である．まだカカオ豆の売却が終わらない2010年の年頭に，このバカ・ピグミー男性は，現金を前借りして2年間のロカシオン契約の延長をおこなっている．バカ・ピグミーの多くはフランス語の読み書きができないため，ほとんどの場合，契約書は借り手によって作成され，保管される．バカ・ピグミーの当事者は口頭で契約内容を確認して自筆の署名をする．契約書の写しは，村長のところに運ばれて承認を受ける．

第7章　周縁化されるバカ・ピグミー

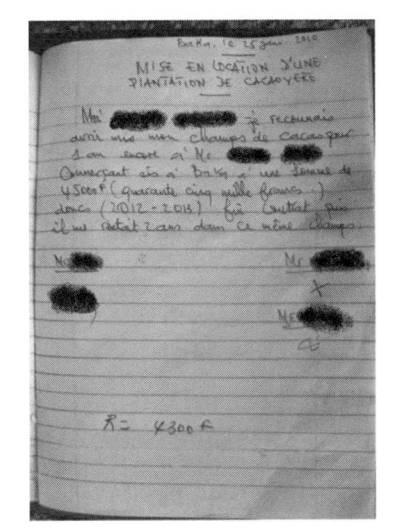

於：バカ集落、2010年1月25日

カカオ畑の貸借証書

私○○は、私のカカオ畑を現在契約中の2年間に加えてもう1年間（2012〜2013年）、バカ集落の商人××氏に45,000FCFAで貸し出すことを了承しました。

○○署名　　××署名
△△署名　　□□署名

図7-3　ロカシオン契約書の一例.

　借り手は，契約書をさらに最寄りの都市であるムルンドゥ市の行政組織に持参して手数料を払い，書類の公認手続きをおこなうことがある．地方政府（に所属する役人）は，契約内容についてほとんど調査することなく手数料を受領して公認手続きをおこなう．こうしておくことによって，借り手は，貸し手とトラブルが起こった際に，地方政府役人が署名した書類をもちだして，土地返還要求など，貸し手からの様々な要求に対抗することができる．バカ・ピグミーは，彼らに気前よく現金を与える借り手にしばしば感謝すらしているが，これらの契約は実際のところきわめて不平等なものだといわざるをえない．なぜならば，カカオ畑から収穫される利益のほとんどが借り手のものとなるだけでなく，ロカシオン契約は決まって，バカ・ピグミーからバクウェレをはじめとした近隣農耕民へ，そして近隣農耕民から商業移民へという方向で行われる傾向があるからである（表7-2）．
　カカオ畑まるごとの売買契約は，多額の借金が蓄積した場合やカカオ畑所有者本人や親族が多額の現金を必要とするような状況が起こった場合にみられる．多額の債権を有する商業民は，ロカシオンの借り手に返済不可

205

表 7-2 ロカシオン契約における貸し手と借り手の民族間の組み合わせ (N = 42)

		借り手				計
		バカ・ピグミー	バンツー	ハウサほか	不明	
貸し手	バカ・ピグミー	0	9	14	2	25
	バンツー	0	7	10	0	17
	ハウサほか	0	0	0	0	0
計		0	16	24	2	42

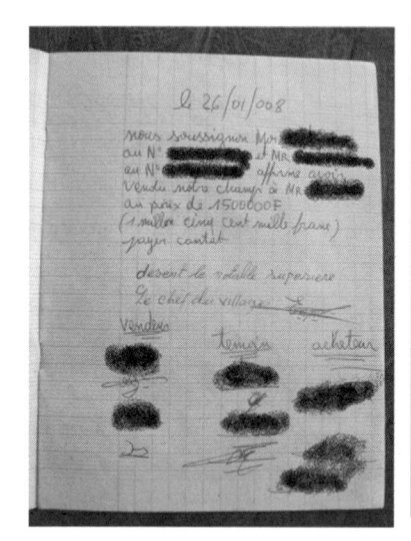

2008年1月26日

わたくしども○○（身分証番号）と△△（身分証番号）は、1,500,000FCFAで私どもの畑を××さんにお売りしたことを認めます。

我らが村長の名において

売り手　　証人　　買い手
○○署名　署名　△△署名
○○署名　署名　△△署名

図 7-4　土地売買契約書の一例.

能な現金の代わりに土地の権利を要求することもある．開墾者は，一切の権利を失う．図 7-4 は，あるバクウェレの兄弟がフルベ商業民にカカオ畑を売却した際の証文である．

3. カカオ畑の賃貸・売却理由

　バカ・ピグミーの所有するカカオ畑のうち 25 筆 (43%) がハウサ，バミレケ，そしてバクウェレに貸し出されていた．上述したように，これらの契約における貸し手と借り手の立場は対等なものではない．それにもかか

わらず，主要な貸し手であるバカ・ピグミーは不利益を承知しながらも，なぜ他民族集団に頻繁にカカオ畑を貸し出すのだろうか．借金のみが，バカ・ピグミーがロカシオン契約を結ぶ要因となっているわけではない．以下の事例のように，バカ・ピグミー集団内部の事情から，ロカシオンをおこなう場合もみられる．

事例 7-1．バナナとカカオはちがう

バカ・ピグミーの壮年男性 T は，1.5ha 以上のサイズのカカオ畑を所有している．T は，他のバカ・ピグミーが彼の畑からカカオを盗むので，バミレケ商業民と契約を結んで共同で管理することにしたと私に語った．T によれば，プランテン・バナナのような自給作物が盗まれるのと，カカオ豆が盗まれることは彼にとってちがうことである．バナナは，主食であり皆が必要とするものだが，貨幣は一部の特定の目的のために必要になるものである．T はさらに，カカオ畑からの現金収入を分配する場合であっても，自分の金を自分の眼で確かめてから分配したいと加えた．T の主張は，平等な食物分配が成立するためには所有者の存在が重要であるという北西の議論（北西, 2001）と整合性が認められる．

事例 7-2．畑を預けて旅に出る

壮年バカ・ピグミー男性 B は，数年前，村の「経済の父」と呼ばれるハウサ商業民 I に自分のカカオ畑を貸したことがある．B は，I とロカシオン契約を結んだ理由について，(1) 自分が村を不在にして旅行に出る間，親族が彼のカカオ畑の面倒をみる可能性が低いと思ったため，(2) 調査地から 300km ほどの道のりがあるンガトー村への旅行費用が必要だったため，と説明した．2 年後に予定より 1 年長い旅行を終えて村に戻った B は，I に 1 年分のレンタル料の追加支払いを求めた．I は B に 100,000FCFA（約 20,000 円）を支払い，B は再び自分のカカオ畑の作業をするようになった．

事例 7-1 では，バカ・ピグミーがロカシオンの仕組みを，カカオ畑からの収穫の分配をめぐる葛藤に対処する手段にしようとしていた．また事例 7-2 では，ロカシオンの仕組みを利用することで，定住集落を留守にしていてもカカオ畑が維持され，現金収入が得られていた．

Ⅲ. 社会的な不平等と対立

　土地の貸借をめぐるトラブルをみてゆくことで，狩猟採集民と非狩猟採集民の間の，そして狩猟採集社会内部の社会経済的な不平等についての葛藤や対立が明らかになる．

　　事例 7-3：パトロン＝クライアント関係による土地契約
　バクウェレ男性 M は，別れた元妻への金銭支払いのため，「友人」（リンガラで *ndeko*，擬制的な親子関係）であるというバカ・ピグミー男性 N の所有するカカオ畑を，本人の承諾なく勝手にロカシオン契約に入れ，契約によって得られた現金を独り占めした．M は，普段自分は「友人」であるバカ・ピグミー男性の要求になにかれと応えているのだから，N が自分を助けるのは当たり前だと説明した．しかし N は，この取引について自分の意志に反するものだと言明したうえで，「農耕民は私たちにとって良くない」と漏らした．そのような M との不公平な関係にどのような利点があるのかと問うても，N はただ「彼は私の「友人」だ」と繰り返すのみであった．

　ふだん日常生活の中で，バカ・ピグミーとバクウェレの間のパトロン＝クライアント関係は弱体化しており，普段は表面に現れてこないのだが，土地をめぐる交渉において，このような形で実体化されることがある．なお，畑の所有者の同意なしに契約が結ばれることは，バカ・ピグミーとバクウェレの間だけではなく，バカ・ピグミーの間でも類似の事例が起こっている．ドンゴ村のバカ・ピグミーのコミュニティには，遠く離れた村の出身男性が多く婚入している．カカオ畑の権利をめぐる葛藤は，そのようなバカ・ピグミーカップルの夫と義理の父親の間でしばしばみられる．

　　事例 7-4：婚姻関係による土地契約
　あるバンガンドゥ地域[1]出身のバカ・ピグミーの男性 Y は，ドンゴ村のバ

---

1) バクウェレとは異なる近隣の農耕民の居住地域．ドンゴ村周辺のバクウェレが居住している地域よりも東側，ムルンドゥ市とヨカドゥマ市の間の街道沿いを指す（第 1 章図 1-4，p.17 を参照）．

カ・ピグミーの女性Mと結婚し定住している．Yは，調査村と出身村の両方に複数のカカオ畑を所有しているが，Yが里帰りのためにドンゴ村を留守にしている間に，義父はYに無断でカカオ畑をハウサとロカシオン契約してしまった．出身村から戻ってこのことを知ったYはたいへん不満に思い，義父に対してレンタル料の分け前を要求する権利の主張をすべきか否か迷ったが，Mとの結婚を維持するために，不承不承受け入れた．

土地の権利をめぐる契約が，「正統な所有者」との間で結ばれていなくとも，実効性をもってしまうことが，事例7-3および事例7-4に示されているような問題を生む結果になっている．

また，カカオ畑は男性が所有するということになっているので，ロカシオン契約が結ばれる過程からは，しばしば女性が除外される．ほとんどの農作業は，夫婦を単位としておこなわれるのにもかかわらず，夫たちは，配偶者をはじめ他の親族の意見を考慮しないままにロカシオン契約を結び，女性たちの反感を買うこととなる．妻は，夫がカカオ畑のロカシオン契約について一言の相談もないままに決め，さらには得られたレンタル料を自分たちに十分に分配することなく，飲酒や商品へと即時消費してしまうことに対して不満の声を上げる．

Ⅳ．カカオ畑と土地の権利をめぐる論争

前節でみたようなカカオ畑の貸借／売買事例の増加は，土地と森の権利に関する論争を引き起こしている．バカ・ピグミー，バクウェレ，ハウサやバミレケといった異なるアクターの間での，土地の権利に関する正統性をめぐる議論は，主張される権利の内容と文脈が異なっているため嚙みあわない．森林や土地の所有と利用に関して，村落レベルのローカルな権威に基づく慣習的な権利と，政府による土地法という，少なくとも二つの規則が存在する．焼畑をおこなう上で最もシンプルで合理的だと思われるのは，バカ・ピグミーとバクウェレの間で共有されている慣習的な土地利用

のルールである．そのルールでは，焼畑地とその後背地にある森林を利用する権利は，その森をもっとも早く伐開して畑を切り拓いたものにあるとされる．しかし，このルールは，焼畑のような一時的な土地利用とそれに付随した権利を前提としており，カカオ栽培のような半永続的，かつ独占的な土地利用がおこなわれる事態は想定されていない．また，カメルーン国家による土地法では，原則として土地はすべて国家による総有制であり，役所への登記をおこなった市街地内の宅地等を除き，土地の私有は認められていない．つまり，慣習法，国家法ともに，カカオ畑の貸借や売買は規則外の事態ということになる．それにもかかわらず，村長や地方行政官は，土地の貸借や売買を事実上認めている．これには，地域の権威的な立場にある人々は，ロカシオン契約を承認することによっていくばくかの「手数料」を得られることも影響している．

　地域住民のうちとくにバクウェレなどの土着農耕民は，現在バカ・ピグミーが利用している土地を含め，定住集落周辺の土地の権利が外部者に流出することによって自分たちによる土地資源へのコントロールが損なわれることを懸念している．2007年には，バカ・ピグミーの男性Bがムルンドゥ市のバミレケ商業民Wに3haを超える比較的大規模なカカオ畑を売るという出来事が起こった．10月21日，村長が，人々を招集して，農地の権利移動の問題について話し合いがもたれた．話し合いの参加者（26人）の内訳は，バクウェレが過半数の16人を占め，残りは4人がバカ・ピグミーで，3人がハウサとバミレケ商業民であった．カカオ畑の貸し手の多くはバカ・ピグミーであるにもかかわらず，参加者数は少なかった．この会合の場には，たまたまフィールドワーク中であった日本人研究者も招かれ，議論は約2時間40分にわたって続いた（木村，2010：253）．議論の大半は，BからWへ売却されたカカオ畑取引の是非に焦点があてられた．村会議の書記によって記録された会議内容の記録によると，バクウェレの参加者は，土地の所有者が村内居住者から村外居住者に移ることを問題視した．彼らは，問題のもとはカカオ畑の貸借システム（ロカシオン）にあることを指摘し，村長はロカシオン契約の禁止を宣言した．しかし，手っ取

り早く現金が必要な人々は，極めて容易に新たなロカシオン契約を結ぶ．会合で決められた禁止令は，ロカシオン契約を減少させることにほとんど何の効果ももたらさなかった．実際，会合の後に最も早く新たなロカシオン契約を結んだのは，禁止令を出したはずの村長その人であった．

　2008年に聞き取りをおこなった農業省の役人は，これらの土地の貸借契約は望ましくないものの，すぐに現金が必要とする地域住民の「貧困」状況を考慮すれば禁止することは難しい，という見解であった．上述したように，カメルーン国家の土地法は土地の私有，したがって売買を許していない．しかし実際には，土地は農業実践などのために私的に利用されている．アクターによって異なる見方で土地に付随した複数の権利がとらえられているために，この地域における土地の権利問題は複雑なものとなっている．

V. 土地契約をめぐる地域住民間の駆け引き

　しかし，バカ・ピグミーは単に土地の貸借と売買の犠牲になっているわけではない．彼らの少なくとも一部は，借り手である農耕民や商業民を騙すことによって抵抗したり，土地の権利について独自の主張をおこなう様子が観察された．

　事例 7-5：土地契約の重複
　1年半の間にバカ・ピグミーの壮年男性Kは，以下に記すように異なる農耕民（記号 F1, F2, F3），や商業民（記号 C1, C2）4回のロカシオン契約と1回のヤナ契約を重複して結び，300,000FCFA（約60,000円）を得た．

① <u>KがF1にカカオ畑を貸す</u>．
② F1が罠猟のため，森に入っている間に<u>Kが同じカカオ畑をF2に貸す</u>．
③ F1が戻ってきて二重貸しが発覚，F2が町の憲兵隊を呼ぶ．
④ 裁定の結果，F2がF1に賠償金を支払う（100,000FCFA）．

⑤ F2には金がなかったので，F3が80,000FCFA援助し，代わりにKのカカオ畑の賃貸権を得る．
⑥ <u>KとF3が，2014年までカカオ畑を借りる契約更新をする</u>．
⑦ KがC1（バミレケ商業民）に借金を依頼．<u>C1とKはヤナの契約をする</u>．1袋20,000FCFAでクレジットを渡す．
⑧ ヤナ契約が100,000FCFA（5袋分）までいったところで，C2（ハウサ商業民）がそこに50,000FCFAを足すから共同でKの畑をレンタルしないかと提案．
⑨ <u>Kは，C1とC2の提案を受けてカネを受け取り，カカオ畑を貸す</u>．
⑩ 再度二重貸ししていることが発覚し，問題の決着は村裁判に持ち込まれた．

カカオ畑の所有者のKは，借り手たちにカカオ畑の貸借を強制されたと主張したが，借り手らはこの主張を否定した．村裁判の結果，多重契約をおこなった借り手らは互いの契約金を弁償しあうことが決められ，Kへの特別のペナルティは課されなかった．この事例では，カカオ畑の所有者としてのKの立場は保全され，結果的に利益すら得ることになった．

事例7-6：土地の用益権をめぐる交渉

父親によって，自分の知らないうちに自らのカカオ畑を売却されてしまったバカ・ピグミー男性Dによる，新しい畑の所有者のハウサ男性Sとの交渉の事例である．Dは，父親によって売却されたのは，カカオ樹とその生産物であるカカオ豆だけであって，土地そのものや農地に残っているプランテン・バナナや他の産物は彼自身の所有であると主張する．Dは，このハウサと30分以上にわたってフランス語で議論を続けた．

私が，Dと彼が作ったカカオ畑のなかを歩いていると，突然Sが現れ，そのカカオ畑は既にDの父親によってSに売却されていることを告げたうえで，なぜDがカカオ畑に来たのかと問い質した．Dは，カカオ畑の売買契約は彼の父親がDに相談なく勝手に結んだものであること，その契約によって売られたのは畑のなかのカカオ樹のみで，自給用にDと家族が植えたプランテン・バナナは生計維持に必要なものであり，自分には自由に収穫をする権利があると主張した．

バカ・ピグミーは長期間にわたる土地保有の仕組みを発達させてこな

かったので，半永久的な土地所有の概念をもちあわせていない．したがって，現金と引き換えに土地へのアクセスの権利が制限されるという論理が理解しがたいものであることは容易に想像がつく．

VI. 地方政府による土地問題への介入

　カカオ生産の安定と増加は，カメルーン政府の政策でもある．実際，カカオの輸出は，カメルーンの外貨獲得に貢献してきた．最近，カメルーン政府はカカオ生産者と買付人の間の交易について，いくつかの政治的措置を発令した．2010年8月17日，通商大臣はカカオ売買に関する新法を公布した．新法では，直接生産者から買いつけをおこなう商人は登録を義務づけられ，生産者は，カカオ生産量の調整をおこなうことを求められた．政府は，これによってカカオの生産・流通に秩序を与えようとした．

　続いて，2010年9月30日にはブンバ＝ンゴコ県の新知事のガブリエル・エロワ・エッソアが，カカオ豆を担保にしたカカオ畑の貸借（ヤナ）および売買を禁止する条例を発布した．以下は，カメルーンのインターネット新聞 *Quotidien Mutations* 紙に掲載された「ブンバ＝ンゴコ県：知事が農地の売買と貸借を禁止へ (Boumba et Ngoko: Le Prefet interdit la vente et la location des plantations)」と題する記事の（2010年9月30日付公開；図7-5）中の知事発言を引用した部分の翻訳である．

> 　これらのカカオ畑は国家に属すものであって，登記していない土地を市民が勝手に売買することは違法である．それに，あなたが作り上げた美しい畑は，あなただけのものではない．あなたの配偶者や子供たちもまたそこに労働力を投資したのであり，彼らにも畑についての権利があるのだから，簡単にそれを手放すべきではない．だから私は県民にヤナやロカシオンを止めていただきたい．

　知事は，土地所有に関する法的な根拠を挙げて土地の売買や貸借の違法

quotidienmutations.info

Politique | Vivre aujourd'hui | Un fait un jour | Institutionnel | Sports | Economie
Dossier | Sup Cultures | Sup Com | International | Interview | Commentaire

Vivre aujourd'hui

30 Sep 2010

Boumba et Ngoko : Le préfet interdit la vente et la location des plantations

Pratique courante et illégale dans la filière cacao, elle bloque, selon Gabriel Eloi Essoa, le développement de ce département de l'Est.

Le préfet du département de la Boumba et Ngoko à l'Est, Gabriel Eloi Essoa vient de signer un arrêté préfectoral interdisant non seulement un marché illégal du cacao appelé localement «le yana», mais aussi la vente et la location des plantations agricoles dans l'ensemble de ce département. Pour se justifier, Gabriel Eloi Essoa s'est adressé longuement aux populations de Yokadouma, chef lieu de ce département de l'Est après sa tournée de prise de contacte. «Parlant justement de l'agriculture, nous travaillons mais nous ne jouissons pas du juste prix de notre travail à cause de ce que votre porte-parole a appelé les vautours. Mais [aussi] à cause de notre turpitude. Comment je peux remettre plus de quatre sacs de cacao à quelqu'un contre 30.000 frs ? C'est une aberration le +yana+, un scandale, le vol. C'est pour cela que j'ai pris mes responsabilités en interdisant cette pratique sur l'ensemble du département de la Boumba et Ngoko», a-t-il déclaré.

Gabriel Eloi Essoa estime qu'il appartient aux uns et autres d'appliquer cet arrêté. «Nous devons dont être disciplinés : ne pas hypothéquer notre récolte avant le temps. Nous vendons notre propre bien comme si nous voulions. Je parle également de vente et de location des plantations». Un procédé jugé «illégal» par le préfet du département de la Boumba et Ngoko. Raisons évoquées : «ces plantations sont sur le domaine national sur lequel vous n'avez pas de titre foncier dont légalement vous ne pouvez pas vendre cette espace là. Et ces plantations vous avez beau les créées, elles ne vous appartiennent pas seul. Vos épouses et vos enfants ont investi là-dessus et ont les droits là-dessus et vous ne devez pas hypothéquer cela si facilement. Je voulais dont qu'on tourne le dos à cette pratique.»

D'après les statistiques, Yokadouma produit à elle seule dans ce basin de production 5000 tonnes environ de cacao par an. Malheureusement, les populations ne bénéficient pas de leur récolte à cause de la pratique du «yana» qui consiste à prêter de l'argent aux planteurs et récupérer plutôt le cacao. Une pratique entretenue par des commerçants véreux qui profitent non seulement de la précarité des planteurs mais aussi du manque de voies de communication pour évacuer la production.

Tout en approuvant l'initiative du préfet, les populations de Yokadouma ont adressé à Gabriel Eloa Essoa des revendications : notamment la construction d'un monument en la mémoire du chef Zokadouma qui signifie l'éléphant qui ne tombe jamais, fondateur de la ville qui fut exécuté par les allemands. Elles profitent en effet des célébrations des cinquantenaires de l'indépendance (2010) et de la réunification (2011). De même qu'elles ont évoqué le cas de l'exploitation forestière, principale activité du coin qui ne bénéficie toujours pas aux riveraines puisque «depuis l'exercice 2007, nous sommes sans nouvelle des 10% de cette recette qui nous revient». Selon l'orateur, les comités de gestion et l'exécutif municipal pillent silencieusement ces fonds avec la bénédiction des certaines autorités administratives. Même silence entretenu en ce qui concerne les revenus de la forêt communale. Tout comme la création des infrastructures sociales. Pour Gabriel Eloi Essoa qui effectuait ainsi sa première sortie officielle depuis son installation le 29 juin dernier, toutes ces revendications sont fondées et seront intégrées

Sebastian Chi Elvido, à Yokadouma

図 7-5 *Quotidien Mutations* 紙に掲載された「ブンバ=ンゴコ県：知事が農地の売買と貸借を禁止へ」と題する記事．

性を述べたうえで，ヤナやロカシオンに関わる倫理的な問題についても指摘している．これまで，ヤナやロカシオンが引き起こしてきた問題が，地方行政官によって黙認されていたことからすれば，この知事の発言や土地取引の禁止措置は画期的だといえよう．小規模なカカオ生産者の土地の権利を保護し，買いつけ人登録制度のもと生産物交易に課税することで，国際価格高騰に伴うカカオ生産の増加を政府の税収増加にもつなげることが期待されていることも押さえておく必要がある．

VII. 土地収奪によるバカ・ピグミーの周縁化

まとまった額の現金が必要な状況が生ずると，バカ・ピグミーは自分たちのカカオ畑を貸借契約に入れたり，売却してしまう者までいる．そのため，彼らの一部には毎年のように新しいカカオ畑を作っては収穫ができる数年後にはすぐ手放す，ということを繰り返す者もいる．借金がたまると，商業民は地域共同体の伝統的な権威や地方行政官の権威を利用した「契約書」によって，バカ・ピグミーが利用している土地への権利を獲得しようとする．しかし，バカ・ピグミーは商業民が考えるような半永久的に土地を独占所有し，利用するという概念をもってこなかったし，そのような考え方を受け入れてはいない．カカオ畑は土地であると同時に，バカ・ピグミーにとっては食料畑であり，森でもある．

ここに，狩猟採集民と非狩猟採集民の間で，土地に関して取引される諸権利について認識の齟齬が生まれている．バカ・ピグミーは，これまで表立って自らの権利の主張をおこなうことはまれであった．しかし，土地の売買契約によって土地へのアクセスが奪われるリスクに直面したバカ・ピグミーのなかに，商業民を相手とした交渉や村内裁判のような公的な場で積極的にカカオ畑やそれに隣接する森を利用する権利を積極的に主張する機会が増えてきていることは注目に値する．

バカ・ピグミーが長期間定住集落を不在にする際に，現金収入を得つつ

財産としてのカカオ畑を維持するという手段にもなっていたという点において，カカオ畑の貸借契約にはポジティブな側面も見受けられる．貸借契約によって，わずらわしい畑の管理を他者に委ねてしまえば，てっとり早く必要な現金が得られ，収穫前後のカカオ豆の盗みをめぐる葛藤を回避することもできる．ロカシオンは，非合法な土地賃貸の仕組みであるが，現金経済の浸透するなかで経済的に立場の弱い者が生活困難におちいった際に財産であるカカオ畑をもちいて生き延びる安全保障の側面がある．しかし，賃貸契約の長期化が重なった場合には，貸し手から借り手への慣習的な土地所有権の事実上の移行がみられる．ドンゴ村では，多くの畑を借りることができるのは経済力のあるごく限られた商業民に限られるため，所有権の移行が頻発している結果だけをみれば，小規模な土地収奪といってよい状況を呈している．バカ・ピグミー，バクウェレ，そして商業民の三者間にみられる土地をめぐる協働と対立が，定住村におけるバカ・ピグミーのさらなる周縁化や，経済的なヘゲモニーを反映した社会階層化の方向に向かうものなのかどうか，今後の動向が注目される．

Essai 7

トウガラシをきかせる

　カメルーン料理にトウガラシは欠かせない．カメルーンのレストランに入ると，食卓には必ずピマン（フランス語）という辛くておいしい生トウガラシの油漬けが載っている*．日本に来たカメルーン人は，私の知る限り，みな口を揃えて日本で食べる食事は美味しいけれども辛さが物足りないという．先日もカメルーンから初来日した研究仲間といっしょに鍋を食べにいったら，具に七味唐辛子を山のようにかけて，それでも全然辛くないといって食べていた．

　私が通っているカメルーン東南部の熱帯雨林地域でも，食事は辛いのがふつうである．バクウェレ語では，「辛い」というのをエ・ローラといい，トウガラシのことをドバという．バクウェレの一日は，朝いちばんに飲むシュクシュクとか，フランス語で「おれたちのコーヒー（Café indigene）」と呼ばれる飲み物から始まる．鍋一杯に作られるシュクシュクは，トウガラシと，これまた苦いナス科植物のンダカと呼ばれる果実を煮出した苦辛いスープである（写真1）．

　トウガラシを料理に入れるときは，摘みたてを，生のまま木のまな板のうえで丸い果実の球ですり潰してから，ナッツ類など他の調味料とともに料理のソースに加える（写真2）．

　日本には，辛いのが好きな人と苦手な人がいる．カメルーンにもきっとトウガラシがダメな人がいるのではないかと思うのだが，13年間通ってまだそのような人には出くわしたことがない．初めは辛い辛いと思いながら食べていた私も，森の生活に慣れてきたころには，トウガラシなしではどんな料理も物足りないと思うようになってしまった．辛い森の料理は，食欲をいやがおうに高めてくれるし，食べているうちに身体がぽかぽかして血行がよくなってくる．ひりひりするほどにトウガラシをきかせた獣肉

---

*　下記のアフリクック・レシピを参照されたい：「ピマン」by 手崎（NKOMU）雅代　URL: http://africook.blog.fc2.com/blog-entry-27.html（2016年3月17日最終アクセス）

〈写真1〉シュクシュクの材料となる，村でみられるさまざまなトウガラシとンダカ（ナス科）．

〈写真2〉まな板のうえで，ナッツのペーストと一緒に磨り潰される唐辛子．

〈写真3〉トウガラシをきかせたヘビのスープ．

の煮込み料理や，塩とトウガラシだけのナマズのスープの味は日本に帰っても忘れがたい（写真3）．

　トウガラシは，村のいたる所，いや人が生活の場とするほとんどあらゆる場所で見ることができる．狩猟採集や焼畑，そして漁労活動をおこなう森のなかも例外ではない．少しでも人が生活したキャンプでは，トウガラシがみられることが多い***．私が参加したバクウェレの漁撈キャンプ行きでも，トウガラシが切れたというだけの理由でキャンプを移動したことがあった．村では丸型のぽっちゃりしたトウガラシが栽培されているが，森

*** バカ・ピグミーには，トウガラシをたばこの代用として喫煙する者もいる（第6章）．

218

のなかでよくみるのは棒状の小型のトウガラシである．

　バクウェレの男たちは，辛くない料理を食べてもあまり食べた気がしないという．調査地の村で，夜遅くに締め切りの過ぎた原稿を抱えてもんもんとしていたら，訪ねてきた友人に，ぽつりと，「お前の仕事はちゃんと辛い（トウガラシがきいている）か」と聞かれたことがある．アフリカでの調査から日本に帰ると，たくさん仕事がたまっている．仕事が増えると，とかく安易に流れやすい．そんなとき，なぜかシュクシュクの，あのやたら苦くて辛い味が思い出されるのである．

終　章

開かれた境界
―― 自然 / 生業 / 社会の広がり ――

　近年，狩猟採集民を対象とした人類学や考古学は，狩猟採集民と農耕民の境界が従来思われていたよりもずっとフレキシブルに変化するものであることを明らかにしてきた．たとえば，狩猟採集民が農耕民になるだけではなく，農耕民が狩猟採集民になる事例が，先史時代から最近に至るまで東南アジアや南米を中心にいくつも報告されているのだ．しかし，ことアフリカでは，そういった例の報告はいまだない．

　本書の冒頭で述べたように，世界的に狩猟採集民の人口が減少するなか，アフリカ熱帯雨林には，バカ・ピグミーをはじめおおよそ15もの狩猟採集民集団が現在920,000人ほど居住していると推定されている（Olivero et al., 2016）．世界の他地域と同様，アフリカ熱帯雨林各地の地域社会においても社会経済条件の変化は著しい．特に2,000年代以降，市場経済化にともなう生業変容が急速に進み，生業と集団アイデンティティの間にねじれが生じてきている．そんななかアフリカ熱帯雨林で，とくに狩猟採集民と農耕民の民族境界が明瞭にたもたれているのはなぜなのだろうか．そこに，熱帯雨林という自然条件はどのように関与しているのだろうか．

　狩猟採集民の減少には，疾病や自然災害などによる自然消滅のほか，(1) 農耕民，牧畜民，産業社会など，近隣の非狩猟採集民集団・社会への同化・吸収や，(2) 狩猟採集民自身による農耕民化が考えられる．本書では，異なるアイデンティティをもつ集団が，同化することも，互いを排除することもなく，ともに暮らしている状況を分離的共存と呼ぶこととした（序章）．

そして，カメルーン東南部における農耕民バクウェレと狩猟採集民バカ・ピグミーの関係を事例に，両者の分離的共存がいかに実現されているかを通時的に明らかにすることを目指してきた．

　狩猟採集民の生業活動が農耕化したからといって，直ちに農耕民になるわけではない．一方，熱帯アフリカの狩猟採集民を特徴づける社会規範である「平等主義」は，狩猟採集活動にみられるような即時利得的な生業システムと深く結びついているとされてきた．安岡宏和は，バカ・ピグミーのプランテン・バナナ栽培は，完全な農耕というよりも採集活動に近い半栽培的な活動であると位置づけ，バカ・ピグミーにみられる生業変容は農耕化というよりも生業の多様化として理解すべきものだという（安岡, 2010b）．そのうえで，労働や時間のコストとそこから得られる利得の間の関係性に意識をもつかどうかが農耕民と狩猟採集民をわける違いではないかと提案している（安岡, 2010b; Yasuoka, 2012）．では，換金作物であるカカオ栽培についてはどうなのか．カカオは少なくとも収穫まで数年はかかる樹木性換金作物で，カカオ畑は現金収入をもたらす財産となる．カメルーン東南部では，カカオ栽培のような遅延利得的な生産活動が，狩猟採集民の日常生活に浸透している．そこで，もう一つの問いとして，それでもなお，バカ・ピグミー社会の持てる者と持たざる者の間で明確な社会階層化が起こらず，したがって農耕民化することがないのはなぜなのか，を明らかにすることを目標とした．

　以上の二つの問いに答えるにあたって，本書が着眼点としたのは，(1) 農耕民側の視点をふまえた農耕民と狩猟採集民との社会関係，(2) 農耕民と狩猟採集民の関係の近現代における歴史的な変遷，(3) 市場経済をはじめ，より広い世界と関わりが深まるなかでの農耕民と狩猟採集民の関係の存続と変容，の3点であった．ここでは，これらについて，第2章から第7章までをふまえた総合的な考察をおこなって結論を提示し，最後にバクウェレとバカ・ピグミーの関係の今後について，展望を示してみたい．

I. 分離的共存の諸相

1. 両側から社会関係をみる

　バクウェレとバカ・ピグミーは，互いをどのようにみているのか．ドンゴ村でのフィールドワークでは，バクウェレとバカ・ピグミー，双方のコミュニティに身を置いた．どちらでも，相手へのゴシップや悪口を聞かない日はほとんどなかった．村にいても森にいても，相手がいなくても，である．バクウェレはバカ・ピグミーのことを，バカ・ピグミーはバクウェレのことをけなし，相互に強い関心を持ち続けている．その理由はなぜか．

　ギャラティは，東アフリカの主要な三つの生計活動である農耕，牧畜，狩猟採集が，なぜ明確に異なるアイデンティティをもった集団によって分業しておこなわれるのかについて，東アフリカ諸社会では，「排除による統合 (Synthesis through exclusion)」というメカニズムが働いているとした (Galaty, 1987)．狩猟採集民ドロボと牧畜民マサイは，双方が，相手の集団に対する対立的でネガティブな象徴思考を再生産することによって分離しながら（「排除」），生業の差異に基づく生計上の相互依存関係を維持している（「統合」）．対立的な社会的アイデンティティは，ギャラティが「民族人類学 (ethnoanthropology)」と呼ぶ，民族起源神話，社会構造，人間性などに関する民俗理論といった概念セットを双方が保持することによって維持されている．それは，バクウェレとバカ・ピグミーの場合にもあてはまるといえる．

　たとえば，第4章では，バクウェレとバカ・ピグミーが，日常生活のなかで互いを「半人間・半動物」とみなす負の相互表象を投げつけあいながら，互いの差異を積極的に維持していることが明らかとなった．バクウェレは，農耕民優位／狩猟採集民劣位という不平等を積極的に維持・強化しようとするのに対して，バカ・ピグミーは，世界観や生活様式における農耕民との差異は維持しつつも，不平等を構造化している二項対立の境界を

曖昧化させ，あるいは無力化しようとしていた．階層性を前提とした二項対立か，対等性を前提とした二項対立か，両者が志向する共存の方向性は全く異なっているにも関わらず，そこには「利害の対立」による共同性といえるものが成立しているようにみえる．

そのような，互いをままならぬ他者とみなす象徴的な対立は，たとえば，狩猟や焼畑農耕といった野生動物との出会いのなかで再生産され，日常的な相互行為にフィードバックされる．これは，村と森の間を往き来するライフスタイルが維持されることによって可能になっている．このような意味で，バクウェレとバカ・ピグミーの間の民族境界は，人々と，熱帯雨林という自然との関わりのなかに埋め込まれているのである．人が動物になる「人間ゴリラ」や，動物が人になる「ゴリラ人間」の理論は，人と動物の間を連続的にとらえる世界観によって支えられている．バクウェレとバカ・ピグミーによる動物を媒介項とした社会的な相互作用は，生業上の差異が減じても，民族人類学が働き続けている好例として位置づけることができるだろう．

しかしまた，民族人類学によって絶えず維持されている農耕民と狩猟採集民の間の二項対立は，相互行為の場が変われば異なる様相をみせる．第3章では，バクウェレのセルフ・イメージの揺らぎが，バカ・ピグミーを含む他者との関係にも影響するさまをみた．バクウェレは，村と森では社会的なモードを大きく変える．バクウェレは，村ではバカ・ピグミーをことさらに侮蔑するが，森ではむしろ，森に詳しいバカ・ピグミーに対して下手に出ているようにさえみえることがある．

バクウェレのバカ・ピグミーに対する民族人類学は，ギャラティが描いたマサイとドロボの関係よりも，相手への「排除」を徹底していない，隙間のあるものだといえるのではないか．バクウェレによる，バカ・ピグミーに対するヘゲモニーは，一方的に，固定的に維持されることはない．定住集落において，バクウェレはあたかも優位な立場にいるように見えるが，森では様相が変わる．例えば，バクウェレは，森行きの際に大量の農作物をキャンプに持ち込むが，それがなくなった時，どうしたか．結局は

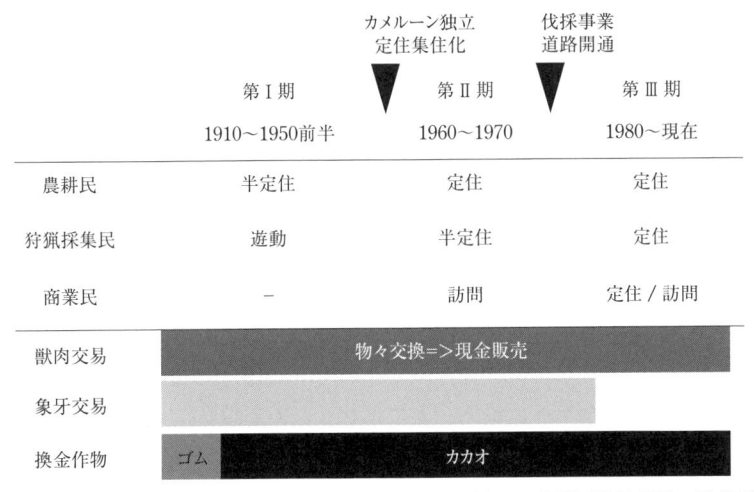

	第Ⅰ期	第Ⅱ期	第Ⅲ期
	1910〜1950前半	1960〜1970	1980〜現在
農耕民	半定住	定住	定住
狩猟採集民	遊動	半定住	定住
商業民	−	訪問	定住／訪問
獣肉交易	物々交換=>現金販売		
象牙交易			
換金作物	ゴム	カカオ	

第Ⅱ期の始まり：カメルーン独立・定住集住化
第Ⅲ期の始まり：伐採事業・道路開通

図 8-1　居住様式と市場経済との関わりからみた農耕民＝狩猟採集民関係の時代区分.

　森のなかに自生する野生ヤムイモを掘り出すしかなくなり，村では「動物の食物」とまで言うこともあった食物を探しながら，「やっぱり森に詳しいバカ・ピグミーが採集した野生ヤムイモを食べたい」という眼差しになるのである．バクウェレは，バカ・ピグミーを，自己よりも自然に近い，動物のような存在だとみなす．しかし，いったん森に入ってしまえば，ピグミーたちと何ら変わらない食物を食べ，コミュニケーションを楽しむ．漁撈キャンプでは，バクウェレの集団アイデンティティの枠組みはゆるみ，社会的カテゴリーは曖昧になり，ついに対立は棚上げされる．

　漁撈キャンプに限らず，バクウェレとバカ・ピグミーが，互いをけなし，非難し続けあいながらも，時に仲良くしているありさまは，一見ネガティブな形をとりながらも，どこかでやりとりを楽しんでいるようにみえることがたびたびあった．

　相互行為（インタラクション）研究者の木村大治は，相互行為する者どうしが共有する枠組みについて考察するなかで，「利害の対立によって共同性が共有」される例をあげる．それはアニメの敵対した2匹の主人公「トムとジェリー」である．つねに互いを意識しながら，延々とネガティブな

225

相互行為を繰り返しているバクウェレとバカ・ピグミーのやり取りは，まさにそのような共同性を想起させる．

このように，バクウェレとバカ・ピグミーは，異質で多様な状況をともに過ごしながら，ギャラティのいう意味での民族人類学を絶えず更新し続けている．その理由には，相手との分離を実現し，自らの個性を賦活するだけにとどまらない，遊びに通じる楽しさがあるように思われる．

2. 関係の歴史的展開をみる

第2章でみたように，カメルーン独立前後の定住化と木材伐採事業は，ドンゴ村におけるバクウェレとバカ・ピグミーの環境利用や社会関係にとりわけ大きなインパクトをもたらした．ここでは，これらを画期として，過去100年間の地域史における，農耕民と狩猟採集民の関係を大きく三つの時代区分に分けて考察してみよう．

三つの時代は，以下のように区分される．すなわち，第Ⅰ期は第一次世界大戦後の1910年から1950年代後半の強制移住/集住化までのフランス委任統治期で，第Ⅱ期はカメルーン独立から1970年代後半の熱帯雨林伐採事業の開始まで，第Ⅲ期は1980年代から現在（2015年）までとする．

第Ⅰ期より以前，おおよそ150年ほど前のバンツー諸族間の部族戦争の時期に複数の出自集団から森林内に逃避してきたこれらの農耕民集団は，ジャー川流域に定着し，部族混合的な居住集団であるバクウェレ・ジャーコをつくった．第2章で見たように，第Ⅰ期では焼畑移動耕作をしつつ漁撈をおこなうバクウェレと，狩猟採集活動をおこなうバカ・ピグミーは，ジャー川本流沿いと熱帯雨林内部に住み分けて居住していた．バクウェレとバカ・ピグミーは，バカ・ピグミーが獣肉など狩猟採集産物や農作業のための労働力を提供し，引き換えにバクウェレが農作物を提供する物々交換の関係をもち，親族間で擬制的親族関係が結ばれていた．その枠組みの中で，バカ・ピグミーは，ベカと呼ばれるバクウェレの男子割礼儀礼に参加するなど，文化的な交流もみられた．

旧ドンゴ村をはじめとするジャー川流域の住民は，第一次世界大戦前か

終章　開かれた境界

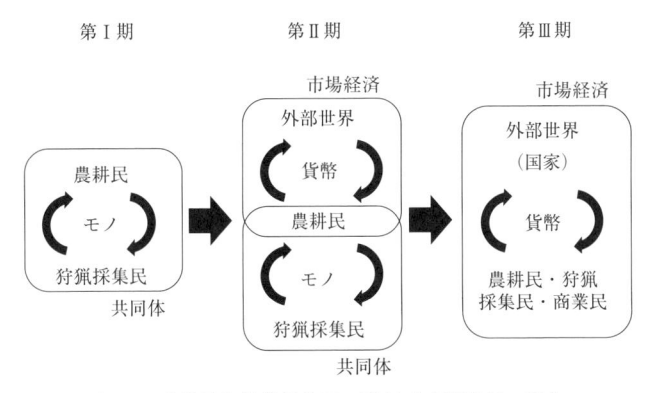

図8-2　農耕民と狩猟採集民の贈与/交換関係の変化.

らドイツ軍関係者，その後はフランス人行政官や森林公社関係者と接触をもち，象牙や野生ゴムの交易に活発に関与していた．それらのうち，野生ゴム採集やカカオ栽培などが植民地政府によって農耕民に課されたが，少なくとも一部のバカ・ピグミーもこれを手伝っていた．このとき，外部世界と農耕民の間では貨幣が流通するが，農耕民と狩猟採集民の間ではいまだ物々交換（モノのやり取り）が維持される（図8-2：第Ⅱ期）．

　第Ⅱ期では，強制移住により擬制的親族関係にあったバクウェレとバカ・ピグミーの家系集団がばらばらに移動していった結果，定住先で新たに農耕民とバカ・ピグミーとの関係が作られていった．バクウェレは，移住元の焼畑やカカオ畑を放棄して本格的な定住生活をおこなうようになるが，乾季にはジャー川沿いの廃村跡をキャンプ地として利用しながら漁撈活動を続けた．バカ・ピグミーはバクウェレの集落近傍に複数の定住集落をつくり，半定住化する．半定住化した彼らの狩猟法は，かつては頻繁に行われた集団槍猟から，定住集落から日帰りで見回りが可能な罠猟や農耕民から委託される銃猟が中心となる．バカ・ピグミーはまた，バクウェレの畑仕事を手伝うだけでなく，焼畑農耕を受容してプランテン・バナナを栽培し始めるが，自給できるまでにはなかなか至らず，バクウェレとの物々交換関係はある程度維持される．

227

第Ⅲ期では，熱帯雨林伐採事業に伴う地域住民の雇用と貨幣経済の浸透が契機となって，地域経済の全体に現金が取り込まれるようになる．バクウェレとバカ・ピグミーのほか，新たに移入・定着した商業民が加わり，民族間関係が多様化する．1990年代の構造調整政策や，2000年代初めのカカオの国際市場価格の上昇[1]にともなって，カメルーンのカカオ経済が好調になると，焼畑でのカカオ栽培が盛んになった．カカオ栽培は，定住化したバカ・ピグミーの間にも広まっていった．ムスリム商業民の一部が，バカ・ピグミーの安価な労働力の利用を背景にカカオ畑の拡大に成功すると，賃金労働に従事して商業民との関係を深めるバカ・ピグミーが増えることとなった．この結果，彼らとバクウェレのパトロン=クライアント関係にもとづいた経済的な相互依存関係は，これ以降急速に弱体化していった．

　このように，過去100年間にわたって，ドンゴ村における農耕民と狩猟採集民の関係は外部世界の動きから隔離されたものではなく，相互依存的であったといえる．しかし，農耕民とバカ・ピグミーの相互依存の方向性と程度には時代区分ごとに変化がみられた．第Ⅰ期における委任統治政府による野生ゴム採集やカカオ栽培の導入は，農耕民による，狩猟採集民の労働力への依存を高めた．さらに，第Ⅱ期以降のバカ・ピグミーによる農耕の受容は，次第に農耕民への食料依存を減少させた．第Ⅰ-Ⅱ期まで，バカ・ピグミーと外部世界との関係は，おもにバクウェレによって媒介されていたが，第Ⅲ期になるとバカ・ピグミーは直接外部世界と関係をもつようになった．このことを背景に，バカ・ピグミーは，農耕民に対して以前と比べて自立した位置を占めるようになったのである．

　では，ここまで述べてきた第Ⅰ期から第Ⅲ期までのバクウェレとバカ・ピグミーの関係変遷を，政治，経済，文化の三つの側面にわけて整理してみよう（図8-3）．

　バカ・ピグミーは，第Ⅰ期から第Ⅱ期へと移行する際に，市場経済の浸

---

[1] カカオ豆の国際市場価格の上昇は，コートジボワールなど西アフリカにおけるカカオ生産国の政変による．

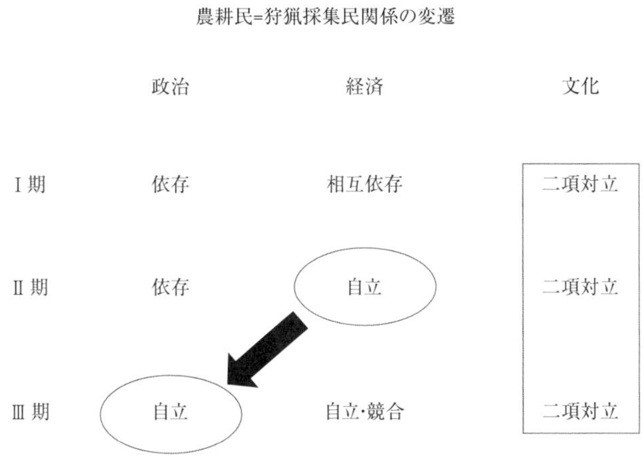

終章　開かれた境界

農耕民=狩猟採集民関係の変遷

	政治	経済	文化
Ⅰ期	依存	相互依存	二項対立
Ⅱ期	依存	自立	二項対立
Ⅲ期	自立	自立・競合	二項対立

図8-3　政治・経済・文化の各側面における農耕民＝狩猟採集民関係の変遷．

透のなかで農耕化した．現金獲得手段を得たバカ・ピグミーは，しだいに，相対的に農耕民から自立した経済を営むようになり，さらに換金作物栽培の活動では農耕民のライバルとして競合関係に立つようになりつつある（第Ⅲ期）．

経済的な関係の変化は，バクウェレが，外部世界とバカ・ピグミーの間を媒介する立場に立つというそれまでの政治的な依存関係（第Ⅰ～Ⅱ期）に影響を与えている．というのも，バカ・ピグミーは農耕民から相対的に自立した形で外部世界と政治的な交渉をおこなうようになってきているからである（第Ⅲ期）．このようにめまぐるしい社会経済条件の変化を経て，バクウェレとバカ・ピグミーにおける生業実践のうえでの差異が減少してきている．このような生業変容の実態にもかかわらず，文化面では二項対立が維持されていることが示された（第Ⅰ～Ⅲ期）．

3．より広いシステムのなかで関係をみる ── 二者関係から三者関係へ

熱帯雨林伐採事業とそれに続く換金作物栽培ブームは，地域社会に貨幣

を流通させ，農耕民と狩猟採集民の間の贈与/交換システムに質的な変化をもたらした．まず貨幣は，バカ・ピグミーに購買力を与えた．貨幣を手にしたバカ・ピグミーは，農耕民優位という社会関係のもとで進められがちだったモノのやり取りを，より自立的におこなうようになった．「友人」関係と呼ばれるような，擬制的親族関係を枠組みとした農耕民から狩猟採集民への贈与は，両者の間の紐帯を強めるだけではなく，一方的なアドレス性を付されることによって，受贈者である狩猟採集民側にモースが『贈与論』のなかで言ったような意味での負債を与え，農耕民への従属性を作り出す装置として働いていた．しかし，貨幣をもちいた交換は，このような農耕民による狩猟採集民への「先行贈与」（塙, 2004）の意味を打ち消す．

　ピグミーを含む熱帯アフリカの狩猟採集民は，生業活動での投資に対する見返りが，直接的で即時利得的な経済システムをもち，それと密接に関連した平等主義規範を築いてきた（Woodburn, 1982）．しかし，第5章で見たように，カカオ栽培は，播種から収穫まで少なくとも数年以上かかる典型的な遅延利得経済の特徴をもつ．また，バカ・ピグミーによるカカオ畑の経営面積には，数世代にわたる相続の結果とみられる個人差が存在していた．そこから得られる現金収入に相当な個人差が推定された．しかし，現金収入が得られても，すぐさま嗜好品や食料に換えられて分配されてしまうこと，収穫前のカカオ豆の盗みに対する積極的な制裁がほとんどみられないこと，また，高額紙幣を婚資とすることで，バカ・ピグミーの家系集団間で貨幣を流通させる仕組みの存在（Kitanishi, 2006）など，いくつかの方法によって，現金収入の差はある程度平準化されているとみることができる．

　第6章でみたように，バカ・ピグミーによるカカオ栽培は，酒やたばこなどの嗜好品や，消費財商品など，魅力的な使用価値への彼らの強い関心に動機づけられている．ここでは，貨幣が，そういった魅力への「眼前への関心」（Ichikawa, 2000）と，遅延利得経済的な生業活動をつないでいる．すなわち，バカ・ピグミーによるカカオ栽培実践は，遅延利得経済への擬似適応だとみることができるのである．しかし，擬似適応を繰り返すなか

で，狩猟採集民コミュニティのなかには積極的に貨幣を蓄積し，他のバカ・ピグミーを雇用する者が現れる一方，得られた現金収入をはるかに上まわる消費の結果借金を重ねる者も出てくるなど，狩猟採集民コミュニティのなかでも萌芽的な経済的な階層化が起こりつつあることも明らかとなった．このように，市場経済との関わりが深くなるなかで，積極的な蓄積を目指すか否かの心理的な葛藤が生まれている．今後，伝統的な生活を保持した者とより変容を受けた者がいかに共存を図ってゆくことができるかは，経済格差が拡大している現在のバカ・ピグミーの社会にとって重要な課題である．

　カメルーン東南部では，マクロな政治経済条件が独立以来一貫して安定していることや，熱帯雨林伐採事業の拡大，植民地期に導入された換金作物であるカカオ経済が堅調であることを背景に，アフリカ熱帯雨林社会における従来のアクターである狩猟採集民やバンツー系農耕民に加えて，彼らの居住地に定住する商業民が増加した．その傾向は，2000年代後半以降特に顕著である．農耕民と狩猟採集民の二者関係は，定住化した商業民を含んだ三者関係へと展開している．商業民は，市場経済と地域経済を媒介する役割を担い，ローカルなレベルでの政治経済秩序や民族間における力学の変化を促進している．ここでは，ハウサをはじめとする商業民とバカ・ピグミーが築きつつある関係について述べ，それとの比較から，あらためてバクウェレとバカ・ピグミーの今後の関係について考えてみたい．

　商業民にとって，バカ・ピグミーとの関係の維持は，功利的な目的（経済的な利益の拡大）によって動機づけられている．しかし，バカ・ピグミーにとって，商業民との関係を深めることは，現金経済上の利益のためだけにとどまらない社会的な意味を持っている．すなわち，商業民との間でおこなわれるさまざまな財やサービスの委託関係は，バカ・ピグミーの社会に生計維持のうえで技術革新をもたらしており，一部のバカ・ピグミーはこれを日常生活に積極的に取り込むことによって，農耕民との伝統的なパトロン＝クライアント関係から独立した生計経済を営む契機としている．

　バクウェレとは異なり，商業民は，バカ・ピグミーとの交換に貨幣や商

品としている工業製品を多用する．そのため，一部のバカ・ピグミーは，嗜好品消費や商品の付け買いを繰り返して，商業民に経済的に依存しがちになる．その結果として，第7章でみたように，商業民から借金を重ねるという悪循環のあげく，カカオ畑の委託関係を延長し続けるうちに土地の用益権を失って，一年の大半を日雇い賃金労働に費やすようになっているバカ・ピグミーも少なくない．

　しかし，定住化したバカ・ピグミーと商業民の関係は，経済的な交換や協力関係にとどまってはいない．バンツー系農耕民とバカ・ピグミーの間では正式な通婚関係は双方から社会的な禁忌とされているが，商業民とバカ・ピグミーの間では，通婚の事例がみられるようになっている．両者の婚姻はバカ・ピグミーの女性が商業民の男性と結婚するという形態がほとんどだが，両者の間の子供は商業民の子供とされ，ムスリムだが，バカ語と父方の民族語の両方を話す．東南アジア，たとえばボルネオ島では華人系商業民が，在地の焼畑民や狩猟採集民との間で数世代にわたる通婚をおこなっているという事例を念頭におけば (Chew, 1990; 市川, 2012)，アフリカ熱帯雨林においても，このような形での商業民と狩猟採集民の間の混血による商業民の在地化が進むならば，新しい世代の商業民たちが，バカ・ピグミー社会と外部世界の間にこれまでとは異なる新たな関係を作り出す可能性があるかもしれない．

　バカ・ピグミーは，商業民との関係を深めることによって，農耕民の媒介によらずに市場経済システムに直接的に関与できるようになった．換言すれば，各個人が狩猟採集の生産物や労働サービスの交換相手を選択できるようになったということだ．その選択肢には，従来の交易相手である農耕民，新しい交易相手である商業民のほか，他のバカ・ピグミーも含まれる．バカ・ピグミーのなかには，交易や賃金労働により得られた現金を貯蓄して他の者を雇用したり，定住キャンプの土地の用益権をうしなって移住を余儀なくされる者がいる一方で，定住集落の一角に土壁や木造家屋を複数建て，部屋を商業民や農耕民に貸し出して家賃を稼ぐ者もいる．このような多様化は，商業民との経済的な関係の深化が，社会関係や土地との

終章　開かれた境界

関わりにも影響を与えていることを示している．

定住集落に移住・定着する商業民の増加がもたらしている新たな変化の傾向は，特に定住集落において顕著である．彼らは，定住集落の一部に都市的な空間を作り出した．バカ・ピグミーの生活空間のなかに，森と村に加えて，都市的な空間が加わったのである．このことは，例えば第6章でみたような集落景観の変化—集会所 (mbanjo) がなくなり，代わりに簡易バーに集まる若者が増えた事例—に端的に表れている．商業民を通じた市場経済とのつながりによって，バカ・ピグミーは土地収奪のような周縁化のリスクに直面するとともに，新たな経済的な成功のチャンスを得ている．

最後に本書で取り上げることができなかった，外部世界との重要な関わりとして熱帯雨林の自然保護と先住民運動についても触れておきたい．開発や保護を推し進めるグローバル，リージョナルなアクターがローカルな文脈に入って来る時，同じ地域住民といっても，バカ・ピグミーとバクウェレをはじめとする農耕民への対応がずいぶん異なることがある。たとえば，自然保護活動が狩猟規制として実体化されるときに，同じ森で狩猟採集活動をしていても，バクウェレのような農耕民の活動は持続的ではないが，バカ・ピグミーの活動は持続的だとされて規制がゆるく設定されることがある．あるいは福祉事業で，障害者に対する支援をするというときに，同じように松葉杖が必要な人がいても，農耕民よりも，先住民であるバカ・ピグミーを優先して配布された (戸田, 2015)，といったような事例である．こういった区別がなされる理由は，外部からの啓蒙的な事業が欧米を中心としたグローバルな価値観に基づいていることや，彼らのバカ・ピグミーを社会の中で周縁化された存在としてみなす眼差しに起因している．これらは，バカ・ピグミーを国際社会の政治システムへと直結させる傾向があり，同時に地域社会においては，農耕民と狩猟採集民の間でヘゲモニーの逆転をもたらしている．

一方で，自然保護運動は自然資源利用をめぐって，先住民運動とするどく対立することがある．たとえば，2009年以降に数度にわたって繰り返されている軍隊を動員した「密猟」撲滅作戦では，多くの村落でバカ・ピ

233

グミーが暴力の巻き添えを食うこととなったが，これをめぐって国際NGOどうしが激しく対立している（大石，2016）．

　こうしたなか，バカ・ピグミーは商業民やNGO関係者とのつながりを強める一方で，バクウェレとの関係を断ってしまっているわけではない．たとえば，ドンゴ村では，密猟取り締まりの際に，暴力を逃れるために国境を越えてコンゴ共和国へと逃避したバカ・ピグミーも少なくなかったが，彼らのなかにはかつて擬制的親族関係を結んでいたバクウェレを頼った者がいた．この事例は，少なくとも一部のバカ・ピグミーにとって，農耕民との個人的なつながりが，緊急時の保険のようなものとして利用可能な社会関係として現在に生き続けていることを示している．

4. 結論

　以上，三つのアプローチをふまえて，冒頭の問いに答えてみたい．

4-1. 生業変容を経てなお，バクウェレとバカ・ピグミーの分離的共存が維持されている理由

　狩猟採集／農耕の分業が必ずしも成り立たなくなりつつあるなか，時間的な，あるいは空間的な広がりの両方で，バクウェレとバカ・ピグミーの間に異なる贈与・交換経済のモードが同時に複数存在している．それらのモードの間で，流動性が失われていないために社会経済関係の画一化や固定化がまぬかれている．そのうえで，農耕民と狩猟採集民の文化的な二項対立が，民族人類学の実践によって絶えず構築・更新し続けられている．これらを可能にしている条件として，多様で豊富な資源を人間社会に提供している熱帯雨林生態系の豊饒性がある．バクウェレとバカ・ピグミーの関係は，人間界だけで完結していない．境界をめぐるやりとりは，人間界から自然へとひらかれたところで，熱帯雨林に棲む動物など，非人間的存在を媒介として起こっている点に特徴がみられた．農耕民と狩猟採集民は，互いを邪険に扱いながら，同時に相手に魅惑され続けている．この矛盾した関係は，それぞれの民の熱帯雨林という空間そのものや，そこに棲む動

物に対する構えと重なり合っている．そこでは，人間と自然のもつれあった関係が，人間どうしの関係とアナロジカルに捉えられており，人と人，人と自然は，安易に切り分けられない存在である．農耕民と狩猟採集民は，熱帯雨林の資源を異なる資源利用様式によって効率的に分かち合っている，という生態学的な共生関係だけではなく，認識論的にも熱帯雨林を分かち合ってきたのだ．これが，現代における両者の分離的共存のもう一つの基盤になっている．

4-2. バカ・ピグミー社会で，持てる者と持たざる者の間で明確な社会階層化が起こらず，したがって農耕民化も起こらない理由

ドンゴ村ではバカ・ピグミーのほとんどが，カカオ畑をもち，現金収入や蓄積への態度には差異がみられた．多くのバカ・ピグミーにとって，カカオ栽培は資本蓄積のためではなく，目先の使用価値を素早く手に入れるための遅延的利得経済への擬似的な適応であるとみることができ，得られた現金収入の多くは嗜好品や食料として分配されて即時消費される．しかし，資本家的な商業民との接触を通じて，積極的な蓄積を目指すか否かで心理的葛藤が生まれている様子がうかがえた．カカオを採集物とみなすか，収穫物とみなすか，バカ・ピグミー社会のなかでも見解がわかれるようにみえる．

このジレンマは，1950年代後半のカメルーン東南部でアルタベが出会った，ンドという名のバカ・ピグミー男性についてのエピソードを想起させる (Althabe, 1962)．ンドは，自ら村長を名乗り，自前のカカオ畑を率先して作って経済的成功を収め，6人の妻をめとり，娘を農耕民に嫁がせるなど農耕民になろうとした．しかし，しだいにンドは，バカ・ピグミーのコミュニティからも農耕民のコミュニティからも相手にされない存在になっていったという．あからさまに貯蓄をする態度が，ほかのバカ・ピグミーからは嘲笑の対象になり，農耕民のように振る舞おうとする態度が，農耕民に受け入れられなかったのだ (Althabe, 1965: 589–592)．

アルタベの観察から半世紀たった今，多くのバカ・ピグミーは，市場と

の交流にひらかれているなかで交易を行ない，これまでのところ，社会的には狩猟採集民としてのアイデンティティを維持しながら，ンドのように孤立することなく，カカオ栽培をおこなっていることが明らかとなった．

II. 今後の展望 —— 分離的共存のこれから

　最後に，今後のバクウェレとバカ・ピグミーの分離的共存について浮かび上がってくる問いを提示するとともに，彼らと同時代に生きる私たちが，彼らがともにあるやり方から，なにをくみ取ることができるのかを考えてみたい．
　今後，ドンゴ村をはじめ，熱帯雨林地域の市場経済への包摂がますます進むなかで，バクウェレとバカ・ピグミーの関係は，二者関係から三者関係というよりもさらに多様な，n者系とでも表現できるような多様な他者との関係のなかに埋もれていってもおかしくない．しかし，興味深いことにバカ・ピグミーは，現在，現金経済のうえでより強い関係を築きつつあるハウサなど商業民に対して，バクウェレに対するほどの強い関心や情動をいだいてはいない．森のなかに住み続けるかぎり，バクウェレとバカ・ピグミーのお互いを気にしながら友好と対立を繰り返す関係は，これからも続いていくにちがいない．
　前項の結論では，熱帯雨林と人々の世界観とのつよい結びつきが，分離的共存を可能にしている大きな要因ではないかと推論した．では，森から離れ，今後ますます，バクウェレとバカ・ピグミーが訪問したり，移住することが増えていくだろう都市においても，本書があつかってきたような，人と自然の関わりを媒介とした彼らの分離的共存は成り立つだろうか．もしそうだとしたら，その関係は，どんな自然を媒介としたものだろうか．そしてバカ・ピグミーは，どのような形で狩猟採集民であり続けられるのだろうか．これらの問いを探究することで，より広い世界とのつながりのなかで，バクウェレとバカ・ピグミーの民族境界にみられる自然と社会の

終章　開かれた境界

もつれあいがどのように展開していくのか，見届けたい．

さて，本書でみてきたバクウェレとバカ・ピグミーの関係では，双方が互いを蔑視したり，罵ることはあっても，相手の存在を否定するに至ることはなかった．翻って，私たちの周りでは社会的なカテゴリーにまつわる様々な偏見や差別が飛び交い，深刻な文化的・社会的な対立が生み出されている．そしてそこでは，たとえば，日本社会における在日外国人に対するヘイト・スピーチや，2014年12月にフランス・パリの週刊誌『シャルリー・エブド』が掲載したイスラーム世界への諷刺画を受けての同編集部襲撃事件にみられるように，偏見がそのまま暴力に直結してしまっている．

諷刺や隠喩がもちいられているという点では同じであるにもかかわらず，バクウェレとバカ・ピグミーの実践は，決定的な対立を迎えないままにヘゲモニーを平和なものにとどめている点で，これらとは決定的に異なっていた．この差異はいったい何なのか．もちろん社会的条件や背景は違っていても，そこには，私たちが直面する紛争や対立に解決をもたらす何らかのヒントがあるような気が，私にはする．今後の研究では，バクウェレとバカ・ピグミーの分離的共存が決定的な対立に至らない理由について，さらに掘り下げていきたいと考えている．

あとがき

　本書は，2013年11月に京都大学大学院アジア・アフリカ地域研究研究科に提出した博士学位申請論文，「カメルーン東南部における農耕民＝狩猟採集民関係―市場経済浸透下のエスニック・バウンダリーの動態―」を大幅に加筆・修正したものである．本書の出版は，平成27年度「京都大学総長裁量経費・若手研究者に係る出版助成事業」の支援をいただいて可能となった．本書の執筆・準備の間，勤務先である総合地球環境学研究所と東京外国語大学には恵まれた研究の場と時間を与えていただいた．

　博士論文のもととなった資料は，カメルーンで，12年間の間に約2年半にわたっておこなわれたフィールドワークで収集した．海外調査は，以下のプロジェクトや財団からの資金援助によって可能となった．

■文部科学省科学研究費補助金

若手研究（研究活動スタート支援）「中央アフリカ低地熱帯林における川の民と森の民の交流史に関する歴史生態学的研究」（2009.10.～2011.3., 課題番号21820018，代表：大石高典）

若手研究（B）「アフリカ熱帯林への貨幣経済浸透に伴う経済的不平等の拡大と住民の平等主義規範の相克」（2011.5.～2014.3., 課題番号：23720424，代表：大石高典）

基盤研究（A）「アフリカ熱帯森林帯における民族的アイデンティティの再編成に関する人類学的研究」（FY2001～2003, 課題番号13371006，代表：竹内潔富山大学准教授）

基盤研究（B）「コミュニケーション・プロセスとしての生態人類学：アフリカ熱帯雨林における研究」（FY2002～2005, 課題番号14401013，代表：木村大治京都大学准教授）

基盤研究（A）「アフリカ熱帯林における人間活動と環境改変の生態史的研

究」(FY2006〜2009, 課題番号 18201046, 代表：木村大治京都大学准教授)
基盤研究 (A)「アフリカ熱帯森林帯における先住民社会の周縁化に関する比較研究」(FY2006〜2009, 課題番号 18251014, 代表：竹内潔富山大学准教授)
基盤研究 (A)「『仮想地球空間』の創出に基づく地域研究統合データベースの作成」(FY2007〜2009, 課題番号 19201052, 代表：荒木茂京都大学教授)
基盤研究 (A)「動物殺しの比較民族誌研究」(FY2012〜2017, 課題番号 24251019, 代表：奥野克巳立教大学教授)

■民間財団等からの研究助成金

財団法人日本科学協会笹川科学研究助成 (18-035)「熱帯雨林の中の移動・定住と民族間関係の歴史生態学：カメルーン東南部のバンツー系焼畑農耕民とピグミー系狩猟採集民の過去 100 年間における移住履歴の復元から」(2006.4.〜2007.2., 代表：大石高典)

公益信託四方記念地球環境保全研究助成基金研究助成「アフリカ熱帯雨林において生活者が持続的に利用可能な小河川の動物資源量の推定」(2006.8.〜2007.7., 代表：大石高典)

第 10 回猿田彦大神フォーラム「みちひらき研究/創作」助成「モノノケの民族生態学—中央アフリカ・カメルーンをフィールドにした, モノノケ・動物表象と感覚価値に関する研究—」(2007.10.〜2008.6., 代表：大石高典)

財団法人高梨学術奨励基金平成 20-21 年度研究助成「森に埋め込まれた狩猟採集民＝焼畑農耕民の空間利用変遷と民族間関係〜アフリカ熱帯林におけるヒューマン・インパクトと民族考古学〜」(2008.6.〜2010.3., 代表：大石高典)

財団法人 たばこ総合研究センター平成 20 年度研究助成「熱帯アフリカにおけるたばこと酒をめぐる市場経済と交換経済」(2008.4.〜2009.3., 代表：林耕次神戸学院大学研究員)

平成 20 年度京都大学若手研究者スタートアップ研究費「アフリカ熱帯雨林内の小人口社会における環境史と民族史の統合的研究」(2008.10.〜

2010.3., 代表：大石高典)
2010年度公益財団法人住友財団・環境研究助成「アフリカ熱帯林における動物性タンパク質の交易拡大と漁撈活動の持続性」(2010.11.～2012.5., 代表：大石高典)
生き物文化誌学会『さくら基金』研究助成「熱帯アフリカの森林居住民を対象とした比較民族魚類学的研究」(2011.4.～2013.3., 代表：大石高典)

　カメルーンにおける調査・研究は，カメルーン共和国科学研究開発省(MINRESI)，ならびに森林野生動物省(MINFOF)からの調査許可を受けておこなわれた．ンガウンデレ大学のゴデフロイ・ンギマ・マウング(Godefroy Ngima Mawoung)先生には，受け入れ研究者として調査許可の取得にご尽力をいただいたほか，折に触れて研究内容へのご助言をいただいた．
　山極壽一先生(京都大学総長)には，大学院での指導教員として受け入れていただき，カメルーンの熱帯雨林で研究をする道に導いていただいた．木村大治先生(京都大学大学院アジア・アフリカ地域研究研究科)には，博士論文の執筆時点から本書執筆にいたるまで，懇切丁寧なご指導をいただいた．木村さん主宰の論文合宿では，仲間と納得いくまで議論しながら多くを学ぶ得難い経験をさせていただいた．市川光雄先生(京都大学名誉教授)には，京都大学カメルーン調査隊の一員に加えていただいた．また，研究会や学会など，様々な場でご指導を賜り，するどく，本質を突いたコメントやご批判で発破をかけていただいた．竹内潔先生には，科研費プロジェクトの研究チームに加えていただき，コンゴ共和国でのフィールドワークの機会を与えていただいた．また，ワークショップや国際会議に誘っていただき，研究を進める上で大きな刺激をいただいた．池谷和信先生(国立民族学博物館)には，共同研究「熱帯の『狩猟採集民』に関する環境史的研究—アジア・アフリカ・南アメリカの比較から—」(2012.10～2015.3.)のメンバーに加えていただき，カメルーンでの研究をグローバルな視野でとらえ直す機会をいただいた．奥野克巳先生(立教大学)の主宰される人と

動物の人類学についての研究会では，文化人類学的なものの見方について学ばせていただいた．

　出身大学院である京都大学大学院理学研究科人類進化論研究室では，自由な発想で研究をおこなう楽しみを教えていただいた．京都大学カメルーン・フィールドステーションのメンバーには，現地調査の遂行にあたってお世話になった．2008年6月から2011年5月まで在籍した京都大学こころの未来研究センターからは，たびたびのアフリカ出張をご許可いただいた．当時の上司であった鎌田東二先生からは，現在に至るまで折に触れて研究活動への激励をいただいた．

　調査地であるドンゴ村における研究の先達である佐藤弘明先生（浜松医科大学名誉教授），山内太郎先生（北海道大学保健科学研究院），共同研究者である林耕次博士（京都大学），エヴァリスト・フォングンゾッシ（Evariste Fongnzossie）博士（ドゥアラ大学）には，調査基地を共有させていただいたほか，研究の進め方等について貴重なご助言をいただいた．

　京都大学東南アジア研究所をホスト機関とする頭脳循環プログラムからは，派遣研究者として，いくつもの海外の研究機関での滞在研究をさせていただいた．とりわけ，フランス国立パリ自然史博物館のイゴール・デ・ガリーン（Igor de Garine）博士，セルジュ・バウシェ（Serge Bahuchet）博士，故・エレーヌ・パジュジー（Hélène Pagezy）博士，ロンドン大学のジェローム・ルイス（Jerome Lewis）博士，ワシントン州立大学のバリー・ヒューレット（Barry Hewlett）博士，ボニー・ヒューレット（Bonnie Hewlett）博士には，研究を進める上で有用なコメントやご批判，ご助言をたくさんいただいた．

　調査地のドンゴ村では，バカ・ピグミー，バクウェレ，ハウサなど地域住民の方々にいつも温かく迎えていただいた．みなさんには，調査に協力をいただいたのみならず，日常生活全般にわたってお世話になった．それぞれと仕事をするなかで，多くの方に調査アシスタントとしてお世話になり，調査補助や翻訳だけでなく，地域で社会生活を送るために大切な様々な事柄を教えていただいた．

あとがき

　とりわけ，もっとも長いつきあいになるンソンカリ・シャルル゠ジョーンズ（Nsonkali Charles-Jones）さんとの雑談や議論のなかからは，研究を進めるうえで多くの発想を得た．研究の中身に関心を持ち，一緒におもしろがってくれる彼は，私にとって調査アシスタントというよりも大事な共同研究者である．故メニャタ・ガスパール（Menyata Gaspar）さんからは，森の植物や狩猟生活について多くのことを教えていただいた．メニャタさんは気概のあるハンターであると同時に，（奥さんのヤニさんをのぞく）誰とでも交渉上手で，カカオ畑を次から次へと開墾してゆく働き者だった．私にとって，彼は森と村の間を自在に往来するしなやかさを体現する存在だった．故メヤプウェ・ンガッサム・セルジュ（Meyapweu Ngassam Serges）さんとは，初めてのフィールドワークでジャー川沿いの廃村を訪ねる旅をした．その時の経験が，私の関心を歴史生態学へと導くきっかけとなった．ドゥンベ・デイビッド（Ndoumbe David）さんには，バクウェレ語の語彙調査をきっかけに，バクウェレ・ジャーコに伝わる物語をいくつも教えていただいた．モビサ・ピエール（Mobisa Pierre）さんは，バカ語の微妙なニュアンスについて，私のしつこい質問に辛抱強くつき合って丁寧に教えてくださった．

　本書の準備段階でも，多くの方にお世話になった．京都大学学術出版会の鈴木哲也編集長は，本書の出版を快く引き受けてくださった．編集を担当してくださった高垣重和さんは，なかなか出ない原稿を辛抱強く待ってくださった．山本雄大さん（元京都大学アフリカ地域研究資料センター）は，平日勤務のあるなか，休日や夜間を割いて出版原稿の校閲作業を引き受けてくださった．小林正佳さんと大橋麻里子さん（日本学術振興会）からは，それぞれ，草稿の文章表現についてコメントとご助言をいただいた．園田浩司さん（京都大学大学院アジア・アフリカ地域研究研究科），高村伸吾さん（同研究科），小林舞さん（京都大学大学院地球環境学堂），塩谷暁代さん（京都大学アフリカ地域研究資料センター）は，出版原稿の校正作業を手伝ってくださった．

　最後に，母，雅子は長い間，海外と日本を往き来する研究生活をじっと

エッセイ・コラム：

大石高典 2008.「生態植物園探訪（1）―フランス国立自然史博物館付属パリ植物園生態園」『ゆくのき通信』第 4 号：pp.17-19. 京大植物園を考える会.【Essai 1】

大石高典 2014.「GODZILLA（ゴジラ）」Daisuke Naito, Ryan Sayre, Heather Swanson, Satsuki Takahashi（eds.）"*To See Once More the Stars: Living After Fukushima*" New Pacific Press, Santa Cruz, California. pp. 115-119.【Essai 2】

大石高典「川べりのエアポケット」京都大学カメルーンフィールドステーション『フィールド・エッセイ』(URL: http://goo.gl/SasnmE 2010 年 2 月 6 日掲載, 2016 年 3 月 4 日最終アクセス).【第 3 章　コラム】

大石高典「イモワーズ（婚約）とエバ（結婚）の間（カメルーン）」特定非営利活動法人アフリック・アフリカ，『アフリカ便り』(URL: http://afric-africa.vis.ne.jp/essay/marriage02.htm 2009 年 6 月 8 日掲載, 2016 年 3 月 4 日最終アクセス).【Essai 3】

大石高典 2014.「熱帯アフリカで歳時記を読む」俳誌『氷室』第 22 巻 1 号. pp. 28-32. 氷室発行所.【Essai 4】

大石高典 2008.「モノノケの民族生態学―国家に抗するモノノケたち―」『あらはれ』11 号. pp. 142-165. 猿田彦大神フォーラム．（Essai 5）

大石高典「ムスリム商人たちとの甘苦い茶の時間」特定非営利活動法人アフリック・アフリカ，『アフリカ便り』(URL: http://afric-africa.vis.ne.jp/essay/sweet02.htm 2013 年 7 月 31 日掲載, 2016 年 3 月 4 日最終アクセス).（Essai 6）

大石高典「唐辛子をきかせる（カメルーン）」特定非営利活動法人アフリック・アフリカ，『アフリカ便り』(URL: http://afric-africa.vis.ne.jp/essay/afric10_r2.htm 2014 年 12 月 5 日掲載, 2016 年 3 月 4 日最終アクセス).【Essai 7】

引用文献

■和文文献

秋道智弥 1976.「漁撈活動と魚の生態 —— ソロモン諸島マライタ島の事例」『季刊人類学』7 (2)：76-128，講談社．

有馬朗人 2000.「私の俳句技法 —— 海外吟が俳句に新しい一面を開く」『新日本大歳時記カラー版—夏』p. 38，講談社．

安渓貴子 1995.「ソンゴーラの火の酒 —— ザイール」(山本紀夫・吉田集而編著)『酒づくりの民族誌』pp. 119-130，八坂書房．

池谷和信 2002.『国家のなかでの狩猟採集民 —— カラハリ・サンにおける生業活動の歴史民族誌』(国立民族学博物館研究叢書 4) 国立民族学博物館．

伊谷純一郎 1961.『ゴリラとピグミーの森』岩波書店．

市川光雄 1991.「ザイール・イトゥリ地方における物々交換と現金取引 —— 交換体系の不整合をめぐって」(谷泰編)『文化を読む —— フィールドとテキストのあいだ』pp. 48-77，人文書院．

市川哲 2012.「森林産物と民族関係：先住民との関係を通したサラワク華人にとっての熱帯雨林」『日本文化人類学会研究大会発表要旨集 2012』p. 33．日本文化人類学会．

市川光雄 2001.「森の民へのアプローチ」(市川光雄・佐藤弘明編)『森と人の共存世界』pp. 3-31，京都大学学術出版会．

市川光雄 2003.「環境問題に対する三つの生態学」(池谷和信編)『地球環境問題の人類学』pp. 44-64，世界思想社．

市川光雄 2008.「ブッシュミート問題 —— アフリカ熱帯雨林の新たな危機」(池谷和信・林良博編)『ヒトと動物の関係学第 4 巻 野生と環境』pp. 163-184，岩波書店．

伊藤美穂 2010.「ヤシ酒と共に生きる —— ギニア共和国東南部熱帯林地域におけるラフィアヤシ利用」(木村大治・北西功一編)『森棲みの生態誌 —— アフリカ熱帯林の人・自然・歴史Ⅰ』pp. 243-261，京都大学学術出版会．

稲井啓之 2010.「出稼ぎ漁民と地元漁民の共存 —— カメルーン東南部における漁撈実践の比較から」(木村大治・北西功一編)『森棲みの生態誌 —— アフリカ熱帯林の人・自然・歴史Ⅰ』pp. 373-397，京都大学学術出版会．

岩田明久・大西信弘・木口由香 2003.「南部ラオスの平野部における魚類の生息場所利用と住民の漁撈活動」『アジア・アフリカ地域研究』3：51-86．

岩田慶治 1993.『コスモスの思想 —— 自然・アニミズム・密教空間』岩波書店．

エヴァンズ＝プリチャード，E.E. 2001.『アザンデ人の世界 —— 妖術・託宣・呪術』(向

井元子訳)みすず書房.
大石高典 2008.「モノノケの民族生態学 —— 国家に抗するモノノケたち」『あらはれ』11: 142-165, 猿田彦大神フォーラム.
大石高典 2009.「森に埋め込まれた狩猟採集民＝焼畑農耕民の空間利用変遷と民族間関係 —— アフリカ熱帯林における民族考古学的研究」『高梨学術奨励基金年報』平成20年度, pp. 199-207.
大石高典 2010.「森の『バカンス』—— カメルーン東南部熱帯雨林の農耕民バクウェレによる漁労実践を事例に」(木村大治・北西功一編)『森棲みの社会誌 —— アフリカ熱帯林の人・自然・歴史Ⅱ』pp. 97-128, 京都大学学術出版会.
大石高典 2016.「ゾウの密猟はなぜなくならないか —— カメルーンにおける密猟取り締まり作戦と地域住民」(竹内潔・阿部健一・柳澤雅之編)『森をめぐるコンソナンスとディソナンス —— 熱帯森林帯地域社会の比較研究』第3章, CIAS Discussion Paper Series No. 59. 京都大学地域研究統合情報センター.
大山修一 2009.「ザンビアの農村における土地の共同保有にみる公共圏と土地法の改正」(児玉由佳編)アジア経済研究双書 No. 581『現代アフリカ農村と公共圏』pp. 147-183, アジア経済研究所.
大山修一 2011.「ザンビアにおける新土地法の制定とベンバ農村の困窮化」(掛谷誠・伊谷樹一編)『アフリカ地域研究と農村開発』pp. 246-280, 京都大学学術出版会.
小川英文 2000.「狩猟採集社会と農耕社会の交流 —— 相互関係の視覚」(小川英文編)『交流の考古学』pp. 266-295, 朝倉書店.
小川英文 2005.「森と川の民の交流考古学 —— 先史狩猟採集社会と農耕社会との相互関係史」(池谷和信編)『熱帯林に暮らす人々』pp. 35-63, 人文書院.
岸上伸啓 2005.『イヌイット「極北の狩猟民」のいま』中央公論新社.
北西功一 2001.「分配者としての所有者 —— 狩猟採集民アカにおける食物分配」(市川光雄・佐藤弘明編)『森と人の共存世界』pp. 61-91, 京都大学学術出版会.
木村大治 1991.「投擲的発話 —— ボンガンドの『相手を特定しない大声の発話』について」(田中二郎・掛谷誠編)『ヒトの自然誌』pp. 165-189, 平凡社.
木村大治 2003.『共在感覚』京都大学学術出版会.
木村大治 2010.「バカ・ピグミーは日常会話で何を語っているか」(木村大治・北西功一編)『森棲みの社会誌 —— アフリカ熱帯林の人・自然・歴史Ⅱ』pp. 239-261, 京都大学学術出版会.
黒田末寿 1993.「ザイール中央部の民族集団, ボンガンド社会における婚資の役割と流通」『アフリカ研究』43: 63-75.
黒田末寿 1999.『人類進化再考 —— 社会生成の考古学』以文社.
坂梨健太 2009.「カメルーン南部熱帯雨林におけるファンの農耕と狩猟活動」『アフリカ研究』74: 37-50.

『アフリカ研究』64：19-42.
林耕次 2000．「カメルーン南東部バカ（Baka）の狩猟採集活動 ―― その実態と今日的意義」『人間文化』14：27-38，神戸学院大学人文学会．
林耕次 2010．「バカ・ピグミーのゾウ狩猟」（木村大治・北西功一編）『森棲みの生態誌 ―― アフリカ熱帯林の人・自然・歴史Ⅰ』pp.353-372，京都大学学術出版会．
林耕次・大石高典 2012．「狩猟採集民バカの日常生活におけるたばこと酒 ―― カメルーン東南部における貨幣経済の浸透にともなう外来嗜好品の流入」『人間文化』30：29-43，神戸学院大学人文学会．
福井咲久良 2009．「高浜虚子編『新歳時記』の三版種」『三田國文』(50)：1-13，慶應義塾大学国文学研究室．
分藤大翼 2001．「バカ・ピグミーの加入儀礼 ―― ジェンギの秘密」（澤田昌人編）『アフリカ狩猟採集社会の世界観』pp.10-53，京都精華大学創造研究所．
分藤大翼 2007．「ポスト狩猟採集社会の文化変容 ―― 仮面儀礼の受容と転用」『アジア・アフリカ地域研究』6(2)：489-506．
松井貴子 2010．「ハワイ俳句のためのノート」『外国文学』59：75-84，宇都宮大学外国文学研究会．
松井健 1998．「マイナー・サブシステンスの世界 ―― 民俗世界における労働・自然・身体」（篠原徹編）『民俗の技術』pp.247-268，朝倉書店．
松浦直毅 2012．『現代の〈森の民〉―― 中部アフリカ，バボンゴ・ピグミーの民族誌』昭和堂．
松村圭一郎 2006．「土地の「利用」が「所有」をつくる ―― エチオピア西南部・農村社会における資源利用と土地所有」『アフリカ研究』68：1-23．
安岡宏和 2010a．「ワイルドヤム・クエスチョンから歴史生態学へ ―― 中部アフリカ狩猟採集民の生態人類学の展開」（木村大治・北西功一編）『森棲みの生態誌 ―― アフリカ熱帯林の人・自然・歴史Ⅰ』pp.17-40，京都大学学術出版会．
安岡宏和 2010b．「バカ・ピグミーの生業の変容：農耕化か？多様化か？」（木村大治・北西功一編）『森棲みの生態誌 ―― アフリカ熱帯林の人・自然・歴史Ⅰ』pp.141-163，京都大学学術出版会．
山極寿一 2005．『ゴリラ』東京大学出版会．
山極寿一 2008．「野生動物とヒトとの関わりの現代史 ―― 霊長類学が変えた動物観と人間観」（池谷和信・林良博編）『ヒトと動物の関係学第4巻　野生と環境』pp.69-88，岩波書店．
山越言 2006．「野生チンパンジーとの共存を支える在来知に基づいた保全モデル ―― ギニア・ボッソウ村における住民運動の事例から」『環境社会学研究』12：120-135．
米山俊直 1977．『ザイール・ノート ―― アフリカ―町と村と人と』サンケイ出版．

■欧文文献

Althabe, G. 1965. Changement sociaux chez les Pygmées Baka de l'Est-Cameroun. *Cahiers d'étudesafricaines*. 5(Cahier 20): 561-592.

Bahuchet, S. & H. Guillaume 1982. Aka-farmer relations in the northwest Congo Basin. In (E. Leacook& R. Lee, eds.) *Politics and History in Band Societies*. pp. 189-211. Cambridge, Cambridge University Press.

Bahuchet, S. 1985. *Les Pygmées Aka et la forêt centrafricaine: ethnologie écologique (Vol. 1)*. Paris, Peeters Publishers.

Bahuchet, S. 1990. Food sharing among the Pygmies of central Africa. *African Study Monographs*, 11(1): 27-53.

Bahuchet, S. 1993. History of the inhabitants of the central African rain forest: perspectives from comparative linguistics. In (C.M. Hladik, A. Hladik, O.F. Linares, H. Pagezy, A. Semple & M. Hadley, eds.) *Tropical Forests, People and Food. Biocultural Interactions and Applications to Development*. Man and the Biosphere Series, 13, pp. 37-54. Paris, UNESCO.

Bailey, R.C., Head, G., Jenike, M., Owen, B., Rechtman, R. & Zechenter, E. 1989. Hunting and gathering in the tropical forest: Is it possible? *American Anthropologist*, 91(1): 59-82.

Beckerman, S. 1993. Major patterns in indigenous Amazonian subsistence. In (C.M. Hladik, A. Hladik, O.F. Linares, H. Pagezy, A. Semple & M. Hadley, eds.) *Tropical Forests, People and Food. Biocultural Interactions and Applications to Development*. Man and the Biosphere Series, 13, pp. 411-424. Paris, UNESCO.

Bloch, M. & J. Parry 1989. Introduction. In (J. Parry & M. Bloch, eds.) *Money and Morality of Exchange*, pp. 1-32. Cambridge, Cambridge University Press.

Brisson, R. 2010. *Petit dictionnaire Baka-Français*. Paris, L'Harmattan.

Chew, D. 1990. *Chinese pioneers on the Sarawak frontier, 1841-1941* (South-East Asian Historical Monographs), Oxford University Press.

Coad, L., Abernethy, K., Balmford, A., Manica, A., Aairey, L. & Milner-Gulland, E.J. 2010. Distribution and Use of Income from Bushmeat in a Rural Village, Central Gabon. *Conservation Biology*, 24(6): 1510-1518.

Devore, I. & Lee, R.B. (eds.) 1968; 1999, *Man the Hunter*. Chicago, Aldine Publishing Company.

Duguma, B., Gockowski, J. & Bakala, J. 2001. Smallholder cacao [*Theobroma cacao* Linn.] cultivation in agroforestry systems of west and central Africa: Challenges and opportunities, *Agroforestry Systems*, 51: 177-188.

引用文献

Froment, A., Koppert, G.J.A. & Loung, J-F. 1993. "Eat well, live well": Nutritional status and health of Forest populations in Southern Cameroon. In (C.M. Hladik, A. Hladik, O.F. Linares, H. Pagezy, A. Semple & M. Hadley, eds.) *Tropical Forests, People and Food. Biocultural Interactions and Applications to Development*. Man and the Biosphere Series, 13, pp. 357–364. Paris, UNESCO.

Froment, A. 2001. Evolutionary biology and health of hunter-gatherer populations. In (C. Panter-Brick, R.H. Layton & P. Rowley-Conwy, eds.) *Hunter-gatherers: An Interdisciplinary Perspective*, pp. 239–266. Cambridge, Cambridge University Press.

Galaty, J.G. 1986. East African hunters and pastralists in a regional perspective: An 'ethnoanthropological' approach. *Sprache und Geschichte in Afrika*, 7(1): 105–131.

de Garine, I. 2001. Drinking in northern Cameroon among the Masa and Muzey. In (I. de Garine & V. de Garineeds.) *Drinking: Anthropological Approaches*, pp. 51–65. Oxford, Berghahn.

Giles-Vernick, T. 2002. *Cutting the Vines of the Past: Environmental Histories of the Central African Rain Forest*, Charlottesville, The University Press of Virginia.

Giles-Vernick, T., & Rupp, S. 2006. Visions of apes, reflections on change; telling tales of greatapes in equatorial Africa. *African Studies Review*, 49(1), 51–73.

Grinker, R.R. 1994. *Houses in the Rainforest: Ethnicity and Inequality among Farmers and Foragers in Central Africa*. Berkeley, University of California Press.

Guillaume, H. 2001. *Du miel au café, de l'ivoire à l'acajou: la colonisation de l'interfluve Sangha-Oubangi et l'évolution des rapports entre chasseurs-collecteurs pygmées Aka et agriculteurs (Centrafrique, Congo) 1880–1980 (Vol. 27)*. Paris, Peeters Publishers.

Guillot, B. 1977. Problèmes de développement de la production Cacaoyère dans les districts de Sembé et Souanké (Congo). *Cahier d'O.R.S.T.O.M.*, ser. Sci.hum., vol. 16: 2, pp.151–169.

Guthrie, M. 1967–71. *Comparative Bantu: An Introduction to the Comparative Linguistics and Prehistory of the Bantu Languages*. Farnborough, Gregg.

Hagiwara, M. 2008 Human-Wildlife conflict in Odzala National Park, Republic of Congo: Challenges for protecting both of farming crops and forest elephants. *Annual Report of Pro Natura Fund*, vol. 17: 177–185. Tokyo,The Nature Conservation Society of Japan.

Hamphrey, C. 1987. Barter and economic disintegration. *Man (N. S.)*, 20: 48–72.

Haraway, D. 1989. *Primate Visions: Gender, Race and Nature in the World of Modern Science*. London, Routledge.

Hayashi, K. 2008. Hunting activities in forest camps among the Baka hunter-gathrers of southeastern Cameroon. *African Study Monographs*, 29(2): 73–92.

Headland, T.N. 1987. The wild yam question: How well could independent hunter-gatherers live in a tropical rain forest ecosystem?. *Human Ecology*, 15(4): 463-491.

Hewlett, B. 1996. Cultural diversities among African Pygmies. In (S. Kent ed.) *Cultural Diversity among Twentieth-century Foragers*, pp. 215-244. Cambridge, Cambridge University Press.

Ichikawa, M. 1981. Ecological and sociological importance of honey to the Mbuti net hunters, eastern Zaire. *African Study Monographs*, 1: 55-69.

Ichikawa, M. 1986. Economic bases of symbiosis, territoriality and intra-band cooperation of the Mbuti Pygmies. *Sprache und Geschichte in Afrika*, 7(1): 161-188.

Ichikawa, M. 2000. "Interest in the Present" in the nationwide monetary economy: The case of Mbutihunters in Zaire. In (P. Schweitzer, M. Biesele & R.K. Hitchcock, eds.), *Hunters and Gatherers in the Modern World*, pp. 263-274. Oxford, Berghahn.

Ikeya, K. 1999. The historical dynamics of the socioeconomic relationships between the nomadic San and the rural Kgalagadi. *Botswana Notes and Records*, 31, 19-32.

Jackson, D. 2003. *Twa Women, Twa Rights in the Great Lakes Region of Africa*. London, Minority rights group international.

Joiris, D.V. 1998. *La chasse, la chance, le chant: Aspects du système ritual des Baka du Cameroun*. Thèse de Doctorat, Faculte de Sciences Sociales, Politiques, et Economiques, Université Libre de Bruxelles.

Joiris, D.V. 2003. The framework of central african Hunter-gatherers and neighboring societies. *African Study Monographs*, Suppl. 28: 57-79.

Kakeya, M. & Sugiyama, Y. 1985. Citemene, Finger millet and Bemba culture: A socio-ecological study of slash-and-burn cultivation in northeastern Zambia. *African Study Monographs*, Suppl. 4: 1-24.

Kazadi, N. 1981. Méprisés et admires: l'ambivalence des relations entre les Bacwa (Pygmées) et les Bahemba (Bantu). *Africa*, 51(4), 836-847.

Kent, S. 1992. The current forager controversy: real versus ideal views of hunter-gatherers. *Man (N.S.)*, 45-70.

Klieman, K.A. 2003. *"The pygmies were our compass" : Bantu and Batwa in the history of west central Africa, early times to c. 1900 C.E.* Portsmouth, Heinemann.

Kimura, D. 1992. Daily activities and social association of the Bongando in central Zaire. *African Study Monographs* 13(1): 1-33.

Kitanishi, K. 2000. The Aka and Baka: food sharing among two central Africa hunter-gathrer groups. In: (G.W. Wenzel, G. Hovelsrud-Broda & N. Kishigami, eds.) *The Social Economy of Sharing: Resource Allocation and Modern Hunter-gathrers*. Senri Ethnological Studies, 53: 149-169.

Kitanishi, K. 2003. Cultivation by the Baka hunter-gatherers in the tropical rain forest of central Africa. *African Study Monographs*, Suppl. 28: 143–157.

Kitanishi, K. 2006. The impact of cash and commoditization on the Baka hunter-gatherer society in southeastern Cameroon. *African Study Monographs*, Suppl. 33: 121–142.

Köhler, A. 1999. The forest as home: Baka environment and housing. In (K. Biesbrouck, S. Elders & G. Rossel, eds.) *Central African Hunter-gatherers in a Multidisciplinary Perspectives: Challenging Elusiveness*, pp. 207–220. Leiden, CNWS.

Köhler, A. 2000. Half-man, half-elephant: Shapeshifting among the Baka of Congo. In (J. Knight, ed.) *Natural Enemies: People-wildlife Conflicts in Anthropological Perspective*, pp. 50–77. Routledge, Taylor & Francis.

Köhler, A. 2005a. Of apes and men: Baka and Bantu attitudes to wildlife and the making of eco-goodies and baddies. *Conservation & Society*, 3(2): 407–435.

Köhler, A. 2005b. Money makes the world go round? commodity sharing, gifting and exchange in the Baka (Pygmy) economy. In (T. Widlok & W.G. Tadesse, eds.) *Property and Equality Vol.2: Encapsulation, Commercialisation, Discrimination*, pp. 32–55. Oxford,Berghahn.

Kolelas, B.B. 2007 *Les épreuves initiatiques chez les Bantu*. Paris, Editions MENAIBUC.

Lee, R. 1968. *Man the Hunter: The First Intensive Survey of a Single, Crucial Stage of Human Development: Man's Once Universal Hunting Way of Life*. New Brunswick, Aldine Transaction.

Letouzey, R. 1986. *Manual of Forest Botany: Tropical Africa. Vol. 1–2B*. Paris. Centre Technique Forestier Tropical.

Lewis, J. 2002. *Forest Hunter-gatherers and Their World: A Study of the Mbendjele Yaka Pygmies of Congo-Brazzaville and Their Secular and Religious Activities and Representations*. Ph.D. Dissertation, Department of Social Anthropology, London School of Economics and Political Science, London.

Lewis, M.P., Simons ,G.F. & Fennig C.D. (eds.) 2013. *Ethnologue: Languages of the World*, 17th edition. Dallas, Texas, SIL International.
Online. http://www.ethnologue.com (Accessed February 25, 2014)

Lund, C. & Boone, C. 2013. Introduction: Land politics in Africa–Constituting authority over territory, property and persons. *Africa: The Journal of the International African Institute*, 83(1): 1–13.

Marlowe, F.W. 2010. *The Hadza*. London, University of California Press.

Marx, K. 1954. *Capital, a Critical Analysis of Capitalist Production*. Moscow, Foreign Languages Publishing House.

Mbembe, A. 1996. *La Naissance du Maquisdans le Sud-Cameroun (1920–1960)*. Paris,

Karthala.
Mullin, M.H. 1999. Mirrors and windows: Sociocultural studies of human-animalre lationships. *Annual Review of Anthropology*, 28. pp. 201–224.
Njounan Tegomo, O., Defo, L., & Usongo, L. 2012. Mapping of resource use area by the Baka Pygmies inside and around Boumba-Bek National Park in Southeast Cameroon, with special reference to Baka's customary rights. *African Study Monographs*, Suppl. 43: 45–59.
Ohenjo, N., Willis, R., Jackson, D., Nettleton, C., Good, K. & Mugarura, B. 2006. "Health of indigenous people in Africa" *Lancet*, 367(9526): 1937–1946.
Oishi, T. 2012. Cash crop cultivation and interethnic relations of the Baka hunter-gatherers in southeastern Cameroon. *African Study Monographs*, Suppl. 43.115–136.
Olivero, J., Fa, J.E., Farfán, M.A., Lewis, J., Hewlett, B., Breuer, T., Carpaneto, G.M., Fernández, M., Germi, F., Hattori, S., Head, J., Ichikawa, M., Kitanaishi, K., Knights, J., Matsuura, N., Migliano, A., Nese, B., Noss, A., Ekoumou, D.O., Paulin, P., Real, R., Riddell, M., Stevenson, E.G.J., Toda, M., Vargas, J.M., Yasuoka, H. & Nasi R. 2016. Distribution and Numbers of Pygmies in Central African Forests. *PloS ONE*, 11(1), e0144499.
Pagezy, H. 2000. Les campements de pêche chez les Ntomba du lac Tumba (RDC ex Zaïre). In (B.Brun, A-H. Dufour, B. Picon, M-D. Ribéreau-Gayon, eds.) *Cabanes, Cabanons et Campements: FormesSociales et Rapports à la Nature en Habitat Temporaire*, pp. 183–194. Châteauneuf de Grasse, Édition de Bergier.
Peters, P.E. 2004. Inequality and social conflict over land in Africa. *Journal of Agrarian Change*, 4(3), 269–314.
Quotidien Mutations 2010. Boumba et Ngoko: Le préfet interdit la vente etla location des plantations.
Online http://www.quotidienmutations.info/septembre/1285827373.php (Accessed Septembre 30, 2010)
Robillard, M. 2011. *Pygmées Baka et voisins dans la tourmente des politiques environnementale en Afrique centrale*. Thèse de Doctorat, Muséum National d'Histoire Naturelle, Paris.
Robillard, M. & Bahuchet, S. 2013. Les Pygmées et les autres: Terminologie, categorization et politique. *Journal des Africanistes*, 82(1–2): 15–51.
Roulette, C.J., Mann, H., Kemp, B.M., Remiker, M., Roulette, J.W., Hewlett, B.S., Kazanji, M., Breurec, S., Monchy, D., Sullivan, R.J. & Hagen, E.H. 2014. Tobacco use vs. helminths in Congo basin hunter-gatherers: Self-medication in humans? *Evolution and Human Behavior*, 35(5): 397–407.

Rupp, S. 2003. Interethnic relations in southeastern Cameroon: Challenging the "Hunter-gatherer" – "Farmer" dichotomy. *African Study Monographs*, Suppl. 28, 37-56.

Rupp, S. 2012. *Forests of Belonging: Identities, Ethnicities, and Stereotypes in the Congo River Basin*. Seattle, University of Washington Press.

Sato, H. 2001. The potential of edible wild yams and yam-like plants as a staple food resource in the African rain forest. *African Study Monographs*, Suppl. 26: 123-134.

Sato, H. 2006. A brief report on a large mountain-top community of *Dioscorea praehensilis* in the tropical rainforest of southeastern Cameroon. *African Study Monographs*, 33: 21-28.

Sato, H., Kawamura, K., Hayashi, K., Inai, H.& Yamauchi, T. 2012. Addressing the wild yam question: How Baka hunter-gatherers acted and lived during two controlled foraging trips in the tropical rainforest of southeastern Cameroon. *Anthropological Science*, 120(2): 129-149.

Sawada, M. 1998. Encounters with the dead among the Efe and the Balese inthe Ituri forest: Mores and ethnic identity shown by the dead. *African Study Monographs*, Suppl. 25: 85-104.

Sigha-Nkamdjou, L. 1994. *Fonctionnement Hydrochimique d'un Écosystème Forestier de l'Afrique Centrale: la Ngoko à Moloundou (Sud-est du Cameroun)*. Thèse de Doctrat, Université Paris. XI (Orsay), Collogne TDM no. 111, ORSTOM, Paris.

Siroto, L. 1969. "Masks and social organization among the Bakwele people of western Equatorial Africa" Unpublished. Ph. D. Thesis. Columbia Univ.

Spielman, K.A. & Eder, J.F. 1994. Hunters and farmers: Then and now. *Annual Review of Anthropology*, 23: 303-323.

Sylvain, R. 2006. Drinking, fighting and healing: San struggles for survival and solidarity in the Omaheke Region, Namibia.In (R.K. Hitchcock, K.Ikeya, R.B. Lee & M. Biesele, eds.) *Updating the San: Image and Reality of an African People in the 21st Century*. Senri Ethnological Studies, 70: 131-150. National Museum of Ethnology.

Takeda, J. 1990. The dietary repertory of the Ngandu people of the tropical rain forest: An ecological and anthropological study of the subsistence activities and food procurement technology of a slash-and-burn agriculturist in the Zaire River Basin. *African Study Monographs*, Suppl. 11: 1-75.

Takeda, J. & Sato, H. 1993. Multiple subsistence strategies and protein resources of horticulturalists in the Zaire Basin: The Ngandu and the Boyela. In (C.M. Hladik, A. Hladik, O.F. Linares, H. Pagezy, A. Semple & M. Hadley eds.) *Tropical Forests, People and Food*, pp. 497-504. UNESCO.

Terashima, H. 1986 Economic exchange and the symbiotic relationship between the Mbuti

(Efe) pygmies and the neighbouring farmers, *Sprache und Geschichte in Afrika*, 7(1): 391–405.

Terashima, H. 1998. Honey and holidays: The interactions mediated by honey between Efe hunter-gatherers and Lese farmers in the Ituri forest. *African Study Monographs*, Suppl. 25: 123–134.

Turnbull, C. 1961. *The Forest People*. New York, Simon and Schuster.

Vansina, J.M. 1990. *Paths in the Rainforests: Toward a History of Political Tradition in Equatorial Africa*. Madison, University of Wisconsin Press.

Varlat, F. 1997. *Réforme des institutions dans les filières cacao et café au Cameroun: Chronique des années 1990 à 1997*. Montpellier, CIRAD.

Wilkie D.S. & Curran B. 1993. Histrical trends in forager and farmer exchange in the Ituri rain forest of northeastern Zaïre. *Human Ecology*, 21(4): 389–417.

Woodburn, J. 1982. Egalitarian Societies. *Man(N.S.)*, 17: 431–51.

Yamaguchi, R. 2014. The Baka as "Champions" of witchcraft: Representations in the ambivalent relationship between the Baka and the Bakwele in southeastern Cameroon. *African Study Monographs*, Suppl. 47: 121-141.

Yamauchi, T., Sato, H. & Kawamura, K. 2000. Nutritional status, activity patterns, and dietary intakes among the Baka hunter-gatherers in the village camps in Cameroon. *African Study Monographs*, 21, 67–82.

Yasuoka, H. 2006. Long-term foraging expeditions (Molongo) among the Baka hunter-gatherers in the northwestern Congo Basin, with special reference to the "Wild Yam Question" *Human Ecology*, 34(2): 275–296.

Yasuoka, H. 2012. Fledging agriculturalists? Rethinking the adoption of cultivation by the Baka hunter-gatherers. *African Study Monographs*, Suppl. 43: 85–114.

■公文書資料

National Archives of Yaoundé:
- APA 11779–B, 1932.
- APA 11634–J Moloundou, 1933.
- 11089 Djako, 1942.
- APA 10098–D, 1943.
- APA 11732 Rapport Annuel Moloundou, 1949.
- APA 11732 Moloundou, 1950.
- APA 11732 22 II Rapport Annuel, 1951.
- 3AC 4074 Rapport Annuel Moloundou, 1952.

引用文献

- 1AC 3509 Moloundou Statiques Année, 1957.

索　引

■人名索引

池谷和信　19, 162
伊谷純一郎　94, 121
市川光雄　3, 5, 56
岩田慶治　160
ウッドバーン，J.　128

掛谷誠　55
北西功一　20, 137, 145, 150
木村大治　20, 53, 73, 74, 185, 225

ギャラティ，J.G.　2, 5, 223, 224

佐藤弘明　18, 77

ターンブル，C.　51, 189
竹内潔　56, 105
チクセントミハイ，M.　85

チュツオーラ，A.　157
寺嶋秀明　3, 56

バウシェ，S.　7, 45
バジュジー，H.　86, 87
服部志帆　98
塙狼星　56
林耕次　20, 102, 103

松井健　53, 54, 84

モース，M.　230

安岡宏和　222

ルイス，J.　107, 110, 118
ルトゥゼ，R.　22

■事項索引

FCFA（セーファーフラン）　70
GPS（全地球測位システム，Global Positioning System）　29, 132
WWF（世界自然保護基金，Worldwide Fund for Nature Conservatoion）　110

アイデンティティ　2, 5, 35, 82, 93, 221, 223, 236
アカ・ピグミー　7, 45, 56, 105, 107, 163, 189
アブラヤシ　63, 69, 76, 170
アフリカ類人猿　93, 94, 100
アルコール　144, 152, 162, 192
移行帯（エコトーン）　66
異性関係　72, 74, 75, 82
一夫多妻　73, 92, 97
逸話　72, 105

イトゥリ　3, 51, 56, 164
委任統治　29, 41, 44, 46, 226, 228
イルビンギア・ナッツ　61, 75
飲酒行動　182
エージェンシー（行為主体性）　93
エフェ・ピグミー　51, 56
男の畑　138
女の畑　138

掻い出し漁　62, 67, 71, 73, 85
外部世界　7, 27, 45, 110, 128, 162, 228, 233
カカオ栽培　129, 130, 133, 149, 151, 153, 201, 222, 230
カカオ畑　34, 60, 81, 132, 138, 201, 222, 227, 232, 235
隔離モデル　6

家系集団　29, 35, 36, 75, 227
家畜飼養　55, 59
割礼儀礼　13, 80, 98, 187, 226
貨幣経済　110, 149, 154, 164, 190, 193, 228
ガボン　4, 11, 13, 17, 49, 192
カメルーン共和国　1, 16, 28, 120
換金作物　34, 60, 129, 151, 153, 177, 190, 200
慣習的な権利　209
眼前への関心　152, 230
擬似適応　230
擬制的親族関係　115, 116, 163, 226, 227, 230, 234
キャッサバ　60, 77, 164, 173, 197
境界　1, 3, 82, 93, 112, 118, 221, 223, 234
競合　229
強制移住　13, 14, 35, 39, 49, 81, 226, 227
共生関係　2, 3, 6, 57, 161, 235
共生モデル　27
共有の論理　81
魚毒漁　65, 67
漁法　62, 64, 85
漁撈活動　59, 65, 84, 227
キリスト教　110, 124
緊張の緩和　57
金融システム　201
グローバリゼーション　128, 192
経済格差　231
契約書　202, 204, 205, 215
現金収入　59, 100, 129, 133, 139, 141, 152
権力　86, 87, 110, 152
交易　7, 15, 16, 27, 213, 215, 225, 227, 232, 236
交換価値　199
購買力　131, 154, 161, 190, 230
公文書館　28, 29
コートジボワール　134, 228
国立公園　28, 35, 62, 80, 100, 199
ゴジラ　47-49, 123
個人差　136, 137, 152, 230
国家　7, 86, 121, 151, 200, 210, 213, 227
コミュニケーション　53, 56, 88, 125, 225
ゴリラ　31, 94
ゴリラ人間　93, 94, 105, 108, 109, 224
コンゴ川　8, 12, 16, 86
コンゴ民主共和国　51, 56, 79, 86, 105, 145, 164, 169, 171
婚資　39, 40, 72, 90, 145, 150, 203, 230
財産　3, 139, 152, 216, 222
歳時記　120, 122, 123, 124
魚の生態　64, 65
サバンナ　15, 22-24, 120, 121, 170, 200
差別　4, 27, 76, 89, 130, 131, 154
サン（ブッシュマン）　2, 6, 19, 127, 128, 162, 193
サンガーウバンギ森林社　31
サンガ川　12, 71, 116
三者関係　199, 229, 236
ジェネラリスト　55, 69
ジェンダー　138
自家消費　70, 168
自給作物　2, 152, 189, 207
嗜好品　147, 161, 190, 230
死後動物化理論　110
市場経済　128, 151, 164, 165, 190, 227, 231, 236
自然保護　233
嫉妬　72, 87, 115
ジャー川　12, 17, 30, 35, 36, 44, 62, 63, 130
社会階層化　200, 216, 222, 235
社会的な静かさ　82, 83, 85
社会変容　21
邪術　74, 106, 113, 114, 116-118
周縁化　19, 162, 199, 215, 216, 233
獣害　100, 112, 119
集住化　8, 13, 28, 130, 225, 226
修正主義　6, 19
集団間関係　28, 56, 110
獣肉　62, 94, 107, 164, 192, 217
銃猟　12, 101, 102, 227
狩猟規制　62, 233
使用価値　199, 230, 235
商業民　14
商品化　7, 94, 165, 172, 191
蒸留酒　92, 100, 147, 164, 169, 171, 182, 185, 191
食生活　61, 76
植生調査　8, 20, 22, 23
除草　60, 76, 132
人為（的）攪乱　36, 100

262

人口　2, 11, 13, 18, 33, 87, 130, 134, 221
人類史　1, 2
スケッチブック　107
ストレス　56, 75, 83
生業形態　2, 55, 59, 192
生業変容　222, 229
生計維持　55, 149, 161, 212, 231
生産者価格　140, 141, 146, 204
政治生態学　5, 9
生態学的循環　201
生態植物園　24
生態人類学　1-3, 7, 8, 18, 19, 51
精霊　80, 86, 88, 105
精霊儀礼　14, 161, 186-188, 192
精霊の道　179
世界システム　7, 27, 45
世代間継承　138, 139
摂食回避　98
セネガル　64, 194
セルフ・イメージ　57
先住民運動　233
象牙　7, 27, 45, 79, 225, 227
相互依存　6, 27, 189, 223, 228, 229
相互依存モデル　6
相互行為　51, 117, 187, 224-226
相互表象　8, 93, 107, 223
相互扶助　4, 150, 153
相続　3, 138, 139, 143, 151, 152, 230
即時利得　9, 129, 151, 152, 155, 222, 230

第一次世界大戦　35, 45, 83, 226
たばこ　166, 180, 187, 191, 218, 230
タンパク源　61
地域住民　27, 93, 199, 228, 233
遅延利得　9, 129, 222, 230
地名　29, 36, 37, 39
超自然　112
貯蓄　145, 153-155, 232, 235
賃金労働　145, 149, 152, 191, 228
通貨価値切り下げ　134
通婚　4, 13, 36, 84, 130, 232
定住化　11, 130, 162, 190, 200, 227, 232
定住集落　12, 16, 18, 29, 39, 44, 51
定住生活　83, 227

ディスコ　161, 188
出作り地　40, 52, 66, 76, 77, 86
伝統主義　6, 19, 20, 21
ドゥアラ　17, 22, 149
トウガラシ　38, 68, 77, 168, 217-219
投擲的態度　53
動物変身能力　111
土地所有　133, 199, 200, 213, 216
土地取引　199, 215
土地の買い占め　200
土地の用益権　201, 203, 212, 232
土地法　209, 210, 211
土地利用　36, 129, 133, 201, 203, 209, 210
ドメスティック・バイオレンス　163
ドロボ　2, 223, 224

ナイジェリア　17, 176, 194
二項対立　4, 5, 118, 229, 234
二者関係　199, 229, 236
二次林　16, 100, 134, 156
人間ゴリラ　112, 116, 224
盗み　87, 111, 216, 230
熱帯雨林　12, 16, 22, 62
農耕化　2, 128, 164, 189, 200, 222, 229
農耕民化　221, 222, 235
農耕暦　59, 60

俳句　120-122, 125
排除　2, 5, 83, 162, 200, 224
排除による統合　2, 5, 223
廃村　6, 8, 27, 36, 38, 52, 66, 68, 115, 227
ハウスモデル　28
延縄漁　64, 67, 85
バカ・ピグミー　11, 13
バカ語　11, 45, 95, 98, 124, 146
バカンス　51, 54, 56, 65, 82, 89
バクウェレ　12, 13
バクウェレ語　61, 96, 98, 124, 171
白人　42, 110, 177
ハッザ　127, 128, 162, 193
パトロン=クライアント関係　164, 208, 228, 231
跳ね罠　12, 61, 69, 101
バボンゴ・ピグミー　4

263

バミレケ　15, 136, 138, 144, 178, 204, 210, 212	ムスリム　15, 144, 151, 194, 201, 228, 232
反体制ゲリラ集団　84	ムブティ・ピグミー　56, 164, 165, 189
ハンター　97, 101, 107, 113, 114, 168, 180	ムルンドゥ　17, 71, 79, 84, 133, 149, 204, 208, 210
半人間＝半動物　9, 112	木材伐採　7, 14, 28, 130, 172, 199, 226
平等主義　118, 127, 128, 129, 155, 222, 230	モノノケ　156, 160
ヒレナマズ　67, 70, 71	森行き　65, 72, 74, 75, 83, 86, 89, 168, 224
フクロウ　113	森住み感覚　82
物々交換　7, 128, 144, 163-165, 185, 186, 189, 190, 225-227	モングル　42, 103
不平等　27, 118, 145, 152, 154, 163, 190, 191, 205, 208, 223	ヤウンデ　17, 22, 28, 44, 47, 84, 171
フランス領赤道アフリカ　31, 35	野生ゴム　31, 42, 115, 130, 227
プランテン・バナナ　55, 60, 77, 100, 128, 131	野生ヤムイモ　20, 75, 225
フロー　85, 86	ヤナ（カカオ豆の前払い契約）　201, 204, 213
文化生態学　5, 8, 9, 93	槍猟　101, 227
分業　2, 127, 138, 223, 234	幽霊ゴリラ　117
分離的共存　1-3	妖術　9, 74, 106, 111, 113-115, 117-119
平準化　129, 145, 230	寄り物　78, 82
ヘゲモニー　4, 216, 224, 233, 237	
放棄集落　39, 42, 44	リベリア　35
暴力　4, 104, 106, 162, 184, 193, 234	両義性　4, 118, 166, 191
	リンガラ　121, 122, 146, 169, 178, 208
マーケティングボード　134	歴史生態学　5, 6, 9, 27
マイナー・サブシステンス　54, 84	レフュジア　22, 55
マイノリティ　1, 110, 200	労賃　146, 148, 149, 164
マサイ　2, 223, 224	労働投入　131, 132, 137
マサンゴ　4, 5	労働力　3, 46, 128, 130, 145, 149, 154, 164, 171
マラリア　156-160	ローカルな権威　209
マリ　194, 195	ロカシオン（カカオ畑の賃貸契約）　202, 204, 211, 216
丸木舟　18, 30, 52, 65, 77, 84, 123, 160	
密猟　94, 233, 234	ワイルドヤム・クエスチョン　20
民族間関係　28, 45, 93, 127, 154, 163, 228	
民族人類学　93, 223, 224, 226, 234	ンベンジェレ・ピグミー　107
民俗知識　65, 98, 100	

著者

大石高典（おおいし　たかのり）
1978年　静岡県生まれ．東京外国語大学・特任講師．
京都大学農学部，大学院理学研究科，こころの未来研究センター特定研究員，総合地球環境学研究所プロジェクト研究員等を経て，現職．
京都大学地域研究博士．専門は生態人類学，アフリカ地域研究．

主な著書に，『森棲みの社会誌――アフリカ熱帯林の人・自然・歴史Ⅱ』（共著，京都大学学術出版会）や『人と動物の人類学』（共著，春風社）などがある．

（プリミエ・コレクション 75）
民族境界の歴史生態学
――カメルーンに生きる農耕民と狩猟採集民
2016年3月31日　初版第一刷発行

著　者　大　石　高　典
発行者　末　原　達　郎
発行所　京都大学学術出版会
　　　　京都市左京区吉田近衛町69番地
　　　　京都大学吉田南構内（〒606-8315）
　　　　電　話　075-761-6182
　　　　ＦＡＸ　075-761-6190
　　　　振　替　01000-8-64677
　　　　http://www.kyoto-up.or.jp/

印刷・製本　㈱クイックス

ISBN978-4-8140-0022-7　　定価はカバーに表示してあります
Printed in Japan　　　　　　Ⓒ Takanori Oishi 2016

本書のコピー，スキャン，デジタル化等の無断複製は著作権法上での例外を除き禁じられています．本書を代行業者等の第三者に依頼してスキャンやデジタル化することは，たとえ個人や家庭内での利用でも著作権法違反です．